東海林秀樹 著

東洋書院

はじめに

皆様お元気にお過ごしのことと存じます。本書は奇門遁甲というタイトルになっておりますが、メインが「術遁甲」または「法遁甲」といわれている考え方を中心にお伝えして行く内容で構成されております。ざっくばらんにいうと奇門遁甲の神秘的な部分、〝オカルト〟や〝呪術〟的側面です。また、通常の「奇門遁甲」もある程度活用可能です。

本書を書くきっかけとなったのはある定期購読者向けの雑誌に連載したときの反響の大きさからでした。そこで内容を加筆し膨らまし一冊にしてまとめてみようかと考えたのです。

私は本来〝紫微斗数〟や〝四柱推命〟などの命理占や〝断易〟〝六壬易〟などの卜占、時として日盤鑑定などを根幹としてきました。どちらかというと奇門遁甲は、「従（じゅう）」つまり枝葉の部分の活用なのです。

ですがその飛切り神秘的でオカルトチックな活用法に引かれてしまったのです。そのような理由により本書は決して理論や構成を説く内容ではありません。少し変わった部分をお知りになりたい方向けの書籍と思ってください。

理論的内容をぜひ知りたいと思う方に、我が国で一冊推薦できる書籍は高根黒門先生が書かれた『活盤奇門遁甲精義』です。是非購入してトライして見てください。

私の奇門遁甲における学習の遍歴を少し書いてみましょう。最初のきっかけは、とある都内で行なわれた講習会でした。二十代中頃と記憶しています。教室内はかなりの人数の方々がおられたと思います。この内容は中国伝来のものということでした。かなりの月日を作盤つまり〝チャート〟の作成に費やしました。当時の私には随分と複雑な占術なんだなぁ〜と自分の頭の悪さに悩んだものです。ですがそこで学んだことを利用して、少し遠方へ旅行したり、一度だけ思い切って移転を試みました。結果はどうかというと、害もなければ益も無いといったところでしょうか?

それを講師の先生に質問してみたのです。そうしたら私の命理があまり良好でないからではないか、という答えでした。当時はそんなものかと妙に納得したものです。その後は方鑑九星、一般に気学と呼ばれている方位術などの研究をし、右往左往したのち全く別術の方位術に出会い、それを活用しました。詳細は避けますが、旅行術に関してはかなり効果を挙げたように思われます。

時代はかなり遡りますが、8年ほど前台湾の術友の知人が、中国の占術を学ぶ上で「この考え方は絶対に必要だ」と奇門遁甲の書籍を何冊か下さいました。日本に帰って来てから隅々まで貪るように読んだとき、あれれと思ったのです。今まで自分が思い描いていた内容とかなりの隔たりがあったのです。その時からさらに資料を読み込みデータの集積と実験を試みた結果、明らかに出て来る現象が違うのです。これには私も驚いたものです。
後、台北を中心に台湾の先生方に師事し講座に出席して現在に至っています。私の年齢も既に晩年にさしかかっておりますが、まだまだ研究不足と思っております。

では注意事項と使用目的を列挙してみます。詳しい解説は本文を読んで下さい。

①瞬間移動
②室内で使用する
③出門遁
④占卜
⑤神拝→本来は道教的な神象に対してのアプローチが中心ですが、我が国においては仏教や神道その他を同時に活用すれば良いでしょう。先祖の供養、神仏への祈願、生霊、悪霊、呪詛返しの法など活用は多岐にわたり利用可能です。
⑥地雷復の儀式、旧暦の誕生日の儀式
⑦道教には陽廟、陰廟がありますが陰廟に関わるととても厄介です。
⑧測局→これは世情や国運など観て行く技術です。年盤を中心に見て行きますが、複雑で煩雑ですから本書では割愛いたします。

☆旬首（台湾の人は符首とも呼称）は本文で解説します。
☆時間の干が中宮したり、旬首が中宮したりした場合、少し複雑な理論がありますが、基本的に坤宮を活用します。私が台北で受けた例外規定も同様ですが本書では省きます。さきの推薦書籍に詳述しています。参照にしてください。
☆九星は中宮した場合も原則、坤宮に配置します。
☆天禽星は日本では凶星として扱う流派が主流ですが、艮と坤に入った時は特に吉が増します。
本書は奇門遁甲全体の専門書ではありません。このような奇門遁甲が台湾などに存在しますという紹介と思って頂ければ幸いです。
本書を上梓するにあたり編集された牧亜津子さんには衷心より謝意を表します。

平成27年　10月吉日

東海林　秀樹

本書活用にあたって

①作用は個人差があります。絶対的なものではありません。各自の責任とします。

②自己の器の範囲を超えると時として他の弊害が出て来る場合がありますから、器の大小を計測可能な四柱推命、紫微斗数やホロスコープなどの学習をお薦めいたします。密教占星術なども良いでしょう。

③特に呪術的側面が強い、通霊術は精神的に不安定なときは避けるようにしてください。

④呪術の部分で俗にいう、黒魔術的使用はお控え下さい。健康を害したり仕勝ちです。

⑤宗教と関係なく神社仏閣などで神仏と融和するのは大変良いことです。

⑥宗教と関係なく父方、母方三代位まで供養することをお勧めいたします。

⑦格の中で玉女守門については２つの理由により今回は省きました。本書は算出についいては説明してません。やや算出に手間が必要なのと作用の問題です。

⑧時盤完成盤についいては一部台湾書籍を参考にしてますが、間違いが多く見られたので極力訂正させて頂きました。

符呪 奇門遁甲 占法要義◆目次

はじめに……1
本書活用にあたって……5

第一章 奇門遁甲の基礎知識 9

第一節 奇門遁甲の沿革……10
第二節 奇門遁甲の活用術……12
第三節 奇門遁甲と九星気学との違い……15
第四節 奇門遁甲時盤の見方……16
第五節 八方位（八卦）の象意……19
第六節 八門・九星・八神の吉凶と象意……21
八門の吉凶と象意……23
九星の吉凶と象意……25
八神の吉凶と象意……27
第七節 天干＋地干の吉凶と象意……28
天干「甲」との組み合わせ……28
天干「乙」との組み合わせ……29
天干「丙」との組み合わせ……30
天干「丁」との組み合わせ……31
天干「戊」との組み合わせ……32
天干「己」との組み合わせ……32
天干「庚」との組み合わせ……33

天干「辛」との組み合わせ……34
天干「壬」との組み合わせ……35
天干「癸」との組み合わせ……36
第八節　隠された甲の探し方……37
時支表／旬首表……40

第二章　吉格・凶格　41

第一節　格の吉凶とは……42
第二節　主な吉格の象意と配合……44
第三節　主な凶格の象意と配合……54

第三章　瞬間移動術・交渉術　61

第一節　相手に「勝利する」活用術……62
第二節　瞬間移動術の用い方……63
目的地の吉凶を分析……66
吉方位を探す……67
目的地への経路を決める……69
第三節　交渉術の用い方……71
デートを成功させるには……71
瞬間移動術のまとめ……74
交渉術のまとめ……75

第四章　出門遁・旅行術　77

第一節　外出先での活用法……78
時盤抽出のポイント……80
第二節　出門遁の用い方……80
吉方位を探す……82
第三節　旅行術の用い方……84
出発時間の選定法……85

第五章　占卜・通霊術　91

第一節　方位術と異なる活用法……92
占卜での時盤抽出の仕方……92
第二節　占卜の用い方……93
金銭運を占う……93
仕事運を占う……95
住居の購入運を占う……96
男女の相性を占う……97
病状をみる……98
服用薬の適合度をみる……99
病気ごとに占う……100
第三節　通霊術の用い方……101
一年の幸福を祈願……102
想念をはね返す……103
悪霊祓い……104
怪奇現象……106
三門方位術……107
奇門遁甲暦……111
奇門遁甲時盤……135
参考文献……316

第一章　奇門遁甲の基礎知識

第一節　奇門遁甲の沿革

奇門遁甲とは古代中国で生まれた方位術で、代々の皇帝が他国との戦いに勝利するために、兵法の一部として用いました。すなわち、その日、その時間の吉となる方位から勝利に導くというものです。

奇門遁甲が古代中国のいつ頃に誕生したかは明らかではありません。しかし、古代での奇門遁甲に関する逸話は数多く残されています。

たとえば、伝説の王「黄帝」が宿敵であった蚩尤（しゆう）との戦いに際し、九天玄女なる神から授けられたのが奇門遁甲の秘法であったという話や、殷を滅ぼして周王朝を築く立役者となった呂尚（釣りで有名なのちの太公望）が、奇門遁甲のすぐれた使い手であった話などがあります。ほかにも、『漢書』には前漢の成立に功労した軍師・張子房（張良）が奇門遁甲を用いたことが記述されています。

そして数々の逸話のなかでも極めつけといえるのが、魏・蜀・呉の三国時代、蜀の劉備に三顧の礼で迎えられた軍師・諸葛孔明が、奇門遁甲を用いて百戦百勝に導いた逸話でしょう。

いずれも真偽のほどは定かではありません。しかし、このような逸話が数多く残されているのは、奇門遁甲がすぐれた兵法であり、方位術であったことの証といえます。

奇門遁甲の書物で現存するものには、宋代（960～1279年）に趙晋が著したとされ、詩歌で構成された『煙波釣叟歌（えんぱちょうそうか）』があります。奇門遁甲の聖典とも呼ばれる書で、前述した黄帝の逸話はこの書によるものです。ただし、黄帝そのものが伝説の王であることから真偽が入り交じっていることは否めません。

占術として解説された代表的な書としては、明代（1368～1644年）に劉伯温が著したとされる『奇門遁甲秘笈書』や、諸葛武候（孔明）著と銘打たれているものの実際には清代（1644～1912年）に書かれた著者不明の『改良奇門遁甲統宗大全』などがあります。

奇門遁甲が日本に伝わったのは602年（飛鳥時代）で、百済の僧・観勒が暦法などとともに朝廷に献上したことが『日本書紀』に記述されています。奈良時代には国家機関として暦法などを研究する「陰陽寮」が設置され、奇門遁甲も研究対象となりました。

江戸時代に入ると奇門遁甲書が多く出版されますが、奇門遁甲に必要な「盤」の作成や星の解読が容易でないなどの理由からか、日本での方位術は独自に発展した九星気学が隆盛を極めることになりました。

現在、奇門遁甲の研究が盛んに行われているのは台湾であることから、本書では台湾における奇門遁甲を解説します。

第二節　奇門遁甲の活用術

まずは、多岐にわたる奇門遁甲の活用術を把握しておきましょう。九星気学との違いを理解しておくことも大切です。

戦いに明け暮れた古代中国で誕生した奇門遁甲が、兵法の一部として用いられた占術であることは前述しました。すなわち奇門遁甲は「勝利」に導く占術で、戦時であれば戦いに勝つことが主眼に置かれます。

現代であれば、交渉事で有利に立つ、財を手に入れる、恋のライバルに勝つ、試験に合格する、病を治す……などが「勝利」となるでしょう。

その勝利を手にするための奇門遁甲活用術には、次の6つが挙げられます。

【瞬間移動術】

「瞬間」というと語弊がありますが、いまいる地点から数百メートル以上離れた目的地の吉方位で、15～30分程度過ごすことにより勝利に導く方法です。

【交渉術】

交渉場所において自分は有利となる方位に位置し、相手を不利となる方位に位置させ、交渉を成功させる方法です。

【出門遁】

発想を変えたいときなどに用いる方法です。自宅から近所の喫茶店などに出向き、その場所の吉方位で数時間過ごすことによって発想を変えることができるとされます。

【旅行術】

吉の時刻に出発して吉方位に出かけることで、旅の無事が叶い、現地で楽しく過ごすことができるとされます。

【占卜】

たとえば住宅購入計画がある場合ならそれを進めて良いか、体調を崩している場合なら体調は戻るかなど、日常のさまざまなことを占う方法です。

【通霊術】

奇門遁甲は霊界の扉を開くことができるとされます。たとえば、願望を叶えたいときに神に願う方法、あるいは、悪霊に取り憑かれていると感じるときに悪霊を祓う方法が奇門遁甲には存在します。

その他、奇門遁甲には国家の運勢を読む「測局」と呼ばれる方法がありますが、ここでは割愛します。

第三節　奇門遁甲と九星気学との違い

方位術である奇門遁甲は、同じく方位術である九星気学とよく比較されますが、しかし奇門遁甲と九星気学では大きく異なります。

それは、九星気学が出生データから割り出した本命星や月命星などから吉方位を求めるのに対し、奇門遁甲では出生データを用いないことにあります（日本の奇門遁甲では出生データを用いる流派もあります）。

そのため、たとえば複数人で旅行や出張などをする際、九星気学では人によって吉方位が異なることがあります。しかし、奇門遁甲の場合は出生データに関係しないため、複数人で出かけるときにも活用することができます。

また、九星気学では吉方位に出かける場合は長距離ほど吉意が高まるとされますが、奇門遁甲の場合は１００メートル以上であれば吉作用を招くとされます。

さらに旅行などでは、九星気学の場合は帰宅後の開運を目的にしますが、奇門遁甲は旅先での無事や幸運を目的とします。

同じ方位術でありながら、奇門遁甲と九星気学は「似て非なるもの」といってよいでしょう。もちろんそれは、優劣を問うものではありません。

第四節　奇門遁甲時盤の見方

奇門遁甲には年盤・月盤・日盤・時盤の４種類があり、用途によって使い分けます。前述した活用術で用いるのは時盤です。

時盤は９分割され、ひとつのマス（宮）には一定のルールにしたがって６つの漢字が配置されています。巻末資料の奇門遁甲時盤を参照しながら、その構成要素を覚えましょう。

【９分割】

９分割は八方位と中央を表します。方位の配置は九星気学方位盤や風水盤などと同様、南が上、北が下となります。

【天干・地干】

甲乙丙丁戊己庚辛壬癸の十干のうち、ふたつの干が上下に並びます。上部の干を「天干」、下部の干を「地干」といい、天干と地干の組み合わせで吉凶を判断します（組み合わせの吉

奇門遁甲時盤の見方

時盤が表す方位

南東	南	南西
東		西
北東	北	北西

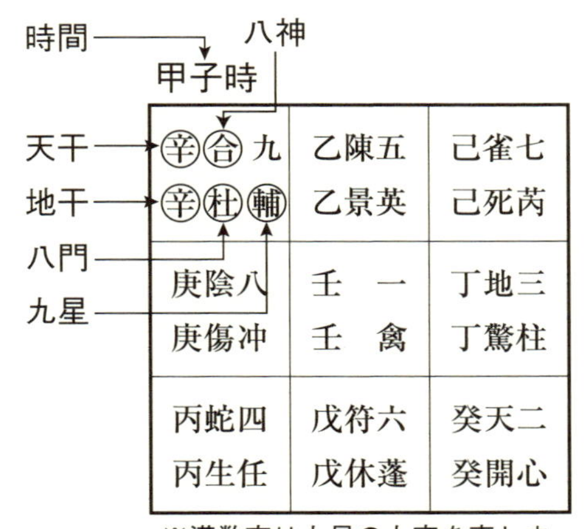

※漢数字は九星の九宮を表しますが、本書では採用しません。

凶と象意はP28～36で解説）。

【八門】

休＝休門、生＝生門、傷＝傷門、杜＝杜門
景＝景門、死＝死門、驚＝驚門、開＝開門

【九星】

蓬＝天蓬星、芮＝天芮星、冲＝天冲星、輔＝天輔星、禽＝天禽星
心＝天心星、柱＝天柱星、任＝天任星、英＝天英星

【八神】

符＝直符、蛇＝騰蛇、陰＝太陰、合＝六合
陳＝勾陳、雀＝朱雀、地＝九地、天＝九天

【星の重要度】

方位の吉凶は、前述の天干と地干の組み合わせ、八門、九星、八神で判断します。その重要

度は次の通りです。

八門>天干と地干の組み合わせ>九星>八神

第五節　八方位（八卦）の象意

吉凶判断の要となる八門・九星・八神などの象意を学ぶ前に、奇門遁甲時盤の八方位の意味を理解しておくことが大切です。八方位は、易の六十四卦を構成する八卦「乾」「兌」「離」「震」「巽」「坎」「艮」「坤」を意味し、それぞれを宮と呼びます。

【南】離

火、目、心臓、血液、頭脳、中年女性、明智、名誉、離別、露見、裁判所、学校、美容院、書類、印鑑、装身具

【南西】坤

土、胃腸、脾臓、肋骨、母、柔順、努力、生育、臆病、田園、故郷、平地、骨董品、古着、

廉価品

【西】兌

金、口、歯、肺、少女、喜び、娯楽、恋愛、手術、飲食店、遊技場、湿地、金属製品、医療器具

【北西】乾

金、首、肺、頭、血圧、皮膚、父、円満、剛健、権力、統率、神社仏閣、官公庁、時計、宝石、乗り物

【北】坎

水、耳、腎臓、泌尿器、中年男性、夜、秘密、思考、妊娠、水辺、病院、刑務所、液体物、水産品

八方位と八卦

【南東】巽	【南】離	【南西】坤
【東】震		【西】兌
【北東】艮	【北】坎	【北西】乾

【北東】艮

土、鼻、背中、腰、関節、若い男性、変化、蓄財、不動、頑固、山、土手、交差点、休憩所、不動産、家屋、通帳

【東】震

木、足、神経、肝臓、長男、躍動、決断、猛進、主張、森林、講演会場、音楽会場、楽器、電気製品、花火

【南東】巽

木、手足、気管、腸、髪、長女、整う、出入り、遠方、結婚、飛行場、港、草原、神社、通信器機、紐、香水

第六節　八門・九星・八神の吉凶と象意

八門、九星、八神の吉凶と象意は後述の通りですが、そのなかで八門と九星だけは、吉の度合い

をさらに精査することができます。それは、八門と九星には方位盤に定位置があり、五行の属性をもちます。そのため、方位の五行の関係から吉の度合いを知ることができるのです。

たとえば、開門の定位置は北西ですから五行は金行です。開門が火行の南にあった場合、金行の開門は火行の南から剋されます。したがって南の開門は、吉でもややランクが落ちることになります。吉の度合いが上がるのは、八門または九星が方位と同じ五行か、八門または九星が方位の五行から生じられる場合です。奇門遁甲時盤を活用する際は、このようにして吉の度合いを調べるとよいでしょう。

五行の相生相剋図

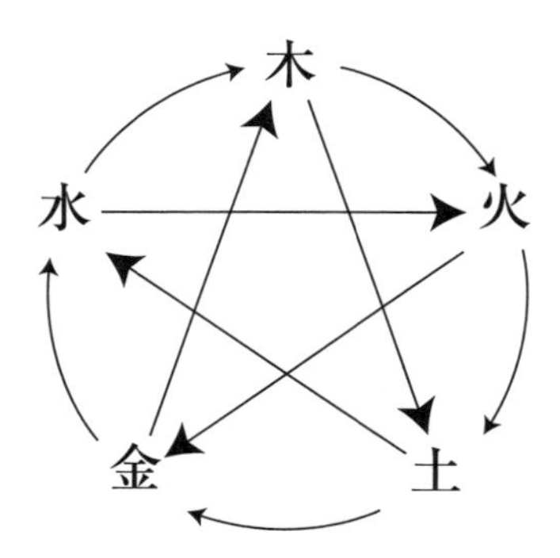

八門の定位置

【南東】杜門 木	【南】景門 火	【南西】死門 土
【東】傷門 木	【北】 土	【西】驚門 金
【北東】生門 土	【北】休門 水	【北西】開門 金

九星の定位置

【南東】天輔星 木	【南】天英星 火	【南西】天芮星 土
【東】天冲星 木	【中央】天禽星 土	【西】天柱星 金
【北東】天任星 土	【北】天蓬星 水	【北西】天心星 金

八門の吉凶と象意

【休門】吉

安定、平和、和解、男女が親しむ、休息、リラックス、身体の毒を出す、煩悩解除、縁結び、人の助け、求職、訴訟の早期解決

【生門】吉

財を生む、財運を上げる、財に関すること、健康、発展、活躍、商談、良い医者と出会う、ライバルに勝つ、結婚生活を始める、冠婚葬祭、英気を養う、衰運を打開する

【傷門】凶

破壊、障害、奪う、捕獲、賠償請求、捕まえる、ギャンブル、悪意、人を騙す

【杜門】凶

逃げる、隠れる、何かを隠す、隠居、引退、埋葬、悪霊封じ、秘密を話す、秘密会議、不倫

の逢い引き、家でしか見つからない

【景門】小吉
地位が上がる、文章、文書、試験、人の気を引く、公開、プレゼンテーション、広告、報告、面接、求職、娯楽、社交、講演、弁が立つ、プロポーズ

【死門】大凶
死亡、停止、悪霊と出合う、借用、刑罰、通夜、葬式、埋葬、納骨、起死回生

【驚門】凶
驚き、ハプニング、不安、不安定、攻撃、紛争、警告、威嚇、ギャンブル

【開門】吉
物事のスタート、新しい環境に移る、難関突破、公開、契約、人を訪ねる、財を求める、家を建てる、就職、訴訟

九星の吉凶と象意

【天蓬星】凶
争い、トラブル、耐え忍ぶ、結婚、旅行、移転、商取引で失敗、守りには強いが攻めには弱い

【天芮星】凶
争い、トラブル、訴訟、病を患う、道を求める、師を拝する、実力を養う、消極策が良い

【天冲星】吉
積極性が吉を増大、貴人の助けが得られる、結婚、旅行、移転、商取引などはとくに吉

【天輔星】大吉
貴人の助けが得られる、財運が上がる、利益を得る、結婚・旅行・移動・取引など大吉

【天禽星】大吉

天禽星は中央に位置するため、すべてのことに大吉、願望成就の星

【天心星】大吉

病を治す、良い医者、薬、治療と巡り合える、結婚や建築にとくに吉、貴人と出会える

【天柱星】平

人知れず隠れて何かを行うのに適する、守りと攻めのバランスを考える、名誉を求めるのは避ける

【天任星】吉

貴人の助けを得る、財を求めれば利益を得る、売買・結婚や祭祀にとくに吉

【天英星】平

社交、旅行、娯楽、人を助ける場合は吉、財を求めるのは不利

八神の吉凶と象意

【直符】吉
凶が減じ吉に化す、逃げるのに良い、地位が向上、貴人を訪ねる、財を求める、訴訟で勝つ

【騰蛇】凶
恐れ、驚き、変化と災いが多い、何事も成功しない、吉も凶に変わる

【太陰】吉
災いから逃れる、隠れて敵に勝つ、財を求める、恋愛に良い、温和

【六合】吉
明るく穏やか、平和、和合、結婚、恋愛、交易、商売、隠れて逃げる

【勾陳】凶
頑固、訴訟問題、病気、事故、トラブル、紛争、凶事と災いが多い

【朱雀】凶

失言など　言葉によるトラブルが多発、破れる、損失、消耗

【九地】吉

穏やか、利益を守る、投資、貯蓄、財運上昇、陰謀に利あり、潜伏する

【九天】吉

攻めるのに有利、利益を求める、地道な努力で財を得る、地位が上がる、隠れる

第七節　天干＋地干の吉凶と象意

天干「甲」との組み合わせ

【甲＋甲】凶　「双木盛林」　およそのことに期待できない、現状維持が安全

【甲＋乙】吉　「藤羅絆木」人の助けが入る、吉の八門であれば使える
【甲＋丙】大吉「青龍返首」凶も吉に化す、行動することで吉を得る
【甲＋丁】大吉「青龍耀明」目上からの助け、名を得る、願いが叶う
【甲＋戊】凶　甲＋甲と同じ
【甲＋己】凶　「貴人入獄」妨害を受ける、公私ともに不利、人の意見を聞く
【甲＋庚】大凶「直符飛宮」すべてに凶で用いれば瓦解する
【甲＋辛】凶　「青龍折足」破財、けが、現状維持が吉
【甲＋壬】凶　「青龍入天牢」すべて凶、葬られる、土台を失う
【甲＋癸】吉　「青龍華蓋」困難があっても吉に化す

天干「乙」との組み合わせ

【乙＋甲】吉　「錦上添花」人知れず助けが入る、喜び事がある
【乙＋乙】平　「日奇伏吟」強引な行動を取りやすい、現状維持が吉
【乙＋丙】大吉「三奇順遂」天輔星か天心星が同宮すると地位が上がる
【乙＋丁】大吉「三奇相佐」文書や文章に関して有利、試験運・面接運吉

【乙＋戊】吉　乙＋甲と同じ
【乙＋己】凶　「日奇得使」すべてバラバラになる、用いるべからず
【乙＋庚】凶　「日奇被刑」財に関する争い、訴訟、夫婦は心がバラバラ、目的を失う
【乙＋辛】凶　「青龍逃走」親子は離れ、子供は去る、財を失う
【乙＋壬】凶　「日奇入地」部下の裏切り、訴訟、公的機関とのトラブル
【乙＋癸】平　「華蓋逢星」引退して修行するのによい、精神的なことは吉

天干「丙」との組み合わせ

【丙＋甲】大吉　「飛鳥跌穴」願いが叶う、大きな利を得る、労せず利を得る
【丙＋乙】大吉　「日月並行」公私ともに願いが叶う、利を得る
【丙＋丙】凶　「伏吟洪光」文書に関することでトラブル、無謀なことをして破滅
【丙＋丁】大吉　「三奇順遂」文書に関することで喜び、試験運吉、貴人の助けがある
【丙＋戊】大吉　丙＋甲と同じ
【丙＋己】平　「大地普照」文書に関することで利を得る、刑事事件に巻き込まれる
【丙＋庚】凶　「熒入太白」だまされて大損をする、盗難の暗示

【丙＋辛】吉　「日月和会」願いが叶う、病気治癒、健康に関して吉
【丙＋壬】凶　「火入天羅」友人にだまされる、揉め事が多い、財に有利な場合も
【丙＋癸】凶　「黒雲遮月」取るに足らない人から妨害を受ける、計略、中傷

天干「丁」との組み合わせ

【丁＋甲】大吉　「青龍轉光」出世、社会的地位の向上、大発展
【丁＋乙】大吉　「焼田種作」地位や名誉を得る、結婚、恋愛、不動産で利あり
【丁＋丙】平　「星随月轉」発展、やりすぎ、謙虚さを貫いて吉
【丁＋丁】大吉　「貴人太陰」おおよそのことが順調、文書に関することで喜び
【丁＋戊】大吉　丁＋甲と同じ
【丁＋己】凶　「火入勾陳」だまされやすい、異性関係でトラブル、女性は災いが多い
【丁＋庚】吉　「火煉真金」文書に関することで吉、旅行など出かけるのに吉
【丁＋辛】凶　「朱雀入獄」地位を失う、濡れ衣を着せられる
【丁＋壬】大吉　「星奇得使」貴人の助けが入る、仕事上で恩恵、公平を心がけて吉
【丁＋癸】凶　「朱雀投江」文書や言葉に関することで失敗、公的機関とのトラブル

天干「戊」との組み合わせ

【戊+甲】凶　「集木成林」　発展しない、現状維持が吉
【戊+乙】吉　「青龍合霊」　開門、生門、休門と同宮の場合は吉意が増す
【戊+丙】大吉　「日昇照山」　積極性が吉、先憂後楽、地道な貯金が吉
【戊+丁】大吉　「日焼赤壁」　目上から助けが入る、地位と名誉を得る
【戊+戊】凶　戊+甲と同じ
【戊+己】凶　「物以類集」　進退に窮す、現状維持が吉
【戊+庚】凶　「助鬼傷身」　すべてにおいて凶
【戊+辛】凶　「反吟漏気」　財を失う、けが、うまくいかない
【戊+壬】凶　「山青清水」　吉も凶に化す
【戊+癸】吉　「岩盤浸食」　開門、生門、休門と同宮の場合は吉意が増す

天干「己」との組み合わせ

【己+甲】吉　「犬遇青龍」　開門、生門、休門と同宮の場合は吉意が増す
【己+乙】吉　「墓神不明」　引退・隠居など退くのに良い
【己+丙】凶　「火孛地戸」　男は疑いをかけられる、女は男にだまされる
【己+丁】平　「朱雀入墓」　先憂後楽、訴訟、公的機関のトラブルに注意
【己+戊】吉　己+甲と同じ
【己+己】凶　「地戸逢鬼」　不吉、病気には不利
【己+庚】凶　「刑格返名」　男性は女難の暗示、動くとトラブル、現状維持が吉
【己+辛】凶　「遊魂入墓」　妨害、損失、怪奇現象
【己+壬】凶　「反吟濁水」　女性は男性からひどい目に遭う、子供にも凶
【己+癸】凶　「地利玄武」　刑事罰、病気、公的機関とのトラブル

天干「庚」との組み合わせ

【庚+甲】凶　「太白伏宮」　すべてのことが凶、地位を失う、賄賂、横領
【庚+乙】吉　「太白逢星」　ゆっくり進むのが良い、急ぐと凶を招く
【庚+丙】凶　「太白入熒」　財を失う、盗難、使い込みをされる

【庚＋丁】平　「亭停之格」　私的なことは不利、吉門と同宮すればやや吉

【庚＋戊】凶　　庚＋甲と同じ

【庚＋己】凶　「官符刑格」　刑事罰、公的機関とのトラブル

【庚＋庚】大凶　「伏吟戦格」　凶事、事故、けが、血を見るような出来事

【庚＋辛】凶　「百虎干格」　けが、病気、交通事故、アクシデント

【庚＋壬】凶　「金化水流」　損失しやすい、遠出をするとトラブル

【庚＋癸】凶　「反吟大格」　ほとんどのことが不利、難産、破財

天干「辛」との組み合わせ

【辛＋甲】凶　「困龍被傷」　能力があっても発揮できない、現状維持が吉

【辛＋乙】凶　「百虎猖狂」　財的損失、人との関係が悪化、交通事故、けが

【辛＋丙】凶　「干合学師」　願いは叶わない、財に関してトラブル多発

【辛＋丁】吉　「獄信得気」　天の助け、人の和、利を得る、商売繁盛

【辛＋戊】凶　　辛＋甲と同じ

【辛＋己】凶　「入獄自刑」　事業は不利、親子の断絶、訴訟問題

【辛＋庚】凶　「百虎出力」　けが、病気、積極策は不利、現状維持が吉
【辛＋辛】凶　「伏吟天庭」　私欲を出すと罪を犯す、刑事事件に巻き込まれる
【辛＋壬】凶　「凶蛇入獄」　三角関係、積極策は禁物、内容が薄い
【辛＋癸】凶　「天牢華蓋」　行動を起こすと違う結果に、強く求めると逆効果

天干「壬」との組み合わせ

【壬＋甲】大吉　「小蛇化龍」　事業は順調、家庭安泰、結婚に吉
【壬＋乙】吉　「格名小蛇」　物質・金銭・結婚良好
【壬＋丙】凶　「水蛇入火」　公的機関とのトラブル、文書や契約でのトラブル
【壬＋丁】平　「干合蛇刑」　男性は吉、女性は凶、文書によるトラブル
【壬＋戊】大吉　壬＋甲と同じ
【壬＋己】凶　「蛇入刑獄」　訴訟は負ける、災いを防ぐことに専念して吉
【壬＋庚】凶　「太白擒蛇」　刑事事件に巻き込まれやすい、愛情問題
【壬＋辛】凶　「騰蛇互門」　だまされる、画策する
【壬＋壬】凶　「蛇入地羅」　嫌なことが繰り返される

【壬＋癸】凶　「幼女奸淫」　災いが多い、人から恨まれる

天干「癸」との組み合わせ

【癸＋甲】大吉　「天乙会合」　金運・結婚運良好、人の助けを得る、凶も吉と化す
【癸＋乙】吉　「華蓋逢星」　物質運が良好、平安
【癸＋丙】大吉　「華蓋学師」　技芸に良い、財を得る、人の助けがある
【癸＋丁】凶　「騰蛇妖嬌」　公的機関とのトラブル、文書のミス、火災
【癸＋戊】大吉　癸＋甲と同じ
【癸＋己】凶　「華蓋地戸」　修行・訓練・練習は失敗、隠居はうまくいかない
【癸＋庚】凶　「太白入網」　自暴自棄、自分に固執して損失、訴訟不利
【癸＋辛】凶　「陰盛陽衰」　病気、訴訟問題
【癸＋壬】凶　「沖天奔地」　結婚によくない、子供縁が薄い、焦って失敗
【癸＋癸】大凶　「伏吟天羅」　傷を受ける、遠方は凶、公的機関とのトラブル

第八節　隠された甲の探し方

Ｐ28～36の天干＋地干の組み合わせには「甲」が記載されていますが、巻末の奇門遁甲時盤の天干と地干に甲はありません。その理由は、奇門遁甲が甲を「王」に見立て、自分の王を隠す（遁甲）ことで戦いに勝つ、とする占術だからです。

そのため奇門遁甲時盤では甲を隠すために、甲をほかの干に代用して表示しています。この代用した干を「旬首」といいます。天干＋地干の吉凶を判断するには、隠された甲を探す必要があるため、隠された甲の探し方を、２０１５月10日17時30分を例にとって解説します。

①巻末の奇門遁甲暦から２０１５年5月10日を探し、日の干支の右にある局数を見ます。この場合、日の干支は「丙戌」で、局数は「陽二」です。

②巻末の奇門遁甲時盤表から「陽一局」を探し、「丙戌」日ですから丙辛日の時盤表を抽出します（Ｐ１４０～１４１）。

③占いたい時間を、Ｐ40の時支表を参照して支に置き換えます。例題の場合は17時30分ですから「酉」です。

④奇門遁甲時盤の陽一局丙辛日の時盤表から酉の時盤を探します。この場合は「丁酉時」です。

⑤Ｐ40の旬首表から「丁酉」を探します。丁酉は第四旬で旬首は「辛」ですから、辛が甲の代用です。

⑥丁酉時の盤の「辛」を甲に書き換えます。辛は、西の天干、南東の地干にありますから、このふたつが甲となります。

補足：旬首が時盤中央の干の場合は甲の置き換えが非常に複雑になるため、ここでは南西の地干を旬首にし、この干だけを甲とします。

① 2015（平成27）年

日＼月	5月	
1	丁丑	陽八
2	戊寅	
3	己卯	陽四
4	庚辰	
5	辛巳	
6	壬午	
7	癸未	
8	甲申	陽一
9	乙酉	
10	丙戌	
11	丁亥	
12	戊子	

②

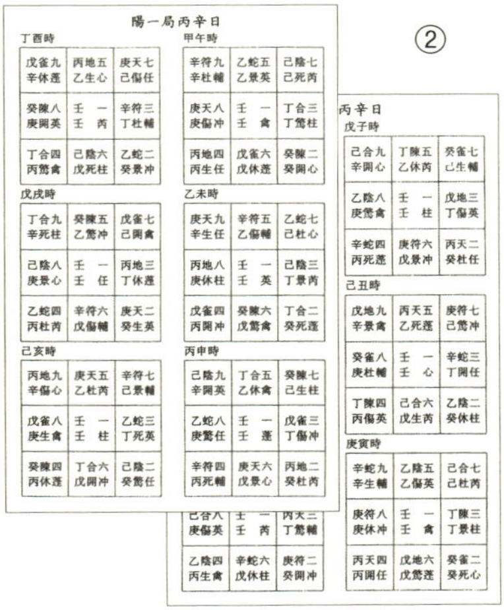

陽一局丙辛日

丁酉時

戊雀九 辛休蓬	丙地五 乙生心	庚天七 己傷任
癸陳八 庚開英	壬　一 壬　芮	辛符三 丁杜輔
丁合四 丙驚禽	己陰六 戊死柱	乙蛇二 癸景冲

戊戌時

丁合九 辛死柱	癸陳五 乙驚冲	戊雀七 己開禽
己陰八 庚景心	壬　一 壬　任	丙地三 丁休蓬
乙蛇四 丙杜芮	辛符六 戊傷輔	庚天二 癸生英

己亥時

丙地九 辛傷心	庚天五 乙杜芮	辛符七 己景輔
戊雀八 庚生禽	壬　一 壬　柱	乙蛇三 丁死英
癸陳四 丙休蓬	丁合六 戊開冲	己陰二 癸驚任

甲午時

辛符九 辛杜輔	乙蛇五 乙景英	己陰七 己死芮
庚天八 庚傷冲	壬　一 壬　禽	丁合三 丁驚柱
丙地四 丙生任	戊雀六 戊休蓬	癸陳二 癸開心

乙未時

庚天九 辛生任	辛符五 乙傷輔	乙蛇七 己杜心
丙地八 庚休柱	壬　一 壬　英	己陰三 丁景芮
戊雀四 丙開冲	癸陳六 戊驚禽	丁合二 癸死蓬

丙申時

己陰九 辛開英	丁合五 乙休禽	癸陳七 己生柱
乙蛇八 庚驚任	壬　一 壬　蓬	戊雀三 丁傷冲
辛符四 丙死輔	庚天六 戊景心	丙地二 癸杜芮

己合八 庚傷英	壬　一 壬　芮	丙天三 丁驚輔
乙陰四 丙生禽	辛蛇六 戊休柱	庚符二 癸開冲

丙辛日

戊子時

己合九 辛開心	丁陳五 乙休芮	癸雀七 己生輔
乙陰八 庚驚禽	壬　一 壬　柱	戊地三 丁傷英
辛蛇四 丙死蓬	庚符六 戊景冲	丙天二 癸杜任

己丑時

戊地九 辛景禽	丙天五 乙死蓬	庚符七 己驚冲
癸雀八 庚杜輔	壬　一 壬　心	辛蛇三 丁開任
丁陳四 丙傷英	己合六 戊生芮	乙陰二 癸休柱

庚寅時

辛蛇九 辛生輔	乙陰五 乙傷英	己合七 己杜芮
庚符八 庚休冲	壬　一 壬　禽	丁陳三 丁景柱
丙天四 丙開任	戊地六 戊驚蓬	癸雀二 癸死心

③ 時支表

亥	戌	酉	申	未	午	巳	辰	卯	寅	丑	子	支
21〜23時	19〜21時	17〜19時	15〜17時	13〜15時	11〜13時	09〜11時	07〜09時	05〜07時	03〜05時	01〜03時	23〜01時	時間

④ 丁酉時

戊雀九 辛休蓬	丙地五 乙生心	庚天七 己傷任
癸陳八 庚開英	壬　一 壬　芮	辛符三 丁杜輔
丁合四 丙驚禽	己陰六 戊死柱	己蛇二 癸景冲

癸	壬	辛	庚	己	戊	旬首
甲寅	甲辰	甲午	甲申	甲戌	甲子	六十干支
乙卯	乙巳	乙未	乙酉	乙亥	乙丑	
丙辰	丙午	丙申	丙戌	丙子	丙寅	
丁巳	丁未	丁酉	丁亥	丁丑	丁卯	
戊午	戊申	戊戌	戊子	戊寅	戊辰	
己未	己酉	己亥	己丑	己卯	己巳	
庚申	庚戌	庚子	庚寅	庚辰	庚午	
辛酉	辛亥	辛丑	辛卯	辛巳	辛未	
壬戌	壬子	壬寅	壬辰	壬午	壬申	
癸亥	癸丑	癸卯	癸巳	癸未	癸酉	
第六旬	第五旬	第四旬	第三旬	第二旬	第一旬	旬

⑥ 丁酉時

戊雀九 甲辛休蓬	丙地五 乙生心	庚天七 己傷任
癸陳八 庚開英	壬　一 壬　芮	甲辛符三 丁杜輔
丁合四 丙驚禽	己陰六 戊死柱	己蛇二 癸景冲

時支表

亥	戌	酉	申	未	午	巳	辰	卯	寅	丑	子	支
21〜23時	19〜21時	17〜19時	15〜17時	13〜15時	11〜13時	09〜11時	07〜09時	05〜07時	03〜05時	01〜03時	23〜01時	時間

旬首表

癸	壬	辛	庚	己	戊	旬首
甲寅	甲辰	甲午	甲申	甲戌	甲子	六十干支
乙卯	乙巳	乙未	乙酉	乙亥	乙丑	
丙辰	丙午	丙申	丙戌	丙子	丙寅	
丁巳	丁未	丁酉	丁亥	丁丑	丁卯	
戊午	戊申	戊戌	戊子	戊寅	戊辰	
己未	己酉	己亥	己丑	己卯	己巳	
庚申	庚戌	庚子	庚寅	庚辰	庚午	
辛酉	辛亥	辛丑	辛卯	辛巳	辛未	
壬戌	壬子	壬寅	壬辰	壬午	壬申	
癸亥	癸丑	癸卯	癸巳	癸未	癸酉	
第六旬	第五旬	第四旬	第三旬	第二旬	第一旬	旬

第二章　吉格・凶格

第一節　格の吉凶とは

これまで八門・九星・八神・天干＋地干による吉凶を解説しました。しかし、あくまでそれは単独の要素からみた吉凶に過ぎません。実際に奇門遁甲時盤を活用する際は、八門・九星・八神・天干＋地干の「配合」を考慮し、総合的に判断することが大切です。

たとえば、ある方位の天干＋地干の組み合わせが吉でも、八門が凶であれば、その方位を使うことは避けたほうが良い、ということです（目的によっては使える場合もあります）。

このように、奇門遁甲時盤を有効に使うには、それぞれの要素を単独にみるのではなく、「配合」をみる必要があります。そして、条件を満たした配合が「格」（吉格・凶格）と呼ばれるもので、吉凶判断の重要な鍵となります。

次ページから、主な吉格と凶格を解説します。ただし格の数は多く、暗記するのは容易ではありません。そこで格を成立させる配合ポイントを、以下にまとめました。格の理解に役立てましょう。

【十干の吉凶】

奇門遁甲ではＰ37でも述べたように、「甲」が王に見立てられるため、十干のなかで甲は特別な存在です。残りの９つの干は次のふたつに分かれます。

○三奇

乙・丙・丁。基本的に吉となりやすい干とされます。ちなみに「奇門遁甲」の名称は、三奇の「奇」と八門の「門」、さらに甲を逃す＝「遁甲」からつけられています。

○六儀

三奇以外の戊・己・庚・辛・壬・癸。配合によって吉凶が決まる干です。ただし「庚」だけは、王である「甲」を「金剋木」と剋す関係のため、強い凶意をもつ場合があります。

【八門の吉凶】

三奇とともに重要視されるのが八門です。吉門は生門・休門・開門で、吉格を成立させるためには必須です。

【八宮と八門・九星の五行関係】

八宮（八方位）の五行と八門・九星の五行が相剋の関係であれば、たとえ吉の八門や九星であっても凶となることがあります。

第二節　主な吉格の象意と配合

【三奇吉門格】

象意　財を得る、利益を得る、貴人の助けが入るなど

配合　天干「丁か丙か乙」＋地干「天干と吉になる組み合わせの干」
＋生門か休門か開門＋吉の九星・八神があればなお吉

【三奇得使格】

①日奇得使

象意　仕事で活躍、地位や名誉を得るなど

配合　天干「乙」＋地干「乙と吉になる組み合わせの干」
＋生門か休門か開門＋乾宮または離宮に同宮

②月奇得使

象意　財運が上がる

配合　天干「丙」＋地干「丙と吉になる組み合わせの干」
　　　＋生門か休門か開門＋坎宮または坤宮に同宮

③星奇得使

象意　人間関係が順調、財運が上がるなど

配合　天干「丁」＋地干「丁と吉になる組み合わせの干」
　　　＋生門か休門か開門＋巽宮または艮宮に同宮

【三奇升殿格】

①乙奇升殿（日出扶桑）

象意　成長、発展など

配合　天干「乙」＋地干「乙と吉になる組み合わせの干」
　　　＋生門か休門か開門＋震宮に同宮

②丙奇升殿（日照瑞門）
象意　地位や名誉が上がるなど
配合　天干「丙」＋地干「丙と吉になる組み合わせの干」
　＋生門か休門か開門＋離宮に同宮

③丁奇升殿（見西方天神）
象意　社交性が増す、財運を得るなど
配合　天干「丁」＋地干「丁と吉になる組み合わせの干」
　＋生門か休門か開門＋兌宮に同宮

【九遁】
①天遁
象意　願いが叶う、外出先での無事、財を得るなど
配合①　天干「丙」＋地干「丁」＋生門＋吉の九星＋八神があればなお吉
配合②　天干「丙」＋地干「戊」＋生門＋吉の九星・八神があればなお吉
配合③　天干「丙」＋地干「丙と吉になる組み合わせの干」＋開門＋吉の九星・八神がある

と良い

②地遁

象意　説得、征服、隠居、埋葬

配合　天干「乙」＋地干「己」＋開門＋吉の九星・八神があると良い

③人遁

象意　願いが叶う、人との和合、人望を得るなど

配合①　天干「丁」＋地干「丙」＋休門＋八神の太陰が同宮

配合②　天干「丁」＋地干「丁と吉になる組み合わせの干」＋休門＋八神の太陰が同宮

④雲遁

象意　学問、娯楽、結婚、遠出の無事、祭祀など

配合　天干「乙」＋地干「辛」＋生門か休門か開門＋吉の九星・八神があると良い

⑤龍遁
象意　結婚、出産、娯楽、雨乞い、泳ぐなど
配合　天干「乙」＋地干「辛」＋生門か休門か開門＋坎宮に同宮

⑥風遁
象意　調和、社交、結婚、約束、宣伝、遠出など
配合　天干「乙」＋地干「乙と吉になる組み合わせの干」＋生門か休門か開門＋巽宮に同宮

⑦虎遁
象意　建築、邪気を抑える、計画を練るなど
配合　天干「乙」＋地干「辛」＋休門＋艮宮に同宮

⑧神遁
象意　神と通じる、邪気や悪霊を祓う、瞑想など
配合　天干「丙」＋地干「丙と吉になる組み合わせの干」＋生門＋八神の九天が同宮

⑨鬼遁

象意　邪気や悪霊を祓う、墓参り、供養など

配合①　天干「乙」＋地干「乙と吉になる組み合わせの干」＋杜門＋八神の九天が同宮

配合②　天干「丁」＋地干「丁と吉になる組み合わせの干」＋生門＋八神の九天が同宮

【五假】

①天假

象意　選挙に勝つ、試験に合格、地位向上など

配合　天干「丁か丙か乙」＋地干「天干と吉になる組み合わせの干」＋景門＋八神の九天が同宮

②地假

象意　災いから逃れる、うまく逃げる、埋葬など

配合①　天干「癸か己か丁」＋地干「天干と吉になる組み合わせの干」＋杜門＋八神の九地が同宮

配合②　天干「癸か己か丁」＋地干「天干と吉になる組み合わせの干」＋杜門＋八神の太陰

が同宮

③人假
象意　人を捕える、物を捕まえる、うまく逃げるなど
配合　天干「癸か己か丁」＋地干「天干と吉になる組み合わせの干」＋杜門＋八神の六合が同宮

④神假
象意　貴人から助けられる、祭祀など
配合　天干「壬」＋地干「壬と吉になる組み合わせの干」＋驚門＋八神の九天が同宮

⑤鬼假
象意　災いを防ぐ
配合　天干「癸か己か丁」＋地干「天干と吉になる組み合わせの干」＋傷門＋吉の九星・八神があると良い

【三詐】

①真詐

象意　売買、拡張、助けが入る、結婚、旅行、娯楽など

配合　天干「丁か丙か乙」＋地干「天干と吉になる組み合わせの干」＋生門か休門か開門＋八神の太陰が同宮

②重詐

象意　才能、人に好かれる、売買、投資、資金回収など

配合　天干「丁か丙か乙」＋地干「天干と吉になる組み合わせの干」＋生門か休門か開門＋八神の九地が同宮

③九遁

象意　貴人の助け、和解、良い医者に巡り合える、治療、薬、邪気を祓うなど

配合　天干「丁か丙か乙」＋地干「天干と吉になる組み合わせの干」＋生門か休門か開門＋八神の六合が同宮

【青龍返首】
象意　願いが叶う、外出先での無事、財を得るなど
配合　天干「甲か戊」＋地干「丙」＋生門か休門か開門＋吉の九星・八神があればなお吉

【飛鳥跌穴】
象意　願いが叶う、外出先での無事、財を得るなど
配合　天干「丙」＋地干「甲か戊」＋生門か休門か開門＋吉の九星・八神があればなお吉

【相佐格】
象意　万事吉、物事が好転
配合①　天干「甲」＋地干「丁か丙か乙」＋生門か休門か開門＋吉の九星・八神があればなお吉

【權怡格】
象意　万事吉、物事が好転
配合②　天干「丁か丙か乙」＋地干「甲」＋生門か休門か開門＋吉の九星・八神があればな

お吉

【天輔時格】

象意　許しが得られる、良い人に巡り合えるなど

配合　局数に関係なく、日と時間が吉になる組み合わせ。ただし、用いる場合は、干や八門などの配合も考慮すること。

甲己日→己巳時
乙庚日→甲申時
丙辛日→甲午時
丁壬日→甲辰時
戊癸日→甲寅時

第三節　主な凶格の象意と配合

【青龍逃走】
象意　自分も相手も不利、横領や賄賂など「曰く付きの」の財に縁あり
配合　天干「乙」＋地干「辛」

【白虎猖狂】
象意　家運が衰退、家族の病気、外出先でのトラブルなど
配合　天干「辛」＋地干「乙」

【螣蛇妖嬌】
象意　公的機関や文書によるトラブル
配合　天干「癸」＋地干「丁」

【朱雀投江】

象意　音信不通、文書によるトラブルなど
配合　天干「丁」＋地干「癸」

【榮惑入太白】
象意　家運が衰退、破財、盗難、病気など
配合　天干「丙」＋地干「庚」

【太白入榮惑】
象意　家を失う、積極性が災いを招くなど
配合　天干「庚」＋地干「丙」

【五不遇時格】
象意　遠出、旅行、就職、建物の修繕などすべて凶
配合　局数に関係なく、日と時間が凶になる組み合わせ

甲日→庚午時

己日→乙丑時
乙日→辛巳時
庚日→丙子時
丙日→壬辰時
辛日→丁酉時
丁日→癸卯時
壬日→戊申時
戊日→甲寅時
癸日→己未時

【三奇入墓】
象意　吉意が失われる
配合①　天干「丁」→艮宮
配合②　天干「丙」→乾宮
配合③　天干「乙」→坤宮

【伏吟格】

象意　活気が失われる

配合　天干と地干が同じ組み合わせ

【門迫宮格】

象意　門の吉意が失われる

配合　八門の五行が宮の五行を剋す関係

【六儀撃刑格】

象意　六儀の凶意が強まる

配合　干が旬首の場合のみ、宮の十二支と相性が悪い組み合わせ

天干「戊」↓震宮

天干「己」↓坤宮

天干「庚」↓艮宮

天干「辛」↓離宮

天干「壬」→巽宮
天干「癸」→巽宮

【門の反吟格】

象意　吉門は凶に、凶門はさらに凶意を強める
配合　八門が定位と対冲の宮に入る関係

【九星の反吟格】

象意　吉星は凶に、凶星はさらに凶意を強める
配合　九星が定位と対冲の宮に入る関係

門の反吟格

巽宮	離宮	坤宮
開門	休門	生門
震宮		兌宮
驚門		傷門
艮宮	坎宮	乾宮
死門	景門	杜門

門迫宮格

巽宮	離宮	坤宮
	休門	
震宮		兌宮
開門		景門
艮宮	坎宮	乾宮
	生門	

九星の反吟格

巽宮	離宮	坤宮
天心星	天蓬星	天任星
震宮		兌宮
艮宮	坎宮	乾宮
天芮星	天英星	天輔星

六儀撃刑格

巽(辰巳)	離(午)	坤(未申)
壬か癸	辛	己
震(卯)		兌(酉
戊		
艮(丑寅)	坎(子)	乾(戌亥)
庚		

第三章　瞬間移動術・交渉術

第一節　相手に「勝利する」活用術

奇門遁甲の活用術のなかで、もっとも真価を発揮するのが、商談やデートなどで用いる瞬間移動術、交渉術です。いずれも相手がいる場合に使う活用術で、商談であれば有利に話を進める、デートであれば相手とより良い関係を築くことを目的とします。

それにしても、なぜこれらの術が奇門遁甲の真価を発揮することになるのでしょうか。その理由は、奇門遁甲の成り立ちが軍略のためであったことに起因します。

「戦い」は、いうまでもなく相手が存在することで成立します。その戦いにおいて、自軍を勝利させるために考案されたのが奇門遁甲で、ある空間の吉凶を即座に判断し、吉方位を用いて戦いを有利に進めることを真価とします。現代における商談もデートも、相手があることから「戦い」とみなし、奇門遁甲の神髄である瞬間移動術、交渉術を活用します。

＜瞬間移動術・活用術で用いるもの＞

・奇門遁甲暦

・奇門遁甲時盤
・時支表
・旬首表
・地図
・方位磁石

第二節　瞬間移動術の用い方

瞬間移動術の用い方として「商談」を例に挙げ、その活用法を解説します。ポイントは目的地への出発時間から時盤を抽出し、吉方位を見つけることです。

シチュエーションは、相手が設定した場所で２０１５年６月11日18時に商談開始とします。

次の手順で時盤をピックアップし、旬首を甲に書き換えて時盤を完成させます。

①奇門遁甲暦から２０１５年６月11日を探し、日の干支の右にある局数を見ます。日の干支は「戊午」で、局数は「陽三」です。

②奇門遁甲時盤から「陽三局」を探し、さらに「戊午」日ですから、戊癸日の時盤表を抽出します（P164～165）。

③商談は18時開始で、目的地に向かって出発する時間は17時頃です。時支表を参照して出発時の17時を支に置き換えます。17時は酉時で、戊癸日の酉時は「辛酉」です。

④旬首表から「辛酉」を探します。辛酉は第六旬で、旬首は「癸」です。

⑤辛酉時の盤の癸を「甲」に書き換えます。癸は北西の天干、北東の地干にありますから、このふたつが甲となります。癸を甲に書き換えたら、時盤が完成します。

③ 辛酉時

乙陳二 己死心	壬雀七 丁驚芮	辛地九 乙開輔
丁合一 戊景禽	庚　三 庚　柱	丙天五 壬休英
己陰六 癸杜蓬	戊蛇八 丙傷冲	癸符四 辛生任

① 2015（平成 27）年

日＼月	6月	
1	戊申	陽八
2	己酉	陽六
3	庚戌	
4	辛亥	
5	壬子	
6	癸丑	
7	甲寅	陽三
8	乙卯	
9	丙辰	
10	丁巳	
11	戊午	
12	己未	陽九

④ 旬首表

癸	壬	辛	庚	己	戊	旬首
甲寅	甲辰	甲午	甲申	甲戌	甲子	六十干支
乙卯	乙巳	乙未	乙酉	乙亥	乙丑	
丙辰	丙午	丙申	丙戌	丙子	丙寅	
丁巳	丁未	丁酉	丁亥	丁丑	丁卯	
戊午	戊申	戊戌	戊子	戊寅	戊辰	
己未	己酉	己亥	己丑	己卯	己巳	
庚申	庚戌	庚子	庚寅	庚辰	庚午	
辛酉	辛亥	辛丑	辛卯	辛巳	辛未	
壬戌	壬子	壬寅	壬辰	壬午	壬申	
癸亥	癸丑	癸卯	癸巳	癸未	癸酉	
第六旬	第五旬	第四旬	第三旬	第二旬	第一旬	旬

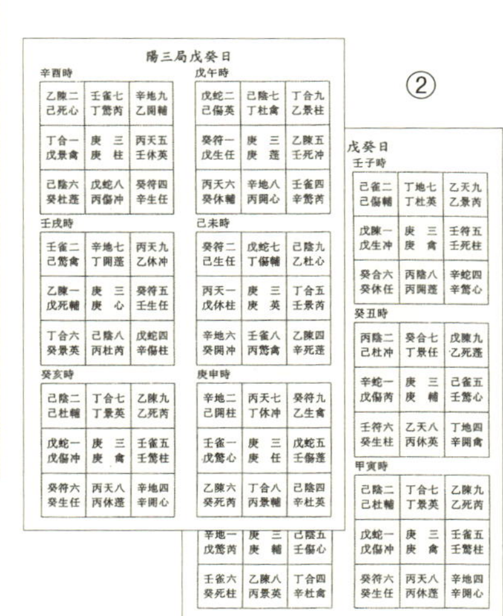
②

陽三局戊癸日

辛酉時

乙陳二 己死心	壬雀七 丁驚芮	辛地九 乙開輔
丁合一 戊景禽	庚　三 庚　柱	丙天五 壬休英
己陰六 癸杜蓬	戊蛇八 丙傷冲	癸符四 辛生任

戊午時

戊蛇二 己傷英	己陰七 丁杜禽	丁合九 乙景柱
癸符一 戊生任	庚　三 庚　蓬	乙陳五 壬死冲
丙天六 癸休輔	辛地八 丙開心	壬雀四 辛驚芮

壬戌時

壬雀二 己驚禽	辛地七 丁開蓬	丙天九 乙休冲
乙陳一 戊死輔	庚　三 庚　心	癸符五 壬生任
丁合六 癸景英	己陰八 丙杜芮	戊蛇四 辛傷柱

己未時

癸符二 己生任	戊蛇七 丁傷輔	己陰九 乙杜心
丙天一 戊休柱	庚　三 庚　英	丁合五 壬景芮
辛地六 癸開冲	壬雀八 丙驚禽	乙陳四 辛死蓬

癸亥時

己陰二 己杜輔	丁合七 丁景英	乙陳九 乙死芮
戊蛇一 戊傷冲	庚　三 庚　禽	壬雀五 壬驚柱
癸符六 癸生任	丙天八 丙休蓬	辛地四 辛開心

庚申時

辛地二 己開柱	丙天七 丁休冲	癸符九 乙生禽
壬雀一 戊驚心	庚　三 庚　任	戊蛇五 壬傷蓬
乙陳六 癸死芮	丁合八 丙景輔	己陰四 辛杜英

辛地一 戊驚芮	庚　三 庚　輔	己陰五 壬傷心
壬雀六 癸死柱	乙陳八 丙景英	丁合四 辛杜禽

戊癸日

壬子時

己雀二 己傷輔	丁地七 丁杜英	乙天九 乙景芮
戊陳一 戊生冲	庚　三 庚　禽	壬符五 壬死柱
癸合六 癸休任	丙陰八 丙開蓬	辛蛇四 辛驚心

癸丑時

丙陰二 己杜冲	癸合七 丁景任	戊陳九 乙死蓬
辛蛇一 戊傷芮	庚　三 庚　輔	己雀五 壬驚心
壬符六 癸生柱	乙天八 丙休英	丁地四 辛開禽

甲寅時

己陰二 己杜輔	丁合七 丁景英	乙陳九 乙死芮
戊蛇一 戊傷冲	庚　三 庚　禽	壬雀五 壬驚柱
癸符六 癸生任	丙天八 丙休蓬	辛地四 辛開心

⑤ 辛酉時

乙陳二 己死心	壬雀七 丁驚芮	辛地九 乙開輔
丁合一 戊景禽	庚　三 庚　柱	丙天五 壬休英
己陰六 ~~癸~~甲杜蓬	戊蛇八 丙傷冲	~~癸~~甲符四 辛生任

③ 時支表

亥	戌	酉	申	未	午	巳	辰	卯	寅	丑	子	支
21〜23時	19〜21時	17〜19時	15〜17時	13〜15時	11〜13時	09〜11時	07〜09時	05〜07時	03〜05時	01〜03時	23〜01時	時間

目的地の吉凶を分析

商談の場所は相手が設定した店で行われます。そこで出発地である会社を中心に据え、地図と家相方位盤があればそれを使って店の方位を調べます。

ここで重要なのは、奇門遁甲の八方位は家相方位盤と同様に45度均等、ということです。九星気学の方位の割り振り（東西南北を30度、それ以外の四方位は60度）とは異なるので注意してください。

さて、商談場所である店は、地図で確認すると、自分の会社から見て南に位置していました。そこで南が吉であるかを、前ページで完成させた時盤で確認します。

吉凶は「八門」と「天干と地干の組み合わせ」をメインに判断し、補足として九星、八神もみます。

商談場所である南は、八門が驚門で凶、天干と地干の組み合わせは天干「壬」＋地干「丁」で平、そのほか、九星は天芮星で凶、八神は朱雀で凶です。

以上から、南は商談に用いるのに不利な方位であることがわかります。

吉方位を探す

南が不利であるため、吉となる方位を探します。方法は次の通りです。

①吉～小吉の八門（休門・生門・開門・景門）がある方位を探します。
するとと次の四方位が挙がりました。

休門（吉）＝西
生門（吉）＝北西
景門（小吉）＝東
開門（吉）＝南西

②上記の四方位のなかから、吉の天干＋地干の組み合わせを探します。

西　（休門）↓　天干「丙」＋地干「壬」＝凶
北西（生門）↓　天干「甲」＋地干「辛」＝凶
東　（景門）↓　天干「丁」＋地干「戊」＝大吉
南西（開門）↓　天干「辛」＋地干「乙」＝凶

八門と天干＋地干からは、東が大吉となります。

さらに東は九星の天禽星が小吉（本来は大吉ですが、木行の東にあるため木剋土となって小吉。考え方はP22参照）、八神の六合も吉。そのほか、凶格にも該当しません。

したがって、辛酉時の盤では東が有利とわかりました。

会社を中心にした場合の商談場所の吉凶方位

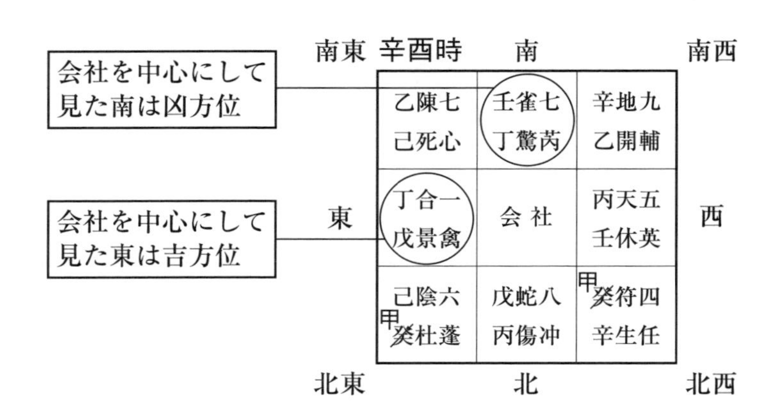

目的地への経路を決める

東が吉方位となりましたが、南に位置する商談場所（目的地）は、相手が設定した場所であるため変更することはできません。このような場合、次の方法をとります（P70の図参照）。

事前に商談場所が東に位置する喫茶店などを、地図と方位磁石を使って探し、そこで15～30分程度待機します。待機することで待機地が瞬間移動術の起点（太極）となり、当初の予定だった「自分の会社から出発する」ことと同じ作用をもたらします。

ただし、移動には次の条件があります。

・商談場所と待機地との距離が数百メートル以上離れていること。
・待機地から商談場所へ移動する際は迂回経路をとらず、東方位の範囲内で直行すること。そのためには経路がほかの方位におよぶ可能性のあるバスや電車は使わないほうが良く、徒歩圏内に待機地を設定する。
・待機地から移動を始めて商談開始まで、この場合は酉時（17～19時未満）の範囲内に収まること。

経路を変えた場合の瞬間移動術のイメージ

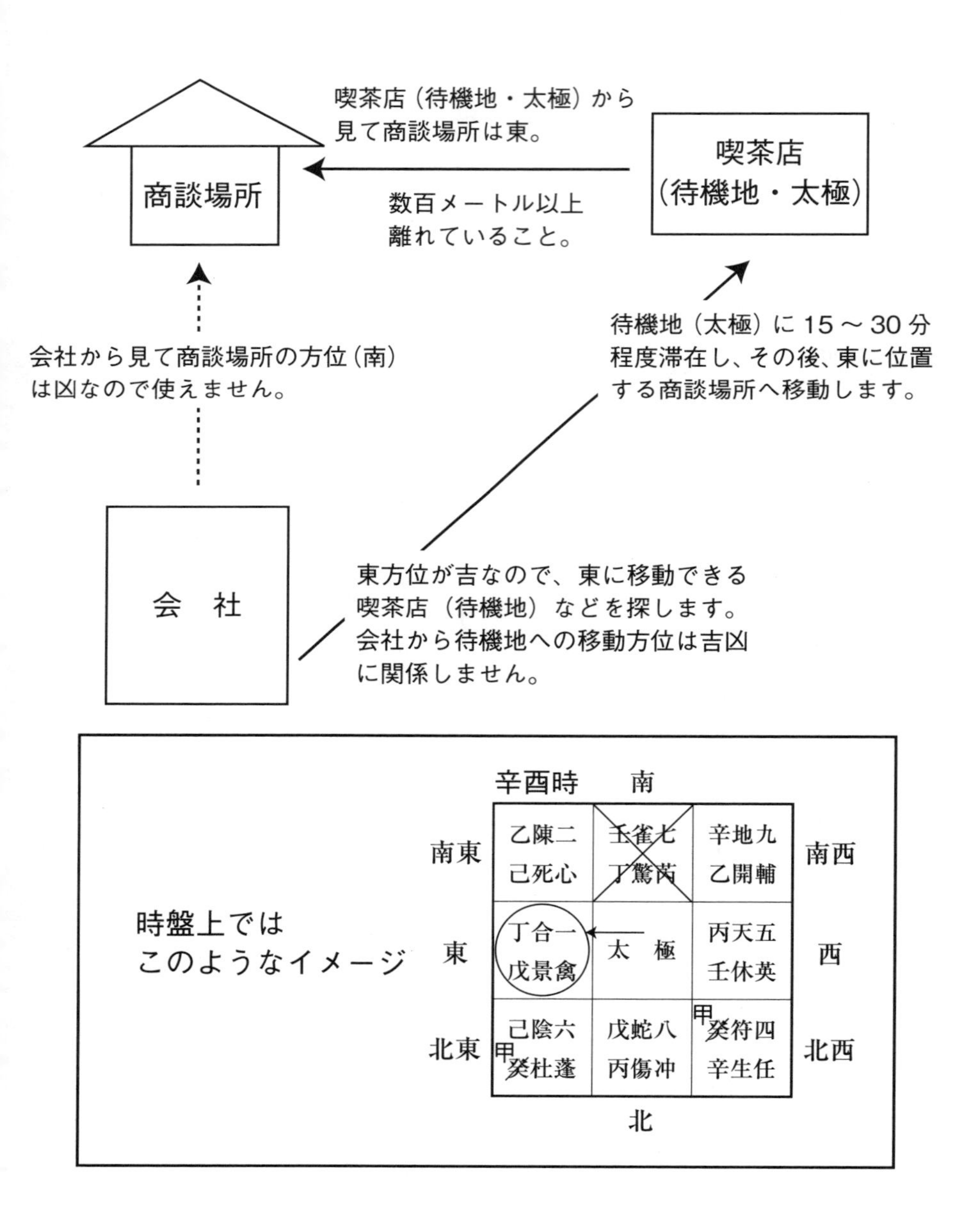

第三節　交渉術の用い方

瞬間移動術を用い、商談場所（目的地）に着きました。商談場所は待機地から見て吉方位であるため、これだけでも吉効果が期待でき、商談を有利に進めることができるでしょう。

さらに商談場所での自分の座る位置が部屋の吉方位であれば、商談での有利さは不動のものとなります。これが「交渉術」です。交渉術を可能にするには、商談場所に入った時点で磁石をチェックし、吉方位の場所に座ること。例の場合なら辛酉時の吉方位である「東」に座るようにします。

デートを成功させるには

交渉術は商談だけでなく、デートにも活用できます。ここではデートのメインをレストランでの食事とします。このときに重要なことは、事前に時盤を作成しておき、その時盤をもとにレストランから見た吉方位の待ち合わせ場所と、レストラン内の吉方位の席を予約しておくことです。

具体的な流れは以下のようになります。

①瞬間移動術と同様、デートの年月日から時盤表をピックアップします。

②待ち合わせ場所からレストランに出発する時間をもとにした時盤を抽出します。

③旬首表で旬首を求め、甲に置き換えて時盤を完成させ、吉方位を求めておきます。

④目的地のレストランが吉方位となる場所を待ち合わせ場所とし（レストランから数百メートル離れた所）、ここで15～30分程度、ふたりで過ごします。

⑤ふたりでレストランに入ります。あらかじめ予約した吉方位の席（レストラン内を八方位に分割し、吉方位の席を予約）で食事を楽しみます。

以上が瞬間移動術と組み合わせた交渉術です。交渉術で注意することは、部屋（ここではレストラン）での八方位の分割を誤り、自分と相手が別の方位に座ることです。とくに自分が凶門である傷門・杜門・死門・驚門に座り、相手が吉門の休門・生門・開門・景門に座った場合は、相手にふられることも考えられます。両者が凶門に位置した場合はデートは盛り上がらず、嫌な思いをして別れることもあるでしょう。

交渉術のイメージ

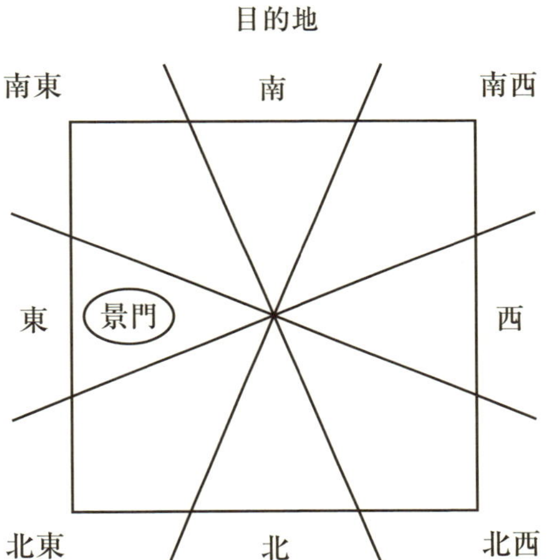

デートで食事をメインにする場合は、あらかじめレストラン内の方位を調べ、吉方位の席を予約しておきます。図は東が吉方位（景門）の場合。

例題で使用した時盤

乙陳二 己死心	壬雀七 丁驚芮	辛地九 乙開輔
丁合一 戊景禽	庚　三 庚　柱	丙天五 壬休英
己陰六 甲~~癸~~杜蓬	戊蛇八 丙傷冲	甲~~癸~~符四 辛生任

南東
南
南西
東
景門
杜門
西
北東
北
北西

吉方位を選んで座ったつもりでも、位置が少しずれただけで凶方位にかかる場合があるので注意すること。図は凶方位の杜門にかかっています。

瞬間移動術のまとめ

・瞬間移動術で用いる時盤は、商談開始時ではなく、商談場所に移動する出発時間をもとにピックアップします。

・方位の配分は八方位均等。

・家相方位盤や九星気学方位盤などでは、北を「磁北」と定めることがありますが、軍略として発生した奇門遁甲では即座に方位を判断する必要があるため、磁気偏角値を求める時間を取ることは考慮されていません。そのため、地図上の北を基準に方位を取ります。

・方位から商談場所や待機場所を定める場合、方位の範囲の境目ではなく、方位の中心で定めるようにします。そのほうが確実に方位を取ることができるからです。

・商談終了が時盤の時間（例題の場合なら酉時）を過ぎても問題ありません。

・商談後、飲食などのために別の場所に誘われることがあるでしょう。しかし、移動した場所の方位が悪ければ相手の気が変わることも考えられます。それを防ぐためにも場所の移動は避け、有利な状態のままで散会するのが望ましいといえます。

交渉術のまとめ

・交渉術は、瞬間移動術と併せて用います。

・交渉術で用いる時盤も、瞬間移動術と同様、目的地に出発する時間をもとにします。

・ひとつの空間の中で吉方位に位置することが重要ですから、方位の区分けを誤らないこと。方位は八方位均等の配分です。

・事前に吉方位に合わせた待機場所と目的地の中での吉方位を調べ、予約が必要な場合は予約しておきます。

・デートなど、親密さを求める場合は吉門のなかでも「休門」がとくに有利です。商談の場合は「生門」「開門」、プレゼンテーションやプロポーズなら「景門」が良いでしょう。

第四章 出門遁・旅行術

第一節　外出先での活用法

たとえば、悩みがあって解決法がなかなか浮かばない、考えが煮詰まって良いアイディアが浮かばない、などということが日々の生活ではしばしば起こるかと思います。

そのようなときに活用したいのが出門遁です。出門遁とは、いまいる家や会社を太極とみなし、そこから吉方位に位置する喫茶店などに出かけ、そこで一定以上の時間を過ごすことで考え方の視点が変わり、思わぬ発想が生まれるとする活用術です。

一方、旅行術は、たとえば航空機を利用する場合なら、出発地の空港を太極とし、太極から旅行先の方位に対して吉の時間に出発することで、旅先での無事や幸運を願う活用術です。

出門遁と旅行術のいずれも吉方位を用いて行うものですが、必ず理解しておきたいことがあります。それは、あくまで出先での無事や幸運を目的とするということです。

九星気学でも、吉方位を用いる「吉方取り」などの方法があります。これは、吉方位に出かけることで吉意が宿り、帰宅後に運が開けるとする考え方です。しかし、奇門遁甲ではこうした考え方をしません。なぜなら、奇門遁甲は軍略として考案された占術であるため、戦地で吉意が発揮されなければ意味がないという考え方のうえに成り立っているからです。そのため、帰宅後の開運ではなく、出門遁であれば出先で良い考えを得ること、旅行術であれば旅先での無事や幸運を得ることを目的にします。

＜出門遁・旅行術で用意するもの＞

・奇門遁甲暦
・奇門遁甲時盤
・時支表
・旬首表
・地図
・方位磁石

さらに旅行術では、旅に出るための交通手段が航空機や電車、バスなど、出発時間（離陸や発車）があらかじめ決められているものである場合は、その時刻表も用意します。

時盤抽出のポイント

・出門遁の場合　いまいる場所（家や会社など）から出発する時間を基準に時盤を抽出します。

・旅行術の場合　目的地（旅行先）に向かう際に利用する航空機や電車、バスなどの出発時間を基準に時盤を抽出します。旅行術で間違いやすいのは、家を出る時間を基準に時盤を抽出してしまうことです。自宅から車や自転車などで出発する以外の場合は、交通機関の出発時間を基準にします。

第二節　出門遁の用い方

出門遁では、いまいる場所、たとえば家や会社を太極とし、そこから数百メートル以上離れた吉方位の喫茶店などで15～30分程度過ごすことで良い発想が得られると考えます（長時間の滞在も可）。

時盤は、太極を出発する時間をもとに抽出します。

例題では、２０１５年7月9日15時30分に太極を出発するものとしています。

①奇門遁甲暦から２０１５年7月9日を探し、日の干支の右にある局数を見ます。日の干支は「丙戌」で、局数は「陰二」です。

②奇門遁甲時盤から「陰二局」を探し、さらに「丙戌」日ですから、丙辛日の時盤表を抽出します。

③太極を出発するのは15時30分です。時支表を参照して出発時の15時30分を支に置き換えます。15時30分は申時で、丙辛日の申時は「丙申」です。

④旬首表から「丙申」を探します。丙申は第四旬で、旬首は辛です。

⑤丙申時の盤の「辛」を甲に書き換えます。辛は、南東の天干と北東の地干にありますから、このふたつが甲となります。辛を甲に書き換えたら、太極を出発する時間をもとにした時盤が完成します。

吉方位を探す

出門遁では出かける先の方位を自由に選ぶことができますから、単純に吉となる方位を探します。
方法は次のような手順になります。

①吉～小吉の八門（開門・生門・休門・景門）がある方位を探します。
すると次の四方位が挙がりました。

丙申時

(辛)符一 丙死任	乙天六 庚驚輔	丙地八 戊開心
己蛇九 乙景柱	丁　二 丁　英	庚雀四 壬休芮
癸陰五 (辛)杜冲	壬合七 己傷禽	戊陳三 癸生蓬

丙申時

→甲符一 丙死任	乙天六 庚驚輔	丙地八 戊開心
己蛇九 乙景柱	丁　二 丁　英	庚雀四 壬休芮
癸陰五 →甲杜冲	壬合七 己傷禽	戊陳三 癸生蓬

開門（吉）＝南西
生門（吉）＝北西
休門（吉）＝西
景門（小吉）＝東

②前述の四方位のうちから、吉の天干＋地干の組み合わせを探します。

南西（開門）天干「丙」＋地干「戊」＝大吉
北西（生門）天干「戊」＋地干「癸」＝吉
西（休門）天干「庚」＋地干「壬」＝凶
東（景門）天干「己」＋地干「乙」＝吉

八門と天干＋地干の組み合わせを見ると、吉以上の方位が複数ありました。

時盤上でのイメージ

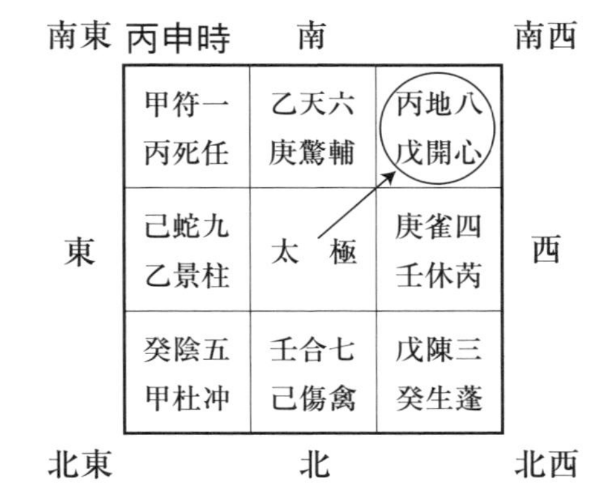

なかでも南西は天干「丙」＋地干「戊」が大吉で、九星の天心星も大吉、八神の九地は吉ですから、もっとも良い組み合わせで、凶格の五不遇時格などにも該当しません。そこで南西を選びます。

活用法としては、太極から数百メートル以上離れた南西にある喫茶店に出かけ、15～30分程度過ごし、悩みの対処法を考えたり企画を練ったりするなど、目的に合わせた過ごし方をします。滞在時間は前述の通り、所定の時間を過ぎても構いません。

第三節　旅行術の用い方

旅行術のポイントは、旅行先が決まっていることを前提に、太極から見て旅行先が吉方位になる時間帯を離陸や発車時間（出発時間）に定めることにあります。

航空機や電車、バスなどを利用する場合には、それらが出発する場所を太極とします。自宅から車や自転車などを使って出発する場合は、自宅を太極にします。

出発時間の選定方法

＜例題＞

出発予定日／２０１５年７月９日

出発地／東京（羽田）

交通機関／航空機

旅行先／鹿児島県屋久島

太極である羽田から屋久島を見ると南西に位置します。そのため、南西が吉方位となる時間帯を時盤から抽出し、吉の時間帯を求めます。方法は次の通りです。P88〜89の時盤表を参照しながら、出発時間の選定を行うとわかりやすいと思います。

①時盤表を抽出する

出発日は２０１５年７月９日ですから、出門遁で使用した「陰二局」「丙辛日」の時盤を用います。

②時盤全部の南西の吉門を探す

まず、各時盤の南西にある八門から吉~小吉である休門・生門・開門・景門がある時盤を抽出します。

例題の時盤表の南西には、戊子時、庚寅時、辛卯時、壬辰時、乙未時、丙申時、丁酉時、己亥時の8つに吉門があります。

③吉門の南西で凶格を探す

休門・生門・開門・景門がある南西で、凶格に該当するものを除外します。

例題の時盤表では、壬辰時が「五不遇時格」に該当し、丁酉時は南西に生門があって「門の反吟格」に該当することから、このふたつの時盤を除外します。

④天干+地干の吉凶をみる

凶格で除外されなかった6つの時盤（戊子時・庚寅時・辛卯時・乙未時・丙申時・己亥時）の、天干と地干の組み合わせの吉凶をみます。旬首表で旬首を甲に置き換えることも必要です。

戊子時　天干「甲」＋地干「戊」＝凶
庚寅時　天干「戊」＋地干「戊」＝凶
辛卯時　天干「己」＋地干「戊」＝吉
乙未時　天干「庚」＋地干「戊」＝凶
丙申時　天干「丙」＋地干「戊」＝大吉
己亥時　天干「壬」＋地干「戊」＝大吉

大吉の時盤は丙申時と己亥時、吉の時盤は辛卯時です。

⑤九星・八神の吉凶をみる

前述3つの時盤にある九星と八神の吉凶も検証します。

丙申時　天心星＝大吉、九地＝吉
己亥時　天英星＝平、六合＝吉
辛卯時　天冲星＝吉、勾陳＝凶

陰二局丙辛日

辛卯時　旬首＝庚

壬地一 丙傷禽	癸雀六 庚杜蓬	己陳八 戊景冲
戊天九 乙生輔	丁　二 丁　心	辛合四 壬死任
庚符五 辛休英	丙蛇七 己開芮	乙陰三 癸驚柱

吉（己戊）　凶（陳）　吉（冲）　小吉（景）

戊子時　旬首＝庚

乙陰一 丙傷芮	丙蛇六 庚杜柱	庚符八 戊景英
辛合九 乙生蓬	丁　二 丁　冲	戊天四 壬死禽
己陳五 辛休心	癸雀七 己開任	壬地三 癸驚輔

凶（庚戊）

壬辰時　五不遇時格

辛合一 丙開心	乙陰六 庚休芮	丙蛇八 戊生輔
己陳九 乙驚禽	丁　二 丁　柱	庚符四 壬傷英
癸雀五 辛死蓬	壬地七 己景冲	戊天三 癸杜任

己丑時

癸雀一 丙景冲	己陳六 庚死任	辛合八 戊驚蓬
壬地九 乙杜芮	丁　二 丁　輔	乙陰四 壬開心
戊天五 辛傷柱	庚符七 己生英	丙蛇三 癸休禽

癸巳時

己陳一 丙杜柱	辛合六 庚景冲	乙陰八 戊死禽
癸雀九 乙傷心	丁　二 丁　任	丙蛇四 壬驚蓬
壬地五 辛生芮	戊天七 己休輔	庚符三 癸開英

庚寅時　旬首＝庚

丙蛇一 丙死輔	庚符六 庚驚英	戊天八 戊開芮
乙陰九 乙景冲	丁　二 丁　禽	壬地四 壬休柱
辛合五 辛杜任	己陳七 己傷蓬	癸雀三 癸生心

凶（戊戊）

陰二局丙辛日

丁酉時　門の反吟格

癸陰一 丙開柱	己蛇六 庚休冲	辛符八 戊生禽
壬合九 乙驚心	丁　二 丁　任	乙天四 壬傷蓬
戊陳五 辛死芮	庚雀七 己景輔	丙地三 癸杜英

甲午時

丙地一 丙杜輔	庚雀六 庚景英	戊陳八 戊死芮
乙天九 乙傷冲	丁　二 丁　禽	壬合四 壬驚柱
辛符五 辛生任	己蛇七 己休蓬	癸陰三 癸開心

戊戌時

癸陰一 丙生蓬	己蛇六 庚傷心	辛符八 戊杜任
壬合九 乙休英	丁　二 丁　芮	乙天四 壬景輔
戊陳五 辛開禽	庚雀七 己驚柱	丙地三 癸死冲

乙未時　旬首＝庚

乙天一 丙驚英	丙地六 庚開禽	庚雀八 戊休柱（庚戊：凶）
辛符九 乙死任	丁　二 丁　蓬	戊陳四 壬生冲
己蛇五 辛景輔	癸陰七 己杜心	壬合三 癸傷芮

己亥時　旬首＝庚

庚雀一 丙傷芮	戊陳六 庚杜柱	壬合八 戊景英（壬戊：大吉　合：吉　英：平　景：小吉）
丙地九 乙生蓬	丁　二 丁　冲	癸陰四 壬死禽
乙天五 辛休心	辛符七 己開任	己蛇三 癸驚輔

丙申時　旬首＝庚

辛符一 丙死任	乙天六 庚驚輔	丙地八 戊開心（丙戊：大吉　地：吉　心：大吉　開：吉）
己蛇九 乙景柱	丁　二 丁　英	庚雀四 壬休芮
癸陰五 辛杜冲	壬合七 己傷禽	戊陳三 癸生蓬

⑥吉の時間帯を決定する

吉意の高い時盤は順に、丙申時、己亥時、辛卯時です。ただし辛卯時にある八神の勾陳は事故などを意味するため、できれば除外したほうが無難です。

したがって「陰二局」「丙辛日」の時盤表で南西方面に旅する場合、丙申時（15～17時未満）か己亥時（21～23時未満）に出発できれば、旅先の無事と幸運が期待できそうです。

【注意】奇門遁甲による旅行術といっても、危険地域への旅に用いることはできません。常識的な判断も必要です。

第五章　占卜・通霊術

第一節　方位術と異なる活用術

奇門遁甲には、方位術以外にも活用法があります。それが「占卜」と「通霊術」です。

占卜は、占う時点の時盤を用い、占うテーマごとに定められた八門や干、八卦の宮などの配合のもとで求占の問いに答えるものです。占うテーマは金銭、仕事、住宅・不動産の購入、相性、病気などさまざまな分野に応用できます。

通霊術は、奇門遁甲には「霊界の扉を開くことができる」と考えられていることから、幸福祈願や悪霊祓いなどに応用されます。通霊術では吉格のなかの「九遁」から天遁、鬼遁など使用目的に合った時盤を用います。

占卜での時盤抽出の仕方

これまで解説した方位術の場合と異なり、占う時点の時盤を用います。抽出の流れは次の通りです。

①占う当日の日干支と局数から時盤表を抽出する。

②占う時点の時支から時盤を抽出する。

③旬首表から旬首を求め、指定の干を旬首の干に置き換える。

※旬首に置き換える前までが、これまでの方法と異なります。

第二節　占卜の用い方

占卜は、求占者の問いに対して現在の状況や直近の未来を占うものです。同じ質問で再占する場合は、易や断易などと同様、日を改めて行います。

金銭運を占う

金銭を表すのは八門の「生門」です。抽出した時盤から生門がある宮をクローズアップし、天干＋地干、九星、八神の吉凶から総合的に判断します。下の例では、生門がある巽宮をみます。

天干「丙」＋地干「甲」＝大吉
九星の天柱星＝平
八神の朱雀＝凶

判断：天干＋地干が大吉ですから、当面の金銭運はおおむね良好といえます。ただし朱雀は損失を意味するため、投資などを行っている場合は要注意。損失を防ぐには、天柱星の象意の「守りと攻めのバランスを考える」ことを心がけると良いでしょう。

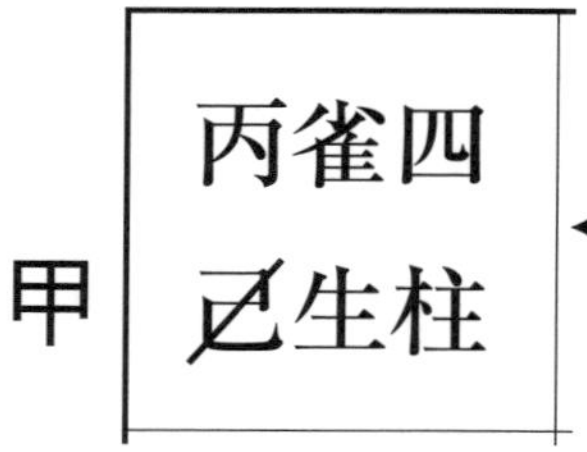

壬午時　　旬首＝己

丙雀四 己生柱	乙陳九 癸傷冲	壬合二 辛社禽
辛地三 庚休心	戊　五 戊　任	丁陰七 丙景蓬
癸天八 丁開芮	己符一 壬驚輔	庚蛇六 乙死英

甲

丙雀四
己生柱

仕事運を占う

仕事（出世など）を表すのは八門の「開門」です。抽出した時盤の開門がある宮の、天干＋地干、九星、八神の吉凶から総合的に判断します。下の例では、開門がある坤宮をみます。

天干「甲」＋地干「庚」＝大凶
九星の天蓬星＝凶
八神の直符＝吉

判断：甲＋庚は瓦解を意味する大凶で、天蓬星は商取引などに凶とされます。商談などを控えている場合は、慎重さを要するでしょう。ただし直符は「凶が減じて吉と化す」「いますぐ逃げるのに良い」星ですから、積極性を控えれば無難を保てるでしょう。

庚辰時　旬首＝己

丙地八 壬死冲	丁天四 戊驚任	己符六 庚開蓬
庚雀七 辛景芮	癸　九 癸　輔	乙蛇二 丙休心
戊陳三 乙杜柱	壬合五 己傷英	辛陰一 丁生禽

甲 ← 己符六 / 庚開蓬（「己」に斜線、「甲」に置き換え）

住居の購入運を占う

購入を検討している住宅・不動産の吉凶を占う場合は、自分の家の中心（太極）から見て、物件が位置する方位（宮）の八門、天干＋地干、九星、八神の吉凶から総合的に判断します。下の例では、家の中心から見て、物件がある南（離宮）をみます。

八門の死門＝大凶
天干「庚」＋地干「癸」＝凶
九星の天冲星＝吉
八神の騰蛇＝凶

判断：天冲星は移転を吉とするため、移転のための物件購入は良好ですが、吉凶の重要度がもっとも高い八門が大凶の死門で、そのほかも凶です。購入は検討を要するでしょう。

戊戌時　　旬首＝辛

辛符三 戊景柱	庚蛇八 癸死冲	丁陰一 丙驚禽
丙天二 乙杜心	太　極	壬合六 辛開蓬
癸地七 壬傷芮	戊雀九 丁生輔	乙陳五 庚休英

庚蛇八
癸死冲

男女の相性を占う

男性の性質は天干庚がある宮、女性の性質は天干乙がある宮の、それぞれ八門をメインに、補足として九星、八神の象意で判断します。さらに庚と乙の宮の五行の関係から相性を判断します。右の例では、天干庚の艮宮（男性）と天干乙の坤宮（女性）でみます。

男性の性質↓社交的（景門）、短気（天芮星）、出世しやすい（直符）

女性の性質↓穏やか（休門）、福運が高い（天禽星）、頑固（勾陳）

艮宮と坤宮の関係↓ともに土行

判断：やや短気ですが社交的な男性と、頑固な面はあるものの基本的には穏やかな女性の組み合わせで性質の相性は悪く

乙酉時　　旬首＝庚

丁陰八 壬驚柱	己合四 戊開冲	乙陳六 庚休禽
丙蛇七 辛死心	癸　九 癸　任	辛雀二 丙生蓬
庚符三 乙景芮	戊天五 己杜輔	壬地一 丁傷英

ありません。宮も同一五行ですから気も合います。

病状をみる

病状を表すのは九星の天芮星です。天芮星のある宮の八門をメインに、天干＋地干、八神の吉凶から判断します。下の例では、天芮星がある乾宮をみます。

八門の休門＝吉
天干「癸」＋地干「甲」＝大吉
八神の九天＝吉

判断：休門があるため、ゆっくり回復。

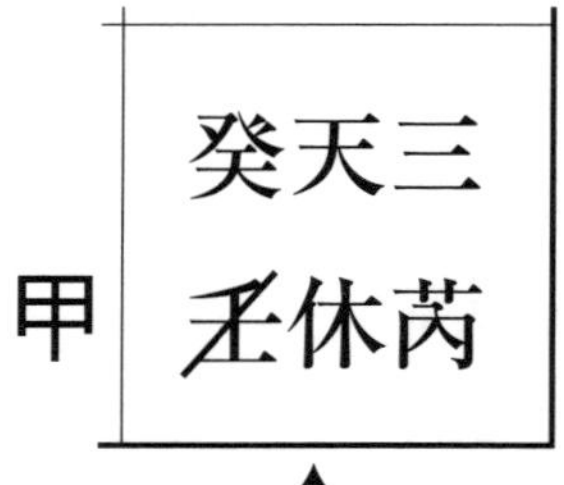

己巳時　　旬首＝壬

己合一 庚景英	庚陳六 丙死禽	丙雀八 戊驚柱
丁陰九 己杜任	辛　二 辛　蓬	戊地四 癸開冲
乙蛇五 丁傷輔	壬符七 乙生心	癸天三 壬休芮

甲
癸天三
壬休芮

服用薬の適合度をみる

薬を表すのは九星の天心星です。天心星のある宮の八門をメインに、天干＋地干、八神の吉凶から判断します。下の例では、天心星がある離宮をみます。

八門の傷門＝凶
天干「甲」＋地干「丙」＝大吉
八神の直符＝吉

判断：傷門があるため、服用薬は検討が必要。

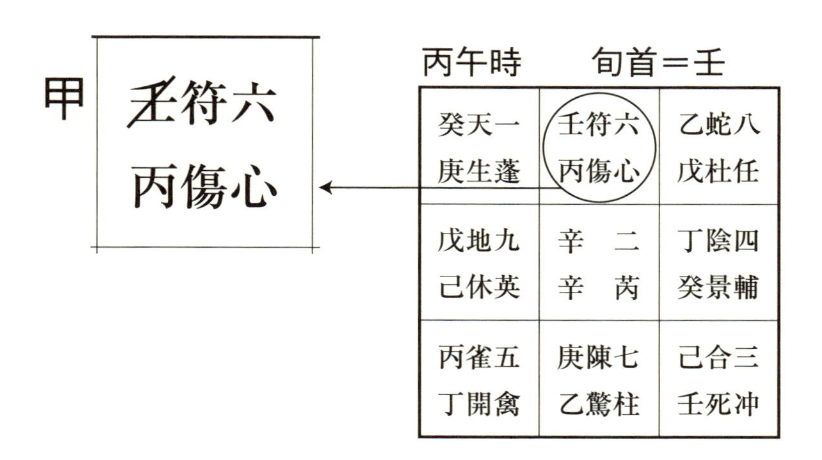

癸天一 庚生蓬	壬符六 丙傷心	乙蛇八 戊杜任
戊地九 己休英	辛　二 辛　芮	丁陰四 癸景輔
丙雀五 丁開禽	庚陳七 乙驚柱	己合三 壬死冲

病気ごとに占う

各宮には人体部位が定められています（P19〜21「八方位（八卦）の象意」参照）。たとえば胃腸の病状をみる場合、胃腸は坤宮の象意ですから坤宮の八門をメインに、天干＋地干、九星、八神の吉凶から判断します。下の例では、坤宮で胃腸の病状をみます。

八門の開門＝吉
天干「己」＋地干「戊」＝吉
九星の天禽星＝大吉
八神の六合＝吉

判断：開門があり、その他も吉のため、病状は長引かないでしょう。

己酉時　　旬首＝壬

乙蛇一 庚死柱	丁陰六 丙驚冲	己合八 戊開禽
壬符九 己景心	辛　二 辛　任	庚陳四 癸休蓬
癸天五 丁杜芮	戊地七 乙傷輔	丙雀三 壬生英

己合八 戊開禽

第三節　通霊術の用い方

奇門遁甲の吉格には、九遁と呼ばれる9つの格があります。そのうちの神遁と鬼遁は「邪気や悪霊を祓う」象意をもつことから、邪気や悪霊を祓うための儀式に用いられます。

また、天遁には「願いが叶う」の象意があることから願望成就の祈願をするのに用いられます。

ここでは天遁と鬼遁を用いた次の3つの通霊術を解説します。

・一年の幸福を祈願
・人の想念をはね返す
・悪霊祓い

いずれも格の配合に従う以外は、儀式の方法をアレンジして構いません。

天遁の時盤例

癸陳七 壬生禽	壬合三 乙傷蓬	乙陰五 丁杜冲
戊雀六 癸休輔	辛　八 辛　心	丁蛇一 己景任
丙地二 戊開英	庚天四 丙驚芮	己符九 庚死柱

一年の幸福を祈願

自分の誕生日に先祖を供養し、誕生日からの一年を幸せに過ごせることを祈願します。

＜方法＞

①天遁の配合に合致する時盤が誕生日にあればそれを抽出します。誕生日に天遁の配合に合致する時盤がない場合は、儀式を行う時間帯の盤を用います。

天遁の配合例：天干＝丙、地干＝丙と吉になる組み合わせの干、八門＝開門、そのほかの配合＝吉の九星や八神があると良い（P46参照）。

②天遁の配合に合致する盤がある場合は、家の中心から見てその配合を満たす方位に祭壇を設け（P101の時盤の場合は北東）、ゆで小豆、緑茶、花（棘のあるものは避けます）、そのほか、先祖に食べてもらいたいものを選び、祭壇に供えます。天遁の配合に合致しない場合は、儀式を行う時間帯の八門、天干＋地干が吉となる方位に祭壇を設けて、前述の供物を供えます。

③信仰している宗教があれば、その経や聖書などから気に入った一節を読み上げ、誕生日から一

年の幸福を祈願します。宗教をもたない場合は般若心経を読み上げると良いでしょう。

想念をはね返す

たとえば恨みを買っている気がしたり、ストーカーなどのような望まない愛情を受けていたりする場合に、相手の想念をはね返す儀式です。

＜観音経＞
呪詛諸毒薬（しゅそしょどくやく）　所欲害身者（しょよくがいしんじゃ）　念彼観音力（ねんぴかんのんりき）　還著於本人（げんじゃくおほんにん）

＜方法＞
①鬼遁の配合に合致する時盤を抽出します。鬼遁の配合例：天干＝乙、地干＝乙と吉になる組み合わせの干、八門＝杜門、そのほかの配合＝八神の九天が同宮（P49参照）。
②家の中心から見て、鬼遁の配合を満たす方位に向かい、妙法蓮華経二十八品のなかの第25観世音菩薩普門品（観音経）の一節を100回読み上げます。本来は道教の経を読むことが多いで

すが、ここでは日本になじみの深い観音経を採用します。１００回をカウントするためによく行われるのは、マッチ棒をあらかじめ１００本用意し、一節読み上げるごとにマッチ棒を１本動かしていく方法です。

悪霊祓い

金縛りに遭う、悪い夢をよくみる、幽霊を見るなど、悪霊や霊に取り憑かれているように感じるときに、悪霊祓いの儀式として用います。

＜陀羅尼品＞
痤(ざ)誓螺反、隷(れい)一、摩訶痤隷(まかざれ)二、郁枳(うつき)三、目枳(もつき)四、阿隷(あれ)五、阿羅婆第(あらはて)六、
涅隷第(ねれて)七、涅隷多婆第(ねれたはて)八、伊緻(いち)猪履反、柅(に)九、韋緻柅(いちに)十、旨緻柅(しちに)十一、
涅隷墀柅(ねれちに)十二、涅犂墀婆底(ねりちはち)十三

＜方法＞
「人の想念をはね返す」と同様、鬼遁の配合に合致する時盤を用い、配合を満たす方位に向かっ

て妙法蓮華経二十八品・第26陀羅尼品の一節を１００回読み上げます。これも本来は道教の経が用いられますが、ここでは陀羅尼品を採用します。

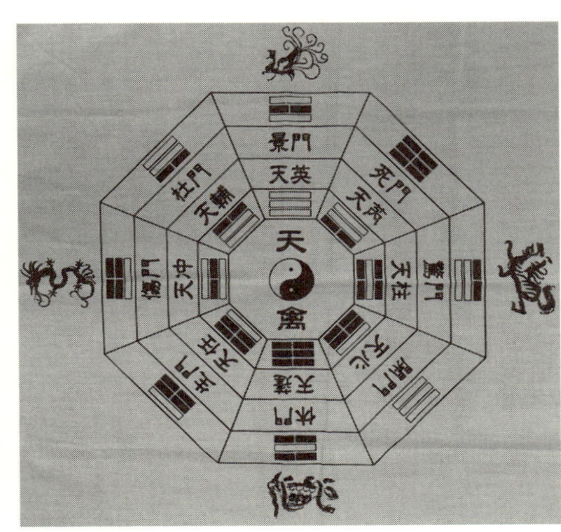

術遁門遁甲布は基本的に神拝や先祖の供養に活用し、時として瞑想に活用する方もおられます。家の中で部屋の中心から見て条件の良い方角に座して使用します。

術遁門遁甲布
製作（株）エバンクリエイト
販売　魔術堂（03-5295-1934）

怪奇現象

地縛霊（じばくれい）（守護霊）〔その土地に特別な因果関係を有して宿っている死霊〕、物の怪（もののけ）、妖怪（ようかい）などの気配を察知したり視覚した場合、害があるか、あまり影響ないかを見抜くテクニックです。

定義＝盤の中で時間の十干が天干のどこの宮にあるかで吉凶を判断します。天地の干関係、八門が重要です。次に九星と八神を見て行くのです。

☆宮が内宮に入るとその影響は吉凶問わず早く、宮が外宮に入るとその影響は比較的遅くなります。

陽遁期

内	外	外
内		外
内	内	外

陰遁期

外	内	内
外		内
外	外	内

応期は時間の十干が入る地盤の宮の易数で判断しますが、難しいので省きます。

三門方位術（別名三門供養術）

この方法は本来各宗派を問わず使用し、何らかの不可思議な現象や霊的な問題で悩む方を救済する術として深く秘匿されてきた方法です。

今回あえて一術士であり専門の宗教家でもない私が公開をしようと思ったのは数々の鑑定経験上、理性では割り切れないことに多く遭遇したからです。

また高度な六壬易を問わず確立の高い占法を駆使した場合、嫌みな言い回しですが当てることそのものはさして難しいものではありません。私を多く悩ます言葉として「ではどうしたら良いですか？」と聞かれることなんです。特に人智で通常の常識の範囲では解決できにくい鑑定についてはなおさらです。但し全ての事象を何でも神秘的に、オカルト的に捉えるわけではありません。ほとんどの場合常識的な占法判断で答えを導き出すのは言うまでもありません。

前置きはこの位にして本題に入りましょう。三十年位前だと記憶していますが、ある一冊の六壬関連の本が出版されました。遠い過去なので詳細は覚えておりませんが一般書店ではなく、たしか専門書店で購入したと思います。関西方面の僧侶の方が書かれた書籍で、その中に独特な霊祟占と病占の内容がありました。その書籍の最後の文章に万難尽きた場合使用する『三門方位術』つまり問題の解除法が紹介されておりました。ですが『三門方位術』は秘技ですので具体的な方法は詳述されてません。その後この秘技を実践で使用する為のヒントとなったのは、今は残念ながら亡くなられた故田口真堂先生が時として口に出しておられた方法と、後に若い時期田口先生と親交のあった知人から見せて頂いた田口先生の著作からでした。その内容が私がなんとなく聞いていた方法とほぼ一致していたのです。

さっそく説明して行きましょう。まず半紙または和紙を用意します。半紙または和紙に縦1.5センチ横1.5センチで横30字、縦20字で升目を鉛筆と定規で作成します。このとき観音経を筆ペンで書いて行くのです。題字は別枠に記します。通常600文字に収まります。さていよいよ作成した観音経をどうするのかです。本来のやり方は、稲荷を祀っている神社等へ写経した観音経を埋めるという方法ですが、環境面から考えても現状では難しいと思われます。

そこで私の場合は奇門遁甲の術遁甲を活用します。自宅などで写経し

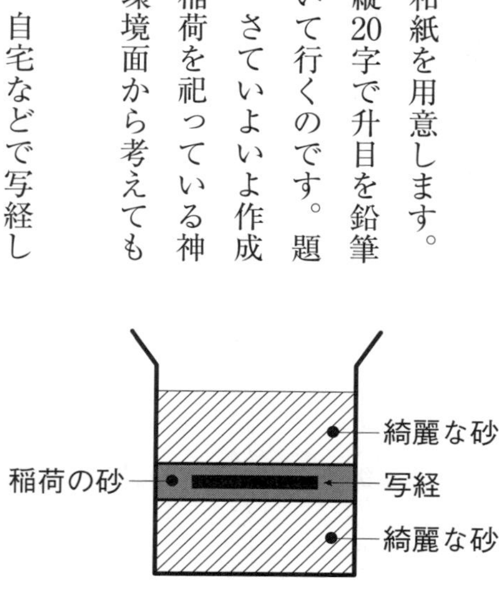

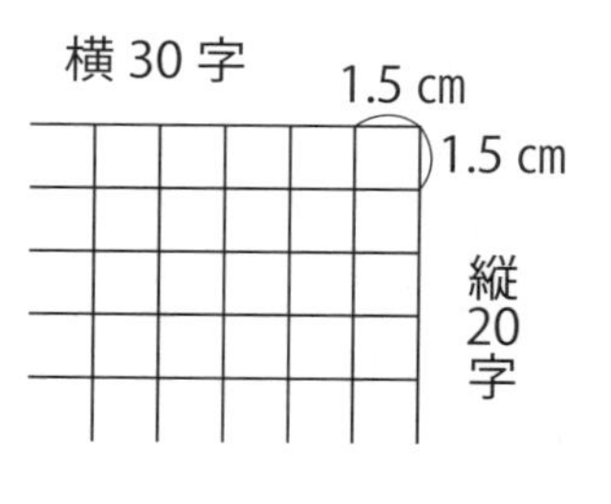

六壬易や奇門遁甲で択月、択日、択時を決定します。植木鉢にきれいな砂を半分ほど入れます。そして稲荷を祀っている神社からやはり綺麗な砂を頂き先程の半分ほど入れた鉢に写経した半紙または和紙を畳んで一緒に入れます。そして上からまた綺麗な砂を入れて終りです。それを玄関先に置きます。私は奇門遁甲の瞬間移動の法を使いますが、単に設置するだけでもそれなりの効果は期待できるでしょう。

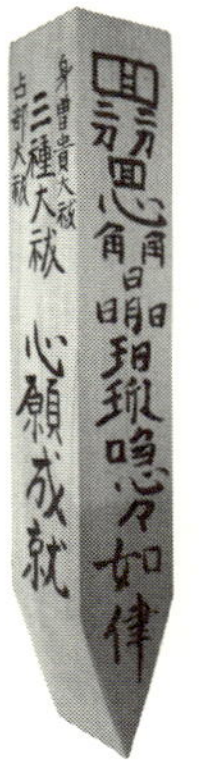

奇門遁甲
三門供養方位術用杭

本書はアシェット・コレクションズ・ジャパン（株）発行、週刊分冊マガジン『占いの世界』（2015年4月1日134号、同年4月22月137号、同年5月7日139号、同年6月3日143号、同年6月24日146号、同年8月12日153号）に連載されたものに、加筆・修正したものです。

奇門遁甲暦

2015（平成27）年

日＼月	6月		5月		4月		3月		2月		1月		月＼日
1	戊申	陽八	丁丑	陽八	丁未	陽六	丙子	陽三	戊申	陽六	丁丑	陽四	1
2	己酉	陽六	戊寅		戊申		丁丑		己酉	陽八	戊寅		2
3	庚戌		己卯	陽四	己酉	陽四	戊寅		庚戌		己卯	陽二	3
4	辛亥		庚辰		庚戌		己卯	陽一	辛亥		庚辰		4
5	壬子		辛巳		辛亥		庚辰		壬子		辛巳		5
6	癸丑		壬午		壬子		辛巳		癸丑		壬午		6
7	甲寅	陽三	癸未		癸丑		壬午		甲寅	陽五	癸未		7
8	乙卯		甲申	陽一	甲寅	陽一	癸未		乙卯		甲申	陽八	8
9	丙辰		乙酉		乙卯		甲申	陽七	丙辰		乙酉		9
10	丁巳		丙戌		丙辰		乙酉		丁巳		丙戌		10
11	戊午		丁亥		丁巳		丙戌		戊午		丁亥		11
12	己未	陽九	戊子		戊午		丁亥		己未	陽二	戊子		12
13	庚申		己丑	陽七	己未	陽七	戊子		庚申		己丑	陽五	13
14	辛酉		庚寅		庚申		己丑	陽四	辛酉		庚寅		14
15	壬戌		辛卯		辛酉		庚寅		壬戌		辛卯		15
16	癸亥		壬辰		壬戌		辛卯		癸亥		壬辰		16
17	甲子	陰九	癸巳		癸亥		壬辰		甲子	陽九	癸巳		17
18	乙丑		甲午	陽五	甲子	陽五	癸巳		乙丑		甲午	陽三	18
19	丙寅		乙未		乙丑		甲午	陽三	丙寅		乙未		19
20	丁卯		丙申		丙寅		乙未		丁卯		丙申		20
21	戊辰		丁酉		丁卯		丙申		戊辰		丁酉		21
22	己巳	陰三	戊戌		戊辰		丁酉		己巳	陽六	戊戌		22
23	庚午		己亥	陽二	己巳	陽二	戊戌		庚午		己亥	陽九	23
24	辛未		庚子		庚午		己亥	陽九	辛未		庚子		24
25	壬申		辛丑		辛未		庚子		壬申		辛丑		25
26	癸酉		壬寅		壬申		辛丑		癸酉		壬寅		26
27	甲戌	陰六	癸卯		癸酉		壬寅		甲戌	陽三	癸卯		27
28	乙亥		甲辰	陽八	甲戌	陽八	癸卯		乙亥		甲辰	陽六	28
29	丙子		乙巳		乙亥		甲辰	陽六			乙巳		29
30	丁丑		丙午		丙子		乙巳				丙午		30
31			丁未				丙午				丁未		31

日＼月	12月		11月		10月		9月		8月		7月		月／日
1	辛亥	陰四	辛巳	陰六	庚戌	陰六	庚辰	陰九	己酉	陰二	戊寅	陰六	1
2	壬子		壬午		辛亥		辛巳		庚戌		己卯	陰八	2
3	癸丑		癸未		壬子		壬午		辛亥		庚辰		3
4	甲寅	陰七	甲申	陰九	癸丑		癸未		壬子		辛巳		4
5	乙卯		乙酉		甲寅	陰九	甲申	陰三	癸丑		壬午		5
6	丙辰		丙戌		乙卯		乙酉		甲寅	陰五	癸未		6
7	丁巳		丁亥		丙辰		丙戌		乙卯		甲申	陰二	7
8	戊午		戊子		丁巳		丁亥		丙辰		乙酉		8
9	己未	陰一	己丑	陰三	戊午		戊子		丁巳		丙戌		9
10	庚申		庚寅		己未	陰三	己丑	陰六	戊午		丁亥		10
11	辛酉		辛卯		庚申		庚寅		己未	陰八	戊子		11
12	壬戌		壬辰		辛酉		辛卯		庚申		己丑	陰五	12
13	癸亥		癸巳		壬戌		壬辰		辛酉		庚寅		13
14	甲子	陽一	甲午	陰五	癸亥		癸巳		壬戌		辛卯		14
15	乙丑		乙未		甲子	陰五	甲午	陰七	癸亥		壬辰		15
16	丙寅		丙申		乙丑		乙未		甲子	陰一	癸巳		16
17	丁卯		丁酉		丙寅		丙申		乙丑		甲午	陰七	17
18	戊辰		戊戌		丁卯		丁酉		丙寅		乙未		18
19	己巳	陽七	己亥	陰八	戊辰		戊戌		丁卯		丙申		19
20	庚午		庚子		己巳	陰八	己亥	陰一	戊辰		丁酉		20
21	辛未		辛丑		庚午		庚子		己巳	陰四	戊戌		21
22	壬申		壬寅		辛未		辛丑		庚午		己亥	陰一	22
23	癸酉		癸卯		壬申		壬寅		辛未		庚子		23
24	甲戌	陽四	甲辰	陰二	癸酉		癸卯		壬申		辛丑		24
25	乙亥		乙巳		甲戌	陰二	甲辰	陰四	癸酉		壬寅		25
26	丙子		丙午		乙亥		乙巳		甲戌	陰七	癸卯		26
27	丁丑		丁未		丙子		丙午		乙亥		甲辰	陰四	27
28	戊寅		戊申		丁丑		丁未		丙子		乙巳		28
29	己卯	陽二	己酉	陰四	戊寅		戊申		丁丑		丙午		29
30	庚辰		庚戌		己卯	陰六	己酉	陰六	戊寅		丁未		30
31	辛巳				庚辰				己卯	陰九	戊申		31

2016（平成28）年

日＼月	6月		5月		4月		3月		2月		1月		月＼日
1	甲寅		癸未	陽四	癸丑	陽四	壬午	陽一	癸丑	陽八	壬午	陽二	1
2	乙卯		甲申		甲寅		癸未		甲寅		癸未		2
3	丙辰	陽三	乙酉		乙卯		甲申		乙卯		甲申		3
4	丁巳		丙戌	陽一	丙辰	陽一	乙酉		丙辰	陽五	乙酉		4
5	戊午		丁亥		丁巳		丙戌	陽七	丁巳		丙戌	陽八	5
6	己未		戊子		戊午		丁亥		戊午		丁亥		6
7	庚申		己丑		己未		戊子		己未		戊子		7
8	辛酉	陽九	庚寅		庚申		己丑		庚申		己丑		8
9	壬戌		辛卯	陽七	辛酉	陽七	庚寅		辛酉	陽二	庚寅		9
10	癸亥		壬辰		壬戌		辛卯	陽四	壬戌		辛卯	陽五	10
11	甲子		癸巳		癸亥		壬辰		癸亥		壬辰		11
12	乙丑		甲午		甲子		癸巳		甲子		癸巳		12
13	丙寅	陽六	乙未		乙丑		甲午		乙丑		甲午		13
14	丁卯		丙申	陽五	丙寅	陽五	乙未		丙寅	陽九	乙未		14
15	戊辰		丁酉		丁卯		丙申	陽三	丁卯		丙申	陽三	15
16	己巳		戊戌		戊辰		丁酉		戊辰		丁酉		16
17	庚午		己亥		己巳		戊戌		己巳		戊戌		17
18	辛未	陽三	庚子		庚午		己亥		庚午		己亥		18
19	壬申		辛丑	陽二	辛未	陽二	庚子		辛未	陽六	庚子		19
20	癸酉		壬寅		壬申		辛丑	陽九	壬申		辛丑	陽九	20
21	甲戌		癸卯		癸酉		壬寅		癸酉		壬寅		21
22	乙亥		甲辰		甲戌		癸卯		甲戌		癸卯		22
23	丙子	陽九	乙巳		乙亥		甲辰		乙亥		甲辰		23
24	丁丑		丙午	陽八	丙子	陽八	乙巳		丙子	陽三	乙巳		24
25	戊寅		丁未		丁丑		丙午	陽六	丁丑		丙午	陽六	25
26	己卯		戊申		戊寅		丁未		戊寅		丁未		26
27	庚辰		己酉		己卯		戊申		己卯		戊申		27
28	辛巳	陰九	庚戌		庚辰	陽四	己酉		庚辰	陽一	己酉		28
29	壬午		辛亥	陽六	辛巳		庚戌		辛巳		庚戌		29
30	癸未		壬子		壬午		辛亥	陽四			辛亥	陽八	30
31			癸丑				壬子				壬子		31

日＼月	12月		11月		10月		9月		8月		7月		月＼日
1	丁巳	陰八	丁亥	陰八	丙辰	陰一	丙戌	陰四	乙卯	陰一	甲申	陰三	1
2	戊午		戊子		丁巳		丁亥		丙辰		乙酉		2
3	己未	陰二	己丑	陰二	戊午		戊子		丁巳		丙戌		3
4	庚申		庚寅		己未	陰四	己丑	陰七	戊午		丁亥		4
5	辛酉		辛卯		庚申		庚寅		己未	陰四	戊子		5
6	壬戌		壬辰		辛酉		辛卯		庚申		己丑	陰六	6
7	癸亥		癸巳		壬戌		壬辰		辛酉		庚寅		7
8	甲子	陰四	甲午	陰六	癸亥		癸巳		壬戌		辛卯		8
9	乙丑		乙未		甲子	陰六	甲午	陰九	癸亥		壬辰		9
10	丙寅		丙申		乙丑		乙未		甲子	陰二	癸巳		10
11	丁卯		丁酉		丙寅		丙申		乙丑		甲午	陰八	11
12	戊辰		戊戌		丁卯		丁酉		丙寅		乙未		12
13	己巳	陰七	己亥	陰九	戊辰		戊戌		丁卯		丙申		13
14	庚午		庚子		己巳	陰九	己亥	陰三	戊辰		丁酉		14
15	辛未		辛丑		庚午		庚子		己巳	陰五	戊戌		15
16	壬申		壬寅		辛未		辛丑		庚午		己亥	陰二	16
17	癸酉		癸卯		壬申		壬寅		辛未		庚子		17
18	甲戌	陰一	甲辰	陰三	癸酉		癸卯		壬申		辛丑		18
19	乙亥		乙巳		甲戌	陰三	甲辰	陰六	癸酉		壬寅		19
20	丙子		丙午		乙亥		乙巳		甲戌	陰八	癸卯		20
21	丁丑		丁未		丙子		丙午		乙亥		甲辰	陰五	21
22	戊寅		戊申		丁丑		丁未		丙子		乙巳		22
23	己卯	陽一	己酉	陰五	戊寅		戊申		丁丑		丙午		23
24	庚辰		庚戌		己卯	陰五	己酉	陰七	戊寅		丁未		24
25	辛巳		辛亥		庚辰		庚戌		己卯	陰一	戊申		25
26	壬午		壬子		辛巳		辛亥		庚辰		己酉	陰七	26
27	癸未		癸丑		壬午		壬子		辛巳		庚戌		27
28	甲申	陽七	甲寅	陰八	癸未		癸丑		壬午		辛亥		28
29	乙酉		乙卯		甲申	陰八	甲寅	陰一	癸未		壬子		29
30	丙戌		丙辰		乙酉		乙卯		甲申	陰四	癸丑		30
31	丁亥				丙戌				乙酉		甲寅	陰一	31

2017（平成29）年

日＼月	6月		5月		4月		3月		2月		1月		月＼日
1	己未	陽八	戊子	陽二	戊午	陽九	丁亥	陽六	己未	陽六	戊子	陽七	1
2	庚申		己丑	陽八	己未	陽六	戊子		庚申		己丑	陽四	2
3	辛酉		庚寅		庚申		己丑	陽三	辛酉		庚寅		3
4	壬戌		辛卯		辛酉		庚寅		壬戌		辛卯		4
5	癸亥		壬辰		壬戌		辛卯		癸亥		壬辰		5
6	甲子	陽六	癸巳		癸亥		壬辰		甲子	陽八	癸巳		6
7	乙丑		甲午	陽四	甲子	陽四	癸巳		乙丑		甲午	陽二	7
8	丙寅		乙未		乙丑		甲午	陽一	丙寅		乙未		8
9	丁卯		丙申		丙寅		乙未		丁卯		丙申		9
10	戊辰		丁酉		丁卯		丙申		戊辰		丁酉		10
11	己巳	陽三	戊戌		戊辰		丁酉		己巳	陽五	戊戌		11
12	庚午		己亥	陽一	己巳	陽一	戊戌		庚午		己亥	陽八	12
13	辛未		庚子		庚午		己亥	陽七	辛未		庚子		13
14	壬申		辛丑		辛未		庚子		壬申		辛丑		14
15	癸酉		壬寅		壬申		辛丑		癸酉		壬寅		15
16	甲戌	陽九	癸卯		癸酉		壬寅		甲戌	陽二	癸卯		16
17	乙亥		甲辰	陽七	甲戌	陽七	癸卯		乙亥		甲辰	陽五	17
18	丙子		乙巳		乙亥		甲辰	陽四	丙子		乙巳		18
19	丁丑		丙午		丙子		乙巳		丁丑		丙午		19
20	戊寅		丁未		丁丑		丙午		戊寅		丁未		20
21	己卯	陰九	戊申		戊寅		丁未		己卯	陽九	戊申		21
22	庚辰		己酉	陽五	己卯	陽五	戊申		庚辰		己酉	陽三	22
23	辛巳		庚戌		庚辰		己酉	陽三	辛巳		庚戌		23
24	壬午		辛亥		辛巳		庚戌		壬午		辛亥		24
25	癸未		壬子		壬午		辛亥		癸未		壬子		25
26	甲申	陰三	癸丑		癸未		壬子		甲申	陽六	癸丑		26
27	乙酉		甲寅	陽二	甲申	陽二	癸丑		乙酉		甲寅	陽九	27
28	丙戌		乙卯		乙酉		甲寅	陽九	丙戌		乙卯		28
29	丁亥		丙辰		丙戌		乙卯				丙辰		29
30	戊子		丁巳		丁亥		丙辰				丁巳		30
31			戊午				丁巳				戊午		31

日＼月	12月		11月		10月		9月		8月		7月		月／日
1	壬戌	陰二	壬辰	陰二	辛酉	陰四	辛卯	陰七	庚申	陰四	己丑	陰六	1
2	癸亥		癸巳		壬戌		壬辰		辛酉		庚寅		2
3	甲子	陰四	甲午	陰六	癸亥		癸巳		壬戌		辛卯		3
4	乙丑		乙未		甲子	陰六	甲午	陰九	癸亥		壬辰		4
5	丙寅		丙申		乙丑		乙未		甲子	陰二	癸巳		5
6	丁卯		丁酉		丙寅		丙申		乙丑		甲午	陰八	6
7	戊辰		戊戌		丁卯		丁酉		丙寅		乙未		7
8	己巳	陰七	己亥	陰九	戊辰		戊戌		丁卯		丙申		8
9	庚午		庚子		己巳	陰九	己亥	陰三	戊辰		丁酉		9
10	辛未		辛丑		庚午		庚子		己巳	陰五	戊戌		10
11	壬申		壬寅		辛未		辛丑		庚午		己亥	陰二	11
12	癸酉		癸卯		壬申		壬寅		辛未		庚子		12
13	甲戌	陰一	甲辰	陰三	癸酉		癸卯		壬申		辛丑		13
14	乙亥		乙巳		甲戌	陰三	甲辰	陰六	癸酉		壬寅		14
15	丙子		丙午		乙亥		乙巳		甲戌	陰八	癸卯		15
16	丁丑		丁未		丙子		丙午		乙亥		甲辰	陰五	16
17	戊寅		戊申		丁丑		丁未		丙子		乙巳		17
18	己卯	陽一	己酉	陰五	戊寅		戊申		丁丑		丙午		18
19	庚辰		庚戌		己卯	陰五	己酉	陰七	戊寅		丁未		19
20	辛巳		辛亥		庚辰		庚戌		己卯	陰一	戊申		20
21	壬午		壬子		辛巳		辛亥		庚辰		己酉	陰七	21
22	癸未		癸丑		壬午		壬子		辛巳		庚戌		22
23	甲申	陽七	甲寅	陰八	癸未		癸丑		壬午		辛亥		23
24	乙酉		乙卯		甲申	陰八	甲寅	陰一	癸未		壬子		24
25	丙戌		丙辰		乙酉		乙卯		甲申	陰四	癸丑		25
26	丁亥		丁巳		丙戌		丙辰		乙酉		甲寅	陰一	26
27	戊子		戊午		丁亥		丁巳		丙戌		乙卯		27
28	己丑	陽四	己未	陰二	戊子		戊午		丁亥		丙辰		28
29	庚寅		庚申		己丑	陰二	己未	陰四	戊子		丁巳		29
30	辛卯		辛酉		庚寅		庚申		己丑	陰七	戊午		30
31	壬辰				辛卯				庚寅		己未	陰四	31

2018（平成30）年

日＼月	6月		5月		4月		3月		2月		1月		月＼日
1	甲子		癸巳	陽八	癸亥	陽六	壬辰	陽三	甲子		癸巳	陽四	1
2	乙丑		甲午		甲子		癸巳		乙丑		甲午		2
3	丙寅	陽六	乙未		乙丑		甲午		丙寅	陽八	乙未		3
4	丁卯		丙申	陽四	丙寅	陽四	乙未		丁卯		丙申	陽二	4
5	戊辰		丁酉		丁卯		丙申	陽一	戊辰		丁酉		5
6	己巳		戊戌		戊辰		丁酉		己巳		戊戌		6
7	庚午		己亥		己巳		戊戌		庚午		己亥		7
8	辛未	陽三	庚子		庚午		己亥		辛未	陽五	庚子		8
9	壬申		辛丑	陽一	辛未	陽一	庚子		壬申		辛丑	陽八	9
10	癸酉		壬寅		壬申		辛丑	陽七	癸酉		壬寅		10
11	甲戌		癸卯		癸酉		壬寅		甲戌		癸卯		11
12	乙亥		甲辰		甲戌		癸卯		乙亥		甲辰		12
13	丙子	陽九	乙巳		乙亥		甲辰		丙子	陽二	乙巳		13
14	丁丑		丙午	陽七	丙子	陽七	乙巳		丁丑		丙午	陽五	14
15	戊寅		丁未		丁丑		丙午	陽四	戊寅		丁未		15
16	己卯		戊申		戊寅		丁未		己卯		戊申		16
17	庚辰		己酉		己卯		戊申		庚辰		己酉		17
18	辛巳	陰九	庚戌		庚辰		己酉		辛巳	陽九	庚戌		18
19	壬午		辛亥	陽五	辛巳	陽五	庚戌		壬午		辛亥	陽三	19
20	癸未		壬子		壬午		辛亥	陽三	癸未		壬子		20
21	甲申		癸丑		癸未		壬子		甲申		癸丑		21
22	乙酉		甲寅		甲申		癸丑		乙酉		甲寅		22
23	丙戌	陰三	乙卯		乙酉		甲寅		丙戌	陽六	乙卯		23
24	丁亥		丙辰	陽二	丙戌	陽二	乙卯		丁亥		丙辰	陽九	24
25	戊子		丁巳		丁亥		丙辰	陽九	戊子		丁巳		25
26	己丑		戊午		戊子		丁巳		己丑		戊午		26
27	庚寅		己未		己丑		戊午		庚寅	陽三	己未		27
28	辛卯	陰六	庚申		庚寅	陽八	己未		辛卯		庚申		28
29	壬辰		辛酉	陽八	辛卯		庚申	陽六			辛酉	陽六	29
30	癸巳		壬戌		壬辰		辛酉				壬戌		30
31			癸亥				壬戌				癸亥		31

日＼月	12月		11月		10月		9月		8月		7月		月／日
1	丁卯	陰四	丁酉	陰六	丙寅	陰六	丙申	陰九	乙丑	陰二	甲午	陰八	1
2	戊辰		戊戌		丁卯		丁酉		丙寅		乙未		2
3	己巳	陰七	己亥	陰九	戊辰		戊戌		丁卯		丙申		3
4	庚午		庚子		己巳	陰九	己亥	陰三	戊辰		丁酉		4
5	辛未		辛丑		庚午		庚子		己巳	陰五	戊戌		5
6	壬申		壬寅		辛未		辛丑		庚午		己亥	陰二	6
7	癸酉		癸卯		壬申		壬寅		辛未		庚子		7
8	甲戌	陰一	甲辰	陰三	癸酉		癸卯		壬申		辛丑		8
9	乙亥		乙巳		甲戌	陰三	甲辰	陰六	癸酉		壬寅		9
10	丙子		丙午		乙亥		乙巳		甲戌	陰八	癸卯		10
11	丁丑		丁未		丙子		丙午		乙亥		甲辰	陰五	11
12	戊寅		戊申		丁丑		丁未		丙子		乙巳		12
13	己卯	陰四	己酉	陰五	戊寅		戊申		丁丑		丙午		13
14	庚辰		庚戌		己卯	陰五	己酉	陰七	戊寅		丁未		14
15	辛巳		辛亥		庚辰		庚戌		己卯	陰一	戊申		15
16	壬午		壬子		辛巳		辛亥		庚辰		己酉	陰七	16
17	癸未		癸丑		壬午		壬子		辛巳		庚戌		17
18	甲申	陰七	甲寅	陰八	癸未		癸丑		壬午		辛亥		18
19	乙酉		乙卯		甲申	陰八	甲寅	陰一	癸未		壬子		19
20	丙戌		丙辰		乙酉		乙卯		甲申	陰四	癸丑		20
21	丁亥		丁巳		丙戌		丙辰		乙酉		甲寅	陰一	21
22	戊子		戊午		丁亥		丁巳		丙戌		乙卯		22
23	己丑	陰一	己未	陰二	戊子		戊午		丁亥		丙辰		23
24	庚寅		庚申		己丑	陰二	己未	陰四	戊子		丁巳		24
25	辛卯		辛酉		庚寅		庚申		己丑	陰七	戊午		25
26	壬辰		壬戌		辛卯		辛酉		庚寅		己未	陰四	26
27	癸巳		癸亥		壬辰		壬戌		辛卯		庚申		27
28	甲午	陽一	甲子	陰四	癸巳		癸亥		壬辰		辛酉		28
29	乙未		乙丑		甲午	陰六	甲子	陰六	癸巳		壬戌		29
30	丙申		丙寅		乙未		乙丑		甲午	陰九	癸亥		30
31	丁酉				丙申				乙未		甲子	陰二	31

2019（平成31）年

日＼月	6月		5月		4月		3月		2月		1月		月＼日
1	己巳	陽二	戊戌	陽五	戊辰	陽三	丁酉	陽九	己巳	陽九	戊戌	陽一	1
2	庚午		己亥	陽二	己巳	陽九	戊戌		庚午		己亥	陽七	2
3	辛未		庚子		庚午		己亥	陽六	辛未		庚子		3
4	壬申		辛丑		辛未		庚子		壬申		辛丑		4
5	癸酉		壬寅		壬申		辛丑		癸酉		壬寅		5
6	甲戌	陽八	癸卯		癸酉		壬寅		甲戌	陽六	癸卯		6
7	乙亥		甲辰	陽八	甲戌	陽六	癸卯		乙亥		甲辰	陽四	7
8	丙子		乙巳		乙亥		甲辰	陽三	丙子		乙巳		8
9	丁丑		丙午		丙子		乙巳		丁丑		丙午		9
10	戊寅		丁未		丁丑		丙午		戊寅		丁未		10
11	己卯	陽六	戊申		戊寅		丁未		己卯	陽八	戊申		11
12	庚辰		己酉	陽四	己卯	陽四	戊申		庚辰		己酉	陽二	12
13	辛巳		庚戌		庚辰		己酉	陽一	辛巳		庚戌		13
14	壬午		辛亥		辛巳		庚戌		壬午		辛亥		14
15	癸未		壬子		壬午		辛亥		癸未		壬子		15
16	甲申	陽三	癸丑		癸未		壬子		甲申	陽五	癸丑		16
17	乙酉		甲寅	陽一	甲申	陽一	癸丑		乙酉		甲寅	陽八	17
18	丙戌		乙卯		乙酉		甲寅	陽七	丙戌		乙卯		18
19	丁亥		丙辰		丙戌		乙卯		丁亥		丙辰		19
20	戊子		丁巳		丁亥		丙辰		戊子		丁巳		20
21	己丑	陽九	戊午		戊子		丁巳		己丑	陽二	戊午		21
22	庚寅		己未	陽七	己丑	陽七	戊午		庚寅		己未	陽五	22
23	辛卯		庚申		庚寅		己未	陽四	辛卯		庚申		23
24	壬辰		辛酉		辛卯		庚申		壬辰		辛酉		24
25	癸巳		壬戌		壬辰		辛酉		癸巳		壬戌		25
26	甲午	陰九	癸亥		癸巳		壬戌		甲午	陽九	癸亥		26
27	乙未		甲子	陽五	甲午	陽五	癸亥		乙未		甲子	陽三	27
28	丙申		乙丑		乙未		甲子	陽三	丙申		乙丑		28
29	丁酉		丙寅		丙申		乙丑				丙寅		29
30	戊戌		丁卯		丁酉		丙寅				丁卯		30
31			戊辰				丁卯				戊辰		31

日＼月	12月		11月		10月		9月		8月		7月		月＼日
1	壬申	陰八	壬寅	陰八	辛未	陰一	辛丑	陰四	庚午	陰一	己亥	陰三	1
2	癸酉		癸卯		壬申		壬寅		辛未		庚子		2
3	甲戌	陰二	甲辰	陰二	癸酉		癸卯		壬申		辛丑		3
4	乙亥		乙巳		甲戌	陰四	甲辰	陰七	癸酉		壬寅		4
5	丙子		丙午		乙亥		乙巳		甲戌	陰四	癸卯		5
6	丁丑		丁未		丙子		丙午		乙亥		甲辰	陰六	6
7	戊寅		戊申		丁丑		丁未		丙子		乙巳		7
8	己卯	陰四	己酉	陰六	戊寅		戊申		丁丑		丙午		8
9	庚辰		庚戌		己卯	陰六	己酉	陰九	戊寅		丁未		9
10	辛巳		辛亥		庚辰		庚戌		己卯	陰二	戊申		10
11	壬午		壬子		辛巳		辛亥		庚辰		己酉	陰八	11
12	癸未		癸丑		壬午		壬子		辛巳		庚戌		12
13	甲申	陰七	甲寅	陰九	癸未		癸丑		壬午		辛亥		13
14	乙酉		乙卯		甲申	陰九	甲寅	陰三	癸未		壬子		14
15	丙戌		丙辰		乙酉		乙卯		甲申	陰五	癸丑		15
16	丁亥		丁巳		丙戌		丙辰		乙酉		甲寅	陰二	16
17	戊子		戊午		丁亥		丁巳		丙戌		乙卯		17
18	己丑	陰一	己未	陰三	戊子		戊午		丁亥		丙辰		18
19	庚寅		庚申		己丑	陰三	己未	陰六	戊子		丁巳		19
20	辛卯		辛酉		庚寅		庚申		己丑	陰八	戊午		20
21	壬辰		壬戌		辛卯		辛酉		庚寅		己未	陰五	21
22	癸巳		癸亥		壬辰		壬戌		辛卯		庚申		22
23	甲午	陽一	甲子	陰五	癸巳		癸亥		壬辰		辛酉		23
24	乙未		乙丑		甲午	陰五	甲子	陰七	癸巳		壬戌		24
25	丙申		丙寅		乙未		乙丑		甲午	陰一	癸亥		25
26	丁酉		丁卯		丙申		丙寅		乙未		甲子	陰七	26
27	戊戌		戊辰		丁酉		丁卯		丙申		乙丑		27
28	己亥	陽七	己巳	陰八	戊戌		戊辰		丁酉		丙寅		28
29	庚子		庚午		己亥	陰八	己巳	陰一	戊戌		丁卯		29
30	辛丑		辛未		庚子		庚午		己亥	陰四	戊辰		30
31	壬寅				辛丑				庚子		己巳	陰一	31

2020（平成32）年

日＼月	6月		5月		4月		3月		2月		1月		月＼日
1	乙亥	陽八	甲辰	陽八	甲戌	陽六	癸卯	陽六	甲戌	陽六	癸卯	陽七	1
2	丙子		乙巳		乙亥		甲辰	陽三	乙亥		甲辰	陽四	2
3	丁丑		丙午		丙子		乙巳		丙子		乙巳		3
4	戊寅		丁未		丁丑		丙午		丁丑		丙午		4
5	己卯	陽六	戊申		戊寅		丁未		戊寅		丁未		5
6	庚辰		己酉	陽四	己卯	陽四	戊申		己卯	陽八	戊申		6
7	辛巳		庚戌		庚辰		己酉	陽一	庚辰		己酉	陽二	7
8	壬午		辛亥		辛巳		庚戌		辛巳		庚戌		8
9	癸未		壬子		壬午		辛亥		壬午		辛亥		9
10	甲申	陽三	癸丑		癸未		壬子		癸未		壬子		10
11	乙酉		甲寅	陽一	甲申	陽一	癸丑		甲申	陽五	癸丑		11
12	丙戌		乙卯		乙酉		甲寅	陽七	乙酉		甲寅	陽八	12
13	丁亥		丙辰		丙戌		乙卯		丙戌		乙卯		13
14	戊子		丁巳		丁亥		丙辰		丁亥		丙辰		14
15	己丑	陽九	戊午		戊子		丁巳		戊子		丁巳		15
16	庚寅		己未	陽七	己丑	陽七	戊午		己丑	陽二	戊午		16
17	辛卯		庚申		庚寅		己未	陽四	庚寅		己未	陽五	17
18	壬辰		辛酉		辛卯		庚申		辛卯		庚申		18
19	癸巳		壬戌		壬辰		辛酉		壬辰		辛酉		19
20	甲午	陰九	癸亥		癸巳		壬戌		癸巳		壬戌		20
21	乙未		甲子	陽五	甲午	陽五	癸亥		甲午	陽九	癸亥		21
22	丙申		乙丑		乙未		甲子	陽三	乙未		甲子	陽三	22
23	丁酉		丙寅		丙申		乙丑		丙申		乙丑		23
24	戊戌		丁卯		丁酉		丙寅		丁酉		丙寅		24
25	己亥	陰三	戊辰		戊戌		丁卯		戊戌		丁卯		25
26	庚子		己巳	陽二	己亥	陽二	戊辰		己亥	陽六	戊辰		26
27	辛丑		庚午		庚子		己巳	陽九	庚子		己巳	陽九	27
28	壬寅		辛未		辛丑		庚午		辛丑		庚午		28
29	癸卯		壬申		壬寅		辛未		壬寅		辛未		29
30	甲辰	陰六	癸酉		癸卯		壬申				壬申		30
31			甲戌	陽八			癸酉				癸酉		31

日＼月	12月		11月		10月		9月		8月		7月		月＼日
1	戊寅	陰二	戊申	陰二	丁丑	陰四	丁未	陰七	丙子	陰四	乙巳	陰六	1
2	己卯	陰四	己酉	陰六	戊寅		戊申		丁丑		丙午		2
3	庚辰		庚戌		己卯	陰六	己酉	陰九	戊寅		丁未		3
4	辛巳		辛亥		庚辰		庚戌		己卯	陰二	戊申		4
5	壬午		壬子		辛巳		辛亥		庚辰		己酉	陰八	5
6	癸未		癸丑		壬午		壬子		辛巳		庚戌		6
7	甲申	陰七	甲寅	陰九	癸未		癸丑		壬午		辛亥		7
8	乙酉		乙卯		甲申	陰九	甲寅	陰三	癸未		壬子		8
9	丙戌		丙辰		乙酉		乙卯		甲申	陰五	癸丑		9
10	丁亥		丁巳		丙戌		丙辰		乙酉		甲寅	陰二	10
11	戊子		戊午		丁亥		丁巳		丙戌		乙卯		11
12	己丑	陰一	己未	陰三	戊子		戊午		丁亥		丙辰		12
13	庚寅		庚申		己丑	陰三	己未	陰六	戊子		丁巳		13
14	辛卯		辛酉		庚寅		庚申		己丑	陰八	戊午		14
15	壬辰		壬戌		辛卯		辛酉		庚寅		己未	陰五	15
16	癸巳		癸亥		壬辰		壬戌		辛卯		庚申		16
17	甲午	陽一	甲子	陰五	癸巳		癸亥		壬辰		辛酉		17
18	乙未		乙丑		甲午	陰五	甲子	陰七	癸巳		壬戌		18
19	丙申		丙寅		乙未		乙丑		甲午	陰一	癸亥		19
20	丁酉		丁卯		丙申		丙寅		乙未		甲子	陰七	20
21	戊戌		戊辰		丁酉		丁卯		丙申		乙丑		21
22	己亥	陽七	己巳	陰八	戊戌		戊辰		丁酉		丙寅		22
23	庚子		庚午		己亥	陰八	己巳	陰一	戊戌		丁卯		23
24	辛丑		辛未		庚子		庚午		己亥	陰四	戊辰		24
25	壬寅		壬申		辛丑		辛未		庚子		己巳	陰一	25
26	癸卯		癸酉		壬寅		壬申		辛丑		庚午		26
27	甲辰	陽四	甲戌	陰二	癸卯		癸酉		壬寅		辛未		27
28	乙巳		乙亥		甲辰	陰二	甲戌	陰四	癸卯		壬申		28
29	丙午		丙子		乙巳		乙亥		甲辰	陰七	癸酉		29
30	丁未		丁丑		丙午		丙子		乙巳		甲戌	陰四	30
31	戊申				丁未				丙午		乙亥		31

2021（平成33）年

日＼月	6月		5月		4月		3月		2月		1月		月＼日
1	庚辰	陽六	己酉	陽四	己卯	陽四	戊申	陽三	庚辰	陽八	己酉	陽二	1
2	辛巳		庚戌		庚辰		己酉	陽一	辛巳		庚戌		2
3	壬午		辛亥		辛巳		庚戌		壬午		辛亥		3
4	癸未		壬子		壬午		辛亥		癸未		壬子		4
5	甲申	陽三	癸丑		癸未		壬子		甲申	陽五	癸丑		5
6	乙酉		甲寅	陽一	甲申	陽一	癸丑		乙酉		甲寅	陽八	6
7	丙戌		乙卯		乙酉		甲寅	陽七	丙戌		乙卯		7
8	丁亥		丙辰		丙戌		乙卯		丁亥		丙辰		8
9	戊子		丁巳		丁亥		丙辰		戊子		丁巳		9
10	己丑	陽九	戊午		戊子		丁巳		己丑	陽二	戊午		10
11	庚寅		己未	陽七	己丑	陽七	戊午		庚寅		己未	陽五	11
12	辛卯		庚申		庚寅		己未	陽四	辛卯		庚申		12
13	壬辰		辛酉		辛卯		庚申		壬辰		辛酉		13
14	癸巳		壬戌		壬辰		辛酉		癸巳		壬戌		14
15	甲午	陰九	癸亥		癸巳		壬戌		甲午	陽九	癸亥		15
16	乙未		甲子	陽五	甲午	陽五	癸亥		乙未		甲子	陽三	16
17	丙申		乙丑		乙未		甲子	陽三	丙申		乙丑		17
18	丁酉		丙寅		丙申		乙丑		丁酉		丙寅		18
19	戊戌		丁卯		丁酉		丙寅		戊戌		丁卯		19
20	己亥	陰三	戊辰		戊戌		丁卯		己亥	陽六	戊辰		20
21	庚子		己巳	陽二	己亥	陽二	戊辰		庚子		己巳	陽九	21
22	辛丑		庚午		庚子		己巳	陽九	辛丑		庚午		22
23	壬寅		辛未		辛丑		庚午		壬寅		辛未		23
24	癸卯		壬申		壬寅		辛未		癸卯		壬申		24
25	甲辰	陰六	癸酉		癸卯		壬申		甲辰	陽三	癸酉		25
26	乙巳		甲戌	陽八	甲辰	陽八	癸酉		乙巳		甲戌	陽六	26
27	丙午		乙亥		乙巳		甲戌	陽六	丙午		乙亥		27
28	丁未		丙子		丙午		乙亥		丁未		丙子		28
29	戊申		丁丑		丁未		丙子				丁丑		29
30	己酉	陰八	戊寅		戊申		丁丑				戊寅		30
31			己卯	陽六			戊寅				己卯	陽八	31

日＼月	12月		11月		10月		9月		8月		7月		月＼日
1	癸未	陰四	癸丑	陰六	壬午	陰六	壬子	陰九	辛巳	陰二	庚戌	陰八	1
2	甲申	陰七	甲寅	陰九	癸未		癸丑		壬午		辛亥		2
3	乙酉		乙卯		甲申	陰九	甲寅	陰三	癸未		壬子		3
4	丙戌		丙辰		乙酉		乙卯		甲申	陰五	癸丑		4
5	丁亥		丁巳		丙戌		丙辰		乙酉		甲寅	陰二	5
6	戊子		戊午		丁亥		丁巳		丙戌		乙卯		6
7	己丑	陰一	己未	陰三	戊子		戊午		丁亥		丙辰		7
8	庚寅		庚申		己丑	陰三	己未	陰六	戊子		丁巳		8
9	辛卯		辛酉		庚寅		庚申		己丑	陰八	戊午		9
10	壬辰		壬戌		辛卯		辛酉		庚寅		己未	陰五	10
11	癸巳		癸亥		壬辰		壬戌		辛卯		庚申		11
12	甲午	陰四	甲子	陰五	癸巳		癸亥		壬辰		辛酉		12
13	乙未		乙丑		甲午	陰五	甲子	陰七	癸巳		壬戌		13
14	丙申		丙寅		乙未		乙丑		甲午	陰一	癸亥		14
15	丁酉		丁卯		丙申		丙寅		乙未		甲子	陰七	15
16	戊戌		戊辰		丁酉		丁卯		丙申		乙丑		16
17	己亥	陰七	己巳	陰八	戊戌		戊辰		丁酉		丙寅		17
18	庚子		庚午		己亥	陰八	己巳	陰一	戊戌		丁卯		18
19	辛丑		辛未		庚子		庚午		己亥	陰四	戊辰		19
20	壬寅		壬申		辛丑		辛未		庚子		己巳	陰一	20
21	癸卯		癸酉		壬寅		壬申		辛丑		庚午		21
22	甲辰	陰一	甲戌	陰二	癸卯		癸酉		壬寅		辛未		22
23	乙巳		乙亥		甲辰	陰二	甲戌	陰四	癸卯		壬申		23
24	丙午		丙子		乙巳		乙亥		甲辰	陰七	癸酉		24
25	丁未		丁丑		丙午		丙子		乙巳		甲戌	陰四	25
26	戊申		戊寅		丁未		丁丑		丙午		乙亥		26
27	己酉	陽一	己卯	陰四	戊申		戊寅		丁未		丙子		27
28	庚戌		庚辰		己酉	陰六	己卯	陰六	戊申		丁丑		28
29	辛亥		辛巳		庚戌		庚辰		己酉	陰九	戊寅		29
30	壬子		壬午		辛亥		辛巳		庚戌		己卯	陰二	30
31	癸丑				壬子				辛亥		庚辰		31

2022（平成34）年

日＼月	6月		5月		4月		3月		2月		1月		月＼日
1	乙酉	陽二	甲寅	陽二	甲申	陽九	癸丑	陽九	乙酉	陽九	甲寅	陽七	1
2	丙戌		乙卯		乙酉		甲寅	陽六	丙戌		乙卯		2
3	丁亥		丙辰		丙戌		乙卯		丁亥		丙辰		3
4	戊子		丁巳		丁亥		丙辰		戊子		丁巳		4
5	己丑	陽八	戊午		戊子		丁巳		己丑	陽六	戊午		5
6	庚寅		己未	陽八	己丑	陽六	戊午		庚寅		己未	陽四	6
7	辛卯		庚申		庚寅		己未	陽三	辛卯		庚申		7
8	壬辰		辛酉		辛卯		庚申		壬辰		辛酉		8
9	癸巳		壬戌		壬辰		辛酉		癸巳		壬戌		9
10	甲午	陽六	癸亥		癸巳		壬戌		甲午	陽八	癸亥		10
11	乙未		甲子	陽四	甲午	陽四	癸亥		乙未		甲子	陽二	11
12	丙申		乙丑		乙未		甲子	陽一	丙申		乙丑		12
13	丁酉		丙寅		丙申		乙丑		丁酉		丙寅		13
14	戊戌		丁卯		丁酉		丙寅		戊戌		丁卯		14
15	己亥	陽三	戊辰		戊戌		丁卯		己亥	陽五	戊辰		15
16	庚子		己巳	陽一	己亥	陽一	戊辰		庚子		己巳	陽八	16
17	辛丑		庚午		庚子		己巳	陽七	辛丑		庚午		17
18	壬寅		辛未		辛丑		庚午		壬寅		辛未		18
19	癸卯		壬申		壬寅		辛未		癸卯		壬申		19
20	甲辰	陽九	癸酉		癸卯		壬申		甲辰	陽二	癸酉		20
21	乙巳		甲戌	陽七	甲辰	陽七	癸酉		乙巳		甲戌	陽五	21
22	丙午		乙亥		乙巳		甲戌	陽四	丙午		乙亥		22
23	丁未		丙子		丙午		乙亥		丁未		丙子		23
24	戊申		丁丑		丁未		丙子		戊申		丁丑		24
25	己酉	陰九	戊寅		戊申		丁丑		己酉	陽九	戊寅		25
26	庚戌		己卯	陽五	己酉	陽五	戊寅		庚戌		己卯	陽三	26
27	辛亥		庚辰		庚戌		己卯	陽三	辛亥		庚辰		27
28	壬子		辛巳		辛亥		庚辰		壬子		辛巳		28
29	癸丑		壬午		壬子		辛巳				壬午		29
30	甲寅	陰三	癸未		癸丑		壬午				癸未		30
31			甲申	陽二			癸未				甲申	陽九	31

日＼月	12月		11月		10月		9月		8月		7月		月／日
1	戊子	陰八	戊午	陰八	丁亥	陰一	丁巳	陰四	丙戌	陰一	乙卯	陰三	1
2	己丑	陰二	己未	陰二	戊子		戊午		丁亥		丙辰		2
3	庚寅		庚申		己丑	陰四	己未	陰七	戊子		丁巳		3
4	辛卯		辛酉		庚寅		庚申		己丑	陰四	戊午		4
5	壬辰		壬戌		辛卯		辛酉		庚寅		己未	陰六	5
6	癸巳		癸亥		壬辰		壬戌		辛卯		庚申		6
7	甲午	陰四	甲子	陰六	癸巳		癸亥		壬辰		辛酉		7
8	乙未		乙丑		甲午	陰六	甲子	陰九	癸巳		壬戌		8
9	丙申		丙寅		乙未		乙丑		甲午	陰二	癸亥		9
10	丁酉		丁卯		丙申		丙寅		乙未		甲子	陰八	10
11	戊戌		戊辰		丁酉		丁卯		丙申		乙丑		11
12	己亥	陰七	己巳	陰九	戊戌		戊辰		丁酉		丙寅		12
13	庚子		庚午		己亥	陰九	己巳	陰三	戊戌		丁卯		13
14	辛丑		辛未		庚子		庚午		己亥	陰五	戊辰		14
15	壬寅		壬申		辛丑		辛未		庚子		己巳	陰二	15
16	癸卯		癸酉		壬寅		壬申		辛丑		庚午		16
17	甲辰	陰一	甲戌	陰三	癸卯		癸酉		壬寅		辛未		17
18	乙巳		乙亥		甲辰	陰三	甲戌	陰六	癸卯		壬申		18
19	丙午		丙子		乙巳		乙亥		甲辰	陰八	癸酉		19
20	丁未		丁丑		丙午		丙子		乙巳		甲戌	陰五	20
21	戊申		戊寅		丁未		丁丑		丙午		乙亥		21
22	己酉	陽一	己卯	陰五	戊申		戊寅		丁未		丙子		22
23	庚戌		庚辰		己酉	陰五	己卯	陰七	戊申		丁丑		23
24	辛亥		辛巳		庚戌		庚辰		己酉	陰一	戊寅		24
25	壬子		壬午		辛亥		辛巳		庚戌		己卯	陰七	25
26	癸丑		癸未		壬子		壬午		辛亥		庚辰		26
27	甲寅	陽七	甲申	陰八	癸丑		癸未		壬子		辛巳		27
28	乙卯		乙酉		甲寅	陰八	甲申	陰一	癸丑		壬午		28
29	丙辰		丙戌		乙卯		乙酉		甲寅	陰四	癸未		29
30	丁巳		丁亥		丙辰		丙戌		乙卯		甲申	陰一	30
31	戊午				丁巳				丙辰		乙酉		31

2023（平成35）年

日＼月	6月		5月		4月		3月		2月		1月		月＼日
1	庚寅	陽八	己未	陽八	己丑	陽六	戊午	陽六	庚寅	陽六	己未	陽四	1
2	辛卯		庚申		庚寅		己未	陽三	辛卯		庚申		2
3	壬辰		辛酉		辛卯		庚申		壬辰		辛酉		3
4	癸巳		壬戌		壬辰		辛酉		癸巳		壬戌		4
5	甲午	陽六	癸亥		癸巳		壬戌		甲午	陽八	癸亥		5
6	乙未		甲子	陽四	甲午	陽四	癸亥		乙未		甲子	陽二	6
7	丙申		乙丑		乙未		甲子	陽一	丙申		乙丑		7
8	丁酉		丙寅		丙申		乙丑		丁酉		丙寅		8
9	戊戌		丁卯		丁酉		丙寅		戊戌		丁卯		9
10	己亥	陽三	戊辰		戊戌		丁卯		己亥	陽五	戊辰		10
11	庚子		己巳	陽一	己亥	陽一	戊辰		庚子		己巳	陽八	11
12	辛丑		庚午		庚子		己巳	陽七	辛丑		庚午		12
13	壬寅		辛未		辛丑		庚午		壬寅		辛未		13
14	癸卯		壬申		壬寅		辛未		癸卯		壬申		14
15	甲辰	陽九	癸酉		癸卯		壬申		甲辰	陽二	癸酉		15
16	乙巳		甲戌	陽七	甲辰	陽七	癸酉		乙巳		甲戌	陽五	16
17	丙午		乙亥		乙巳		甲戌	陽四	丙午		乙亥		17
18	丁未		丙子		丙午		乙亥		丁未		丙子		18
19	戊申		丁丑		丁未		丙子		戊申		丁丑		19
20	己酉	陰九	戊寅		戊申		丁丑		己酉	陽九	戊寅		20
21	庚戌		己卯	陽五	己酉	陽五	戊寅		庚戌		己卯	陽三	21
22	辛亥		庚辰		庚戌		己卯	陽三	辛亥		庚辰		22
23	壬子		辛巳		辛亥		庚辰		壬子		辛巳		23
24	癸丑		壬午		壬子		辛巳		癸丑		壬午		24
25	甲寅	陰三	癸未		癸丑		壬午		甲寅	陽六	癸未		25
26	乙卯		甲申	陽二	甲寅	陽二	癸未		乙卯		甲申	陽九	26
27	丙辰		乙酉		乙卯		甲申	陽九	丙辰		乙酉		27
28	丁巳		丙戌		丙辰		乙酉		丁巳		丙戌		28
29	戊午		丁亥		丁巳		丙戌				丁亥		29
30	己未	陰六	戊子		戊午		丁亥				戊子		30
31			己丑	陽八			戊子				己丑	陽六	31

日＼月	12月		11月		10月		9月		8月		7月		月／日
1	癸巳	陰二	癸亥	陰二	壬辰	陰四	壬戌	陰七	辛卯	陰四	庚申	陰六	1
2	甲午	陰四	甲子	陰六	癸巳		癸亥		壬辰		辛酉		2
3	乙未		乙丑		甲午	陰六	甲子	陰九	癸巳		壬戌		3
4	丙申		丙寅		乙未		乙丑		甲午	陰二	癸亥		4
5	丁酉		丁卯		丙申		丙寅		乙未		甲子	陰八	5
6	戊戌		戊辰		丁酉		丁卯		丙申		乙丑		6
7	己亥	陰七	己巳	陰九	戊戌		戊辰		丁酉		丙寅		7
8	庚子		庚午		己亥	陰九	己巳	陰三	戊戌		丁卯		8
9	辛丑		辛未		庚子		庚午		己亥	陰五	戊辰		9
10	壬寅		壬申		辛丑		辛未		庚子		己巳	陰二	10
11	癸卯		癸酉		壬寅		壬申		辛丑		庚午		11
12	甲辰	陰一	甲戌	陰三	癸卯		癸酉		壬寅		辛未		12
13	乙巳		乙亥		甲辰	陰三	甲戌	陰六	癸卯		壬申		13
14	丙午		丙子		乙巳		乙亥		甲辰	陰八	癸酉		14
15	丁未		丁丑		丙午		丙子		乙巳		甲戌	陰五	15
16	戊申		戊寅		丁未		丁丑		丙午		乙亥		16
17	己酉	陽一	己卯	陰五	戊申		戊寅		丁未		丙子		17
18	庚戌		庚辰		己酉	陰五	己卯	陰七	戊申		丁丑		18
19	辛亥		辛巳		庚戌		庚辰		己酉	陰一	戊寅		19
20	壬子		壬午		辛亥		辛巳		庚戌		己卯	陰七	20
21	癸丑		癸未		壬子		壬午		辛亥		庚辰		21
22	甲寅	陽七	甲申	陰八	癸丑		癸未		壬子		辛巳		22
23	乙卯		乙酉		甲寅	陰八	甲申	陰一	癸丑		壬午		23
24	丙辰		丙戌		乙卯		乙酉		甲寅	陰四	癸未		24
25	丁巳		丁亥		丙辰		丙戌		乙卯		甲申	陰一	25
26	戊午		戊子		丁巳		丁亥		丙辰		乙酉		26
27	己未	陽四	己丑	陰二	戊午		戊子		丁巳		丙戌		27
28	庚申		庚寅		己未	陰二	己丑	陰四	戊午		丁亥		28
29	辛酉		辛卯		庚申		庚寅		己未	陰七	戊子		29
30	壬戌		壬辰		辛酉		辛卯		庚申		己丑	陰四	30
31	癸亥				壬戌				辛酉		庚寅		31

2024（平成36）年

日＼月	6月		5月		4月		3月		2月		1月		月＼日
1	丙申	陽六	乙丑	陽四	乙未	陽四	甲子	陽一	乙未	陽八	甲子	陽二	1
2	丁酉		丙寅		丙申		乙丑		丙申		乙丑		2
3	戊戌		丁卯		丁酉		丙寅		丁酉		丙寅		3
4	己亥	陽三	戊辰		戊戌		丁卯		戊戌		丁卯		4
5	庚子		己巳	陽一	己亥	陽一	戊辰		己亥	陽五	戊辰		5
6	辛丑		庚午		庚子		己巳	陽七	庚子		己巳	陽八	6
7	壬寅		辛未		辛丑		庚午		辛丑		庚午		7
8	癸卯		壬申		壬寅		辛未		壬寅		辛未		8
9	甲辰	陽九	癸酉		癸卯		壬申		癸卯		壬申		9
10	乙巳		甲戌	陽七	甲辰	陽七	癸酉		甲辰	陽二	癸酉		10
11	丙午		乙亥		乙巳		甲戌	陽四	乙巳		甲戌	陽五	11
12	丁未		丙子		丙午		乙亥		丙午		乙亥		12
13	戊申		丁丑		丁未		丙子		丁未		丙子		13
14	己酉	陰九	戊寅		戊申		丁丑		戊申		丁丑		14
15	庚戌		己卯	陽五	己酉	陽五	戊寅		己酉	陽九	戊寅		15
16	辛亥		庚辰		庚戌		己卯	陽三	庚戌		己卯	陽三	16
17	壬子		辛巳		辛亥		庚辰		辛亥		庚辰		17
18	癸丑		壬午		壬子		辛巳		壬子		辛巳		18
19	甲寅	陰三	癸未		癸丑		壬午		癸丑		壬午		19
20	乙卯		甲申	陽二	甲寅	陽二	癸未		甲寅	陽六	癸未		20
21	丙辰		乙酉		乙卯		甲申	陽九	乙卯		甲申	陽九	21
22	丁巳		丙戌		丙辰		乙酉		丙辰		乙酉		22
23	戊午		丁亥		丁巳		丙戌		丁巳		丙戌		23
24	己未	陰六	戊子		戊午		丁亥		戊午		丁亥		24
25	庚申		己丑	陽八	己未	陽八	戊子		己未	陽三	戊子		25
26	辛酉		庚寅		庚申		己丑	陽六	庚申		己丑	陽六	26
27	壬戌		辛卯		辛酉		庚寅		辛酉		庚寅		27
28	癸亥		壬辰		壬戌		辛卯		壬戌		辛卯		28
29	甲子	陰八	癸巳		癸亥		壬辰		癸亥		壬辰		29
30	乙丑		甲午	陽六	甲子	陽四	癸巳				癸巳		30
31			乙未				甲午	陽四			甲午	陽八	31

日＼月	12月		11月		10月		9月		8月		7月		月／日
1	己亥	陰七	己巳	陰九	戊戌	陰六	戊辰	陰九	丁酉	陰二	丙寅	陰八	1
2	庚子		庚午		己亥	陰九	己巳	陰三	戊戌		丁卯		2
3	辛丑		辛未		庚子		庚午		己亥	陰五	戊辰		3
4	壬寅		壬申		辛丑		辛未		庚子		己巳	陰二	4
5	癸卯		癸酉		壬寅		壬申		辛丑		庚午		5
6	甲辰	陰一	甲戌	陰三	癸卯		癸酉		壬寅		辛未		6
7	乙巳		乙亥		甲辰	陰三	甲戌	陰六	癸卯		壬申		7
8	丙午		丙子		乙巳		乙亥		甲辰	陰八	癸酉		8
9	丁未		丁丑		丙午		丙子		乙巳		甲戌	陰五	9
10	戊申		戊寅		丁未		丁丑		丙午		乙亥		10
11	己酉	陽一	己卯	陰五	戊申		戊寅		丁未		丙子		11
12	庚戌		庚辰		己酉	陰五	己卯	陰七	戊申		丁丑		12
13	辛亥		辛巳		庚戌		庚辰		己酉	陰一	戊寅		13
14	壬子		壬午		辛亥		辛巳		庚戌		己卯	陰七	14
15	癸丑		癸未		壬子		壬午		辛亥		庚辰		15
16	甲寅	陽七	甲申	陰八	癸丑		癸未		壬子		辛巳		16
17	乙卯		乙酉		甲寅	陰八	甲申	陰一	癸丑		壬午		17
18	丙辰		丙戌		乙卯		乙酉		甲寅	陰四	癸未		18
19	丁巳		丁亥		丙辰		丙戌		乙卯		甲申	陰一	19
20	戊午		戊子		丁巳		丁亥		丙辰		乙酉		20
21	己未	陽四	己丑	陰二	戊午		戊子		丁巳		丙戌		21
22	庚申		庚寅		己未	陰二	己丑	陰四	戊午		丁亥		22
23	辛酉		辛卯		庚申		庚寅		己未	陰七	戊子		23
24	壬戌		壬辰		辛酉		辛卯		庚申		己丑	陰四	24
25	癸亥		癸巳		壬戌		壬辰		辛酉		庚寅		25
26	甲子	陽二	甲午	陰四	癸亥		癸巳		壬戌		辛卯		26
27	乙丑		乙未		甲子	陰六	甲午	陰六	癸亥		壬辰		27
28	丙寅		丙申		乙丑		乙未		甲子	陰九	癸巳		28
29	丁卯		丁酉		丙寅		丙申		乙丑		甲午	陰二	29
30	戊辰		戊戌		丁卯		丁酉		丙寅		乙未		30
31	己巳	陽八			戊辰				丁卯		丙申		31

2025（平成37）年

日＼月	6月		5月		4月		3月		2月		1月		月＼日
1	辛丑	陽三	庚午	陽一	庚子	陽一	己巳	陽七	辛丑	陽五	庚午	陽八	1
2	壬寅		辛未		辛丑		庚午		壬寅		辛未		2
3	癸卯		壬申		壬寅		辛未		癸卯		壬申		3
4	甲辰	陽九	癸酉		癸卯		壬申		甲辰	陽二	癸酉		4
5	乙巳		甲戌	陽七	甲辰	陽七	癸酉		乙巳		甲戌	陽五	5
6	丙午		乙亥		乙巳		甲戌	陽四	丙午		乙亥		6
7	丁未		丙子		丙午		乙亥		丁未		丙子		7
8	戊申		丁丑		丁未		丙子		戊申		丁丑		8
9	己酉	陽六	戊寅		戊申		丁丑		己酉	陽九	戊寅		9
10	庚戌		己卯	陽五	己酉	陽五	戊寅		庚戌		己卯	陽三	10
11	辛亥		庚辰		庚戌		己卯	陽三	辛亥		庚辰		11
12	壬子		辛巳		辛亥		庚辰		壬子		辛巳		12
13	癸丑		壬午		壬子		辛巳		癸丑		壬午		13
14	甲寅	陽三	癸未		癸丑		壬午		甲寅	陽六	癸未		14
15	乙卯		甲申	陽二	甲寅	陽二	癸未		乙卯		甲申	陽九	15
16	丙辰		乙酉		乙卯		甲申	陽九	丙辰		乙酉		16
17	丁巳		丙戌		丙辰		乙酉		丁巳		丙戌		17
18	戊午		丁亥		丁巳		丙戌		戊午		丁亥		18
19	己未	陽九	戊子		戊午		丁亥		己未	陽三	戊子		19
20	庚申		己丑	陽八	己未	陽八	戊子		庚申		己丑	陽六	20
21	辛酉		庚寅		庚申		己丑	陽六	辛酉		庚寅		21
22	壬戌		辛卯		辛酉		庚寅		壬戌		辛卯		22
23	癸亥		壬辰		壬戌		辛卯		癸亥		壬辰		23
24	甲子	陰九	癸巳		癸亥		壬辰		甲子	陽一	癸巳		24
25	乙丑		甲午	陽六	甲子	陽四	癸巳		乙丑		甲午	陽八	25
26	丙寅		乙未		乙丑		甲午	陽四	丙寅		乙未		26
27	丁卯		丙申		丙寅		乙未		丁卯		丙申		27
28	戊辰		丁酉		丁卯		丙申		戊辰		丁酉		28
29	己巳	陰三	戊戌		戊辰		丁酉				戊戌		29
30	庚午		己亥	陽三	己巳	陽一	戊戌				己亥	陽五	30
31			庚子				己亥	陽一			庚子		31

月／日	12月		11月		10月		9月		8月		7月		月／日
1	甲辰	陰二	甲戌	陰二	癸卯	陰一	癸酉	陰四	壬寅	陰四	辛未	陰三	1
2	乙巳		乙亥		甲辰	陰四	甲戌	陰七	癸卯		壬申		2
3	丙午		丙子		乙巳		乙亥		甲辰	陰一	癸酉		3
4	丁未		丁丑		丙午		丙子		乙巳		甲戌	陰六	4
5	戊申		戊寅		丁未		丁丑		丙午		乙亥		5
6	己酉	陰四	己卯	陰六	戊申		戊寅		丁未		丙子		6
7	庚戌		庚辰		己酉	陰六	己卯	陰九	戊申		丁丑		7
8	辛亥		辛巳		庚戌		庚辰		己酉	陰二	戊寅		8
9	壬子		壬午		辛亥		辛巳		庚戌		己卯	陰八	9
10	癸丑		癸未		壬子		壬午		辛亥		庚辰		10
11	甲寅	陰七	甲申	陰九	癸丑		癸未		壬子		辛巳		11
12	乙卯		乙酉		甲寅	陰九	甲申	陰三	癸丑		壬午		12
13	丙辰		丙戌		乙卯		乙酉		甲寅	陰五	癸未		13
14	丁巳		丁亥		丙辰		丙戌		乙卯		甲申	陰五	14
15	戊午		戊子		丁巳		丁亥		丙辰		乙酉		15
16	己未	陰一	己丑	陰三	戊午		戊子		丁巳		丙戌		16
17	庚申		庚寅		己未	陰三	己丑	陰六	戊午		丁亥		17
18	辛酉		辛卯		庚申		庚寅		己未	陰八	戊子		18
19	壬戌		壬辰		辛酉		辛卯		庚申		己丑	陰二	19
20	癸亥		癸巳		壬戌		壬辰		辛酉		庚寅		20
21	甲子	陽一	甲午	陰五	癸亥		癸巳		壬戌		辛卯		21
22	乙丑		乙未		甲子	陰五	甲午	陰七	癸亥		壬辰		22
23	丙寅		丙申		乙丑		乙未		甲子	陰一	癸巳		23
24	丁卯		丁酉		丙寅		丙申		乙丑		甲午	陰七	24
25	戊辰		戊戌		丁卯		丁酉		丙寅		乙未		25
26	己巳	陽七	己亥	陰八	戊辰		戊戌		丁卯		丙申		26
27	庚午		庚子		己巳	陰八	己亥	陰一	戊辰		丁酉		27
28	辛未		辛丑		庚午		庚子		己巳	陰四	戊戌		28
29	壬申		壬寅		辛未		辛丑		庚午		己亥	陰四	29
30	癸酉		癸卯		壬申		壬寅		辛未		庚子		30
31	甲戌	陽四			癸酉				壬申		辛丑		31

奇門遁甲時盤

陽一局甲己日

甲子時

辛合九 辛杜輔	乙陳五 乙景英	己雀七 己死芮
庚陰八 庚傷冲	壬　一 壬　禽	丁地三 丁驚柱
丙蛇四 丙生任	戊符六 戊休蓬	癸天二 癸開心

乙丑時

癸天九 辛驚禽	戊符五 乙開蓬	丙蛇七 己休冲
丁地八 庚死輔	壬　一 壬　心	庚陰三 丁生任
己雀四 丙景英	乙陳六 戊杜芮	辛合二 癸傷柱

丙寅時

庚陰九 辛生心	辛合五 乙傷芮	乙陳七 己杜輔
丙蛇八 庚休禽	壬　一 壬　柱	己雀三 丁景英
戊符四 丙開蓬	癸天六 戊驚冲	丁地二 癸死任

丁卯時

己雀九 辛休柱	丁地五 乙生冲	癸天七 己傷禽
乙陳八 庚開心	壬　一 壬　任	戊符三 丁杜蓬
辛合四 丙驚芮	庚陰六 戊死輔	丙蛇二 癸景英

戊辰時

辛合九 辛驚輔	乙陳五 乙開英	己雀七 己休芮
庚陰八 庚死冲	壬　一 壬　禽	丁地三 丁生柱
丙蛇四 丙景任	戊符六 戊杜蓬	癸天二 癸傷心

己巳時

丁地九 辛景冲	癸天五 乙死任	戊符七 己驚蓬
己雀八 庚杜芮	壬　一 壬　輔	丙蛇三 丁開心
乙陳四 丙傷柱	辛合六 戊生英	庚陰二 癸休禽

陽一局甲己日

癸酉時

乙陳九 辛杜任	己雀五 乙景輔	丁地七 己死心
辛合八 庚傷柱	壬　一 壬　英	癸天三 丁驚芮
庚陰四 丙生冲	丙蛇六 戊休禽	戊符二 癸開蓬

甲戌時

辛地九 辛杜輔	乙天五 乙景英	己符七 己死芮
庚雀八 庚傷冲	壬　一 壬　禽	丁蛇三 丁驚柱
丙陳四 丙生任	戊合六 戊休蓬	癸陰二 癸開心

乙亥時

乙天九 辛驚心	己符五 乙開芮	丁蛇七 己休輔
辛地八 庚死禽	壬　一 壬　柱	癸陰三 丁生英
庚雀四 丙景蓬	丙陳六 戊杜冲	戊合二 癸傷任

庚午時

丙蛇九 辛死芮	庚陰五 乙驚柱	辛合七 己開英
戊符八 庚景蓬	壬　一 壬　冲	乙陳三 丁休禽
癸天四 丙杜心	丁地六 戊傷任	己雀二 癸生輔

辛未時

戊符九 辛傷蓬	丙蛇五 乙杜心	庚陰七 己景任
癸天八 庚生英	壬　一 壬　芮	辛合三 丁死輔
丁地四 丙休禽	己雀六 戊開柱	乙陳二 癸驚冲

壬申時

丁地九 辛開英	癸天五 乙休禽	戊符七 己生柱
己雀八 庚驚任	壬　一 壬　蓬	丙蛇三 丁傷冲
乙陳四 丙死輔	辛合六 戊景心	庚陰二 癸杜芮

陽一局乙庚日

己卯時

辛地九 辛傷輔	乙天五 乙杜英	己符七 己景芮
庚雀八 庚生冲	壬　一 壬　禽	丁蛇三 丁死柱
丙陳四 丙休任	戊合六 戊開蓬	癸陰二 癸驚心

丙子時

癸陰九 辛死柱	戊合五 乙驚冲	丙陳七 己開禽
丁蛇八 庚景心	壬　一 壬　任	庚雀三 丁休蓬
己符四 丙杜芮	乙天六 戊傷輔	辛地二 癸生英

庚辰時

丁蛇九 辛開冲	癸陰五 乙休任	戊合七 己生蓬
己符八 庚驚芮	壬　一 壬　輔	丙陳三 丁傷心
乙天四 丙死柱	辛地六 戊景英	庚雀二 癸杜禽

丁丑時

庚雀九 辛杜任	辛地五 乙景輔	乙天七 己死心
丙陳八 庚傷柱	壬　一 壬　英	己符三 丁驚芮
戊合四 丙生冲	癸陰六 戊休禽	丁蛇二 癸開蓬

辛巳時

己符九 辛景芮	丁蛇五 乙死柱	癸陰七 己驚英
乙天八 庚杜蓬	壬　一 壬　冲	戊合三 丁開禽
辛地四 丙傷心	庚雀六 戊生任	丙陳二 癸休輔

戊寅時

戊合九 辛生禽	丙陳五 乙傷蓬	庚雀七 己杜冲
癸陰八 庚休輔	壬　一 壬　心	辛地三 丁景任
丁蛇四 丙開英	己符六 戊驚芮	乙天二 癸死柱

陽一局乙庚日

乙酉時

丙天九 辛傷柱	庚符五 乙杜冲	辛蛇七 己景禽
戊地八 庚生心	壬　一 壬　任	乙陰三 丁死蓬
癸雀四 丙休芮	丁陳六 戊開輔	己合二 癸驚英

壬午時

辛地九 辛休蓬	乙天五 乙生心	己符七 己傷任
庚雀八 庚開英	壬　一 壬　芮	丁蛇三 丁杜輔
丙陳四 丙驚禽	戊合六 戊死柱	癸陰二 癸景冲

丙戌時

乙陰九 辛休任	己合五 乙生輔	丁陳七 己傷心
辛蛇八 庚開柱	壬　一 壬　英	癸雀三 丁杜芮
庚符四 丙驚冲	丙天六 戊死禽	戊地二 癸景蓬

癸未時

丙陳九 辛杜英	庚雀五 乙景禽	辛地七 己死柱
戊合八 庚傷任	壬　一 壬　蓬	乙天三 丁驚冲
癸陰四 丙生輔	丁蛇六 戊休心	己符二 癸開芮

丁亥時

癸雀九 辛驚英	戊地五 乙開禽	丙天七 己休柱
丁陳八 庚死任	壬　一 壬　蓬	庚符三 丁生冲
己合四 丙景輔	乙陰六 戊杜心	辛蛇二 癸傷芮

甲申時

辛蛇九 辛杜輔	乙陰五 乙景英	己合七 己死芮
庚符八 庚傷冲	壬　一 壬　禽	丁陳三 丁驚柱
丙天四 丙生任	戊地六 戊休蓬	癸雀二 癸開心

陽一局丙辛日

辛卯時

庚符九 辛死冲	辛蛇五 乙驚任	乙陰七 己開蓬
丙天八 庚景芮	壬　一 壬　輔	己合三 丁休心
戊地四 丙杜柱	癸雀六 戊傷英	丁陳二 癸生禽

戊子時

己合九 辛開心	丁陳五 乙休芮	癸雀七 己生輔
乙陰八 庚驚禽	壬　一 壬　柱	戊地三 丁傷英
辛蛇四 丙死蓬	庚符六 戊景冲	丙天二 癸杜任

壬辰時

戊地九 辛休芮	丙天五 乙生柱	庚符七 己傷英
癸雀八 庚開蓬	壬　一 壬　冲	辛蛇三 丁杜禽
丁陳四 丙驚心	己合六 戊死任	乙陰二 癸景輔

己丑時

戊地九 辛景禽	丙天五 乙死蓬	庚符七 己驚冲
癸雀八 庚杜輔	壬　一 壬　心	辛蛇三 丁開任
丁陳四 丙傷英	己合六 戊生芮	乙陰二 癸休柱

癸巳時

丁陳九 辛杜蓬	癸雀五 乙景心	戊地七 己死任
己合八 庚傷英	壬　一 壬　芮	丙天三 丁驚輔
乙陰四 丙生禽	辛蛇六 戊休柱	庚符二 癸開冲

庚寅時

辛蛇九 辛生輔	乙陰五 乙傷英	己合七 己杜芮
庚符八 庚休冲	壬　一 壬　禽	丁陳三 丁景柱
丙天四 丙開任	戊地六 戊驚蓬	癸雀二 癸死心

陽一局丙辛日

丁酉時

戊雀九 辛休蓬	丙地五 乙生心	庚天七 己傷任
癸陳八 庚開英	壬　一 壬　芮	辛符三 丁杜輔
丁合四 丙驚禽	己陰六 戊死柱	乙蛇二 癸景冲

甲午時

辛符九 辛杜輔	乙蛇五 乙景英	己陰七 己死芮
庚天八 庚傷冲	壬　一 壬　禽	丁合三 丁驚柱
丙地四 丙生任	戊雀六 戊休蓬	癸陳二 癸開心

戊戌時

丁合九 辛死柱	癸陳五 乙驚冲	戊雀七 己開禽
己陰八 庚景心	壬　一 壬　任	丙地三 丁休蓬
乙蛇四 丙杜芮	辛符六 戊傷輔	庚天二 癸生英

乙未時

庚天九 辛生任	辛符五 乙傷輔	乙蛇七 己杜心
丙地八 庚休柱	壬　一 壬　英	己陰三 丁景芮
戊雀四 丙開冲	癸陳六 戊驚禽	丁合二 癸死蓬

己亥時

丙地九 辛傷心	庚天五 乙杜芮	辛符七 己景輔
戊雀八 庚生禽	壬　一 壬　柱	乙蛇三 丁死英
癸陳四 丙休蓬	丁合六 戊開冲	己陰二 癸驚任

丙申時

己陰九 辛開英	丁合五 乙休禽	癸陳七 己生柱
乙蛇八 庚驚任	壬　一 壬　蓬	戊雀三 丁傷冲
辛符四 丙死輔	庚天六 戊景心	丙地二 癸杜芮

陽一局丁壬日

癸卯時

癸陳九 辛杜芮	戊雀五 乙景柱	丙地七 己死英
丁合八 庚傷蓬	壬　一 壬　冲	庚天三 丁驚禽
己陰四 丙生心	乙蛇六 戊休任	辛符二 癸開輔

庚子時

乙蛇九 辛驚禽	己陰五 乙開蓬	丁合七 己休冲
辛符八 庚死輔	壬　一 壬　心	癸陳三 丁生任
庚天四 丙景英	丙地六 戊杜芮	戊雀二 癸傷柱

甲辰時

辛地九 辛杜輔	乙天五 乙景英	己符七 己死芮
庚雀八 庚傷冲	壬　一 壬　禽	丁蛇三 丁驚柱
丙陳四 丙生任	戊合六 戊休蓬	癸陰二 癸開心

辛丑時

辛符九 辛生輔	乙蛇五 乙傷英	己陰七 己杜芮
庚天八 庚休冲	壬　一 壬　禽	丁合三 丁景柱
丙地四 丙開任	戊雀六 戊驚蓬	癸陳二 癸死心

乙巳時

乙天九 辛生英	己符五 乙傷禽	丁蛇七 己杜柱
辛地八 庚休任	壬　一 壬　蓬	癸陰三 丁景冲
庚雀四 丙開輔	丙陳六 戊驚心	戊合二 癸死芮

壬寅時

丙地九 辛景冲	庚天五 乙死任	辛符七 己驚蓬
戊雀八 庚杜芮	壬　一 壬　輔	乙蛇三 丁開心
癸陳四 丙傷柱	丁合六 戊生英	己陰二 癸休禽

陽一局丁壬日

己酉時

辛地九 辛休柱	乙天五 乙生冲	己符七 己傷禽
庚雀八 庚開心	壬　一 壬　任	丁蛇三 丁杜蓬
丙陳四 丙驚芮	戊合六 戊死輔	癸陰二 癸景英

庚戌時

丁蛇九 辛杜心	癸陰五 乙景芮	戊合七 己死輔
己符八 庚傷禽	壬　一 壬　柱	丙陳三 丁驚英
乙天四 丙生蓬	辛地六 戊休冲	庚雀二 癸開任

辛亥時

己符九 辛驚禽	丁蛇五 乙開蓬	癸陰七 己休冲
乙天八 庚死輔	壬　一 壬　心	戊合三 丁生任
辛地四 丙景英	庚雀六 戊杜芮	丙陳二 癸傷柱

丙午時

癸陰九 辛傷蓬	戊合五 乙杜心	丙陳七 己景任
丁蛇八 庚生英	壬　一 壬　芮	庚雀三 丁死輔
己符四 丙休禽	乙天六 戊開柱	辛地二 癸驚冲

丁未時

庚雀九 辛開芮	辛地五 乙休柱	乙天七 己生英
丙陳八 庚驚蓬	壬　一 壬　冲	己符三 丁傷禽
戊合四 丙死心	癸陰六 戊景任	丁蛇二 癸杜輔

戊申時

戊合九 辛景任	丙陳五 乙死輔	庚雀七 己驚心
癸陰八 庚杜柱	壬　一 壬　英	辛地三 丁開芮
丁蛇四 丙傷冲	己符六 戊生禽	乙天二 癸休蓬

陽一局戊癸日

乙卯時

丁天九 辛景蓬	癸符五 乙死心	戊蛇七 己驚任
己地八 庚杜英	壬　一 壬　芮	丙陰三 丁開輔
乙雀四 丙傷禽	辛陳六 戊生柱	庚合二 癸休冲

壬子時

辛地九 辛死輔	乙天五 乙驚英	己符七 己開芮
庚雀八 庚景冲	壬　一 壬　禽	丁蛇三 丁休柱
丙陳四 丙杜任	戊合六 戊傷蓬	癸陰二 癸生心

丙辰時

丙陰九 辛生芮	庚合五 乙傷柱	辛陳七 己杜英
戊蛇八 庚休蓬	壬　一 壬　冲	乙雀三 丁景禽
癸符四 丙開心	丁天六 戊驚任	己地二 癸死輔

癸丑時

丙陳九 辛杜冲	庚雀五 乙景任	辛地七 己死蓬
戊合八 庚傷芮	壬　一 壬　輔	乙天三 丁驚心
癸陰四 丙生柱	丁蛇六 戊休英	己符二 癸開禽

丁巳時

乙雀九 辛驚冲	己地五 乙開任	丁天七 己休蓬
辛陳八 庚死芮	壬　一 壬　輔	癸符三 丁生心
庚合四 丙景柱	丙陰六 戊杜英	戊蛇二 癸傷禽

甲寅時

辛陳九 辛杜輔	乙雀五 乙景英	己地七 己死芮
庚合八 庚傷冲	壬　一 壬　禽	丁天三 丁驚柱
丙陰四 丙生任	戊蛇六 戊休蓬	癸符二 癸開心

陽一局戊癸日

辛酉時

癸符九 辛開心	戊蛇五 乙休芮	丙陰七 己生輔
丁天八 庚驚禽	壬　一 壬　柱	庚合三 丁傷英
己地四 丙死蓬	乙雀六 戊景冲	辛陳二 癸杜任

戊午時

庚合九 辛傷英	辛陳五 乙杜禽	乙雀七 己景柱
丙陰八 庚生任	壬　一 壬　蓬	己地三 丁死冲
戊蛇四 丙休輔	癸符六 戊開心	丁天二 癸驚芮

壬戌時

己地九 辛死禽	丁天五 乙驚蓬	癸符七 己開冲
乙雀八 庚景輔	壬　一 壬　心	戊蛇三 丁休任
辛陳四 丙杜英	庚合六 戊傷芮	丙陰二 癸生柱

己未時

己地九 辛死任	丁天五 乙驚輔	癸符七 己開心
乙雀八 庚景柱	壬　一 壬　英	戊蛇三 丁休芮
辛陳四 丙杜冲	庚合六 戊傷禽	丙陰二 癸生蓬

癸亥時

辛陳九 辛杜輔	乙雀五 乙景英	己地七 己死芮
庚合八 庚傷冲	壬　一 壬　禽	丁天三 丁驚柱
丙陰四 丙生任	戊蛇六 戊休蓬	癸符二 癸開心

庚申時

戊蛇九 辛休柱	丙陰五 乙生冲	庚合七 己傷禽
癸符八 庚開心	壬　一 壬　任	辛陳三 丁杜蓬
丁天四 丙驚芮	己地六 戊死輔	乙雀二 癸景英

陽二局甲己日

甲子時

庚地一 庚杜輔	丙天六 丙景英	戊符八 戊死芮
己雀九 己傷冲	辛　二 辛　禽	癸蛇四 癸驚柱
丁陳五 丁生任	乙合七 乙休蓬	壬陰三 壬開心

乙丑時

乙合一 庚驚禽	丁陳六 丙開蓬	己雀八 戊休冲
壬陰九 己死輔	辛　二 辛　心	庚地四 癸生任
癸蛇五 丁景英	戊符七 乙杜芮	丙天三 壬傷柱

丙寅時

丙天一 庚死心	戊符六 丙驚芮	癸蛇八 戊開輔
庚地九 己景禽	辛　二 辛　柱	壬陰四 癸休英
己雀五 丁杜蓬	丁陳七 乙傷冲	乙合三 壬生任

丁卯時

壬陰一 庚杜柱	乙合六 丙景冲	丁陳八 戊死禽
癸蛇九 己傷心	辛　二 辛　任	己雀四 癸驚蓬
戊符五 丁生芮	丙天七 乙休輔	庚地三 壬開英

戊辰時

庚地一 庚生輔	丙天六 丙傷英	戊符八 戊杜芮
己雀九 己休冲	辛　二 辛　禽	癸蛇四 癸景柱
丁陳五 丁開任	乙合七 乙驚蓬	壬陰三 壬死心

己巳時

癸蛇一 庚傷冲	壬陰六 丙杜任	乙合八 戊景蓬
戊符九 己生芮	辛　二 辛　輔	丁陳四 癸死心
丙天五 丁休柱	庚地七 乙開英	己雀三 壬驚禽

陽二局甲己日

癸酉時

己雀一 庚杜任	庚地六 丙景輔	丙天八 戊死心
丁陳九 己傷柱	辛　二 辛　英	戊符四 癸驚芮
乙合五 丁生冲	壬陰七 乙休禽	癸蛇三 壬開蓬

甲戌時

庚蛇一 庚杜輔	丙陰六 丙景英	戊合八 戊死芮
己符九 己傷冲	辛　二 辛　禽	癸陳四 癸驚柱
丁天五 丁生任	乙地七 乙休蓬	壬雀三 壬開心

乙亥時

戊合一 庚傷心	癸陳六 丙杜芮	壬雀八 戊景輔
丙陰九 己生禽	辛　二 辛　柱	乙地四 癸死英
庚蛇五 丁休蓬	己符七 乙開冲	丁天三 壬驚任

庚午時

戊符一 庚開芮	癸蛇六 丙休柱	壬陰八 戊生英
丙天九 己驚蓬	辛　二 辛　冲	乙合四 癸傷禽
庚地五 丁死心	己雀七 乙景任	丁陳三 壬杜輔

辛未時

庚地一 庚景蓬	丙天六 丙死心	戊符八 戊驚任
己雀九 己杜英	辛　二 辛　芮	癸蛇四 癸開輔
丁陳五 丁傷禽	乙合七 乙生柱	壬陰三 壬休冲

壬申時

丁陳一 庚休英	己雀六 丙生禽	庚地八 戊傷柱
乙合九 己開任	辛　二 辛　蓬	丙天四 癸杜冲
壬陰五 丁驚輔	癸蛇七 乙死心	戊符三 壬景芮

陽二局乙庚日

己卯時

庚蛇一 庚景輔	丙陰六 丙死英	戊合八 戊驚芮
己符九 己杜冲	辛　二 辛　禽	癸陳四 癸開柱
丁天五 丁傷任	乙地七 乙生蓬	壬雀三 壬休心

丙子時

丁天一 庚休柱	己符六 丙生冲	庚蛇八 戊傷禽
乙地九 己開心	辛　二 辛　任	丙陰四 癸杜蓬
壬雀五 丁驚芮	癸陳七 乙死輔	戊合三 壬景英

庚辰時

己符一 庚生冲	庚蛇六 丙傷任	丙陰八 戊杜蓬
丁天九 己休芮	辛　二 辛　輔	戊合四 癸景心
乙地五 丁開柱	壬雀七 乙驚英	癸陳三 壬死禽

丁丑時

丙陰一 庚驚任	戊合六 丙開輔	癸陳八 戊休心
庚蛇九 己死柱	辛　二 辛　英	壬雀四 癸生芮
己符五 丁景冲	丁天七 乙杜禽	乙地三 壬傷蓬

辛巳時

乙地一 庚死芮	丁天六 丙驚柱	己符八 戊開英
壬雀九 己景蓬	辛　二 辛　冲	庚蛇四 癸休禽
癸陳五 丁杜心	戊合七 乙傷任	丙陰三 壬生輔

戊寅時

乙地一 庚開禽	丁天六 丙休蓬	己符八 戊生冲
壬雀九 己驚輔	辛　二 辛　心	庚蛇四 癸傷任
癸陳五 丁死英	戊合七 乙景芮	丙陰三 壬杜柱

陽二局乙庚日

乙酉時

癸合一 庚生柱	壬陳六 丙傷冲	乙雀八 戊杜禽
戊陰九 己休心	辛　二 辛　任	丁地四 癸景蓬
丙蛇五 丁開芮	庚符七 乙驚輔	己天三 壬死英

壬午時

癸陳一 庚休蓬	壬雀六 丙生心	乙地八 戊傷任
戊合九 己開英	辛　二 辛　芮	丁天四 癸杜輔
丙陰五 丁驚禽	庚蛇七 乙死柱	己符三 壬景冲

丙戌時

己天一 庚開任	庚符六 丙休輔	丙蛇八 戊生心
丁地九 己驚柱	辛　二 辛　英	戊陰四 癸傷芮
乙雀五 丁死冲	壬陳七 乙景禽	癸合三 壬杜蓬

癸未時

壬雀一 庚杜英	乙地六 丙景禽	丁天八 戊死柱
癸陳九 己傷任	辛　二 辛　蓬	己符四 癸驚冲
戊合五 丁生輔	丙陰七 乙休心	庚蛇三 壬開芮

丁亥時

戊陰一 庚休英	癸合六 丙生禽	壬陳八 戊傷柱
丙蛇九 己開任	辛　二 辛　蓬	乙雀四 癸杜冲
庚符五 丁驚輔	己天七 乙死心	丁地三 壬景芮

甲申時

庚符一 庚杜輔	丙蛇六 丙景英	戊陰八 戊死芮
己天九 己傷冲	辛　二 辛　禽	癸合四 癸驚柱
丁地五 丁生任	乙雀七 乙休蓬	壬陳三 壬開心

陽二局丙辛日

辛卯時

丁地一 庚生冲	己天六 丙傷任	庚符八 戊杜蓬
乙雀九 己休芮	辛　二 辛　輔	丙蛇四 癸景心
壬陳五 丁開柱	癸合七 乙驚英	戊陰三 壬死禽

戊子時

丁地一 庚死心	己天六 丙驚芮	庚符八 戊開輔
乙雀九 己景禽	辛　二 辛　柱	丙蛇四 癸休英
壬陳五 丁杜蓬	癸合七 乙傷冲	戊陰三 壬生任

壬辰時

壬陳一 庚景芮	乙雀六 丙死柱	丁地八 戊驚英
癸合九 己杜蓬	辛　二 辛　冲	己天四 癸開禽
戊陰五 丁傷心	丙蛇七 乙生任	庚符三 壬休輔

己丑時

丙蛇一 庚傷禽	戊陰六 丙杜蓬	癸合八 戊景冲
庚符九 己生輔	辛　二 辛　心	壬陳四 癸死任
己天五 丁休英	丁地七 乙開芮	乙雀三 壬驚柱

癸巳時

乙雀一 庚杜蓬	丁地六 丙景心	己天八 戊死任
壬陳九 己傷英	辛　二 辛　芮	庚符四 癸驚輔
癸合五 丁生禽	戊陰七 乙休柱	丙蛇三 壬開冲

庚寅時

庚符一 庚驚輔	丙蛇六 丙開英	戊陰八 戊休芮
己天九 己死冲	辛　二 辛　禽	癸合四 癸生柱
丁地五 丁景任	乙雀七 乙杜蓬	壬陳三 壬傷心

陽二局丙辛日

丁酉時

壬陰一 庚開蓬	乙合六 丙休心	丁陳八 戊生任
癸蛇九 己驚英	辛　二 辛　芮	己雀四 癸傷輔
戊符五 丁死禽	丙天七 乙景柱	庚地三 壬杜冲

戊戌時

庚地一 庚景柱	丙天六 丙死冲	戊符八 戊驚禽
己雀九 己杜心	辛　二 辛　任	癸蛇四 癸開蓬
丁陳五 丁傷芮	乙合七 乙生輔	壬陰三 壬休英

己亥時

癸蛇一 庚休心	壬陰六 丙生芮	乙合八 戊傷輔
戊符九 己開禽	辛　二 辛　柱	丁陳四 癸杜英
丙天五 丁驚蓬	庚地七 乙死冲	己雀三 壬景任

甲午時

庚地一 庚杜輔	丙天六 丙景英	戊符八 戊死芮
己雀九 己傷冲	辛　二 辛　禽	癸蛇四 癸驚柱
丁陳五 丁生任	乙合七 乙休蓬	壬陰三 壬開心

乙未時

乙合一 庚生任	丁陳六 丙傷輔	己雀八 戊杜心
壬陰九 己休柱	辛　二 辛　英	庚地四 癸景芮
癸蛇五 丁開冲	戊符七 乙驚禽	丙天三 壬死蓬

丙申時

丙天一 庚傷英	戊符六 丙杜禽	癸蛇八 戊景柱
庚地九 己生任	辛　二 辛　蓬	壬陰四 癸死冲
己雀五 丁休輔	丁陳七 乙開心	乙合三 壬驚芮

陽二局丁壬日

癸卯時

己雀一 庚杜芮	庚地六 丙景柱	丙天八 戊死英
丁陳九 己傷蓬	辛　二 辛　冲	戊符四 癸驚禽
乙合五 丁生心	壬陰七 乙休任	癸蛇三 壬開輔

庚子時

戊符一 庚杜禽	癸蛇六 丙景蓬	壬陰八 戊死冲
丙天九 己傷輔	辛　二 辛　心	乙合四 癸驚任
庚地五 丁生英	己雀七 乙休芮	丁陳三 壬開柱

甲辰時

庚陳一 庚杜輔	丙雀六 丙景英	戊地八 戊死芮
己合九 己傷冲	辛　二 辛　禽	癸天四 癸驚柱
丁陰五 丁生任	乙蛇七 乙休蓬	壬符三 壬開心

辛丑時

庚地一 庚驚輔	丙天六 丙開英	戊符八 戊休芮
己雀九 己死冲	辛　二 辛　禽	癸蛇四 癸生柱
丁陳五 丁景任	乙合七 乙杜蓬	壬陰三 壬傷心

乙巳時

己合一 庚景英	庚陳六 丙死禽	丙雀八 戊驚柱
丁陰九 己杜任	辛　二 辛　蓬	戊地四 癸開冲
乙蛇五 丁傷輔	壬符七 乙生心	癸天三 壬休芮

壬寅時

丁陳一 庚死冲	己雀六 丙驚任	庚地八 戊開蓬
乙合九 己景芮	辛　二 辛　輔	丙天四 癸休心
壬陰五 丁杜柱	癸蛇七 乙傷英	戊符三 壬生禽

陽二局丁壬日

己酉時

乙蛇一 庚死柱	丁陰六 丙驚冲	己合八 戊開禽
壬符九 己景心	辛　二 辛　任	庚陳四 癸休蓬
癸天五 丁杜芮	戊地七 乙傷輔	丙雀三 壬生英

丙午時

癸天一 庚生蓬	壬符六 丙傷心	乙蛇八 戊杜任
戊地九 己休英	辛　二 辛　芮	丁陰四 癸景輔
丙雀五 丁開禽	庚陳七 乙驚柱	己合三 壬死冲

庚戌時

壬符一 庚休心	乙蛇六 丙生芮	丁陰八 戊傷輔
癸天九 己開禽	辛　二 辛　柱	己合四 癸杜英
戊地五 丁驚蓬	丙雀七 乙死冲	庚陳三 壬景任

丁未時

丁陰一 庚驚芮	己合六 丙開柱	庚陳八 戊休英
乙蛇九 己死蓬	辛　二 辛　冲	丙雀四 癸生禽
壬符五 丁景心	癸天七 乙杜任	戊地三 壬傷輔

辛亥時

戊地一 庚開禽	癸天六 丙休蓬	壬符八 戊生冲
丙雀九 己驚輔	辛　二 辛　心	乙蛇四 癸傷任
庚陳五 丁死英	己合七 乙景芮	丁陰三 壬杜柱

戊申時

戊地一 庚傷任	癸天六 丙杜輔	壬符八 戊景心
丙雀九 己生柱	辛　二 辛　英	乙蛇四 癸死芮
庚陳五 丁休冲	己合七 乙開禽	丁陰三 壬驚蓬

陽二局戊癸日

乙卯時

丁合一 庚休蓬	己陳六 丙生心	庚雀八 戊傷任
乙陰九 己開英	辛　二 辛　芮	丙地四 癸杜輔
壬蛇五 丁驚禽	癸符七 乙死柱	戊天三 壬景冲

壬子時

庚陳一 庚死輔	丙雀六 丙驚英	戊地八 戊開芮
己合九 己景冲	辛　二 辛　禽	癸天四 癸休柱
丁陰五 丁杜任	乙蛇七 乙傷蓬	壬符三 壬生心

丙辰時

戊天一 庚死芮	癸符六 丙驚柱	壬蛇八 戊開英
丙地九 己景蓬	辛　二 辛　冲	乙陰四 癸休禽
庚雀五 丁杜心	己陳七 乙傷任	丁合三 壬生輔

癸丑時

丙雀一 庚杜冲	戊地六 丙景任	癸天八 戊死蓬
庚陳九 己傷芮	辛　二 辛　輔	壬符四 癸驚心
己合五 丁生柱	丁陰七 乙休英	乙蛇三 壬開禽

丁巳時

乙陰一 庚生冲	丁合六 丙傷任	己陳八 戊杜蓬
壬蛇九 己休芮	辛　二 辛　輔	庚雀四 癸景心
癸符五 丁開柱	戊天七 乙驚英	丙地三 壬死禽

甲寅時

庚雀一 庚杜輔	丙地六 丙景英	戊天八 戊死芮
己陳九 己傷冲	辛　二 辛　禽	癸符四 癸驚柱
丁合五 丁生任	乙陰七 乙休蓬	壬蛇三 壬開心

陽二局戊癸日

辛酉時

丙地一 庚景心	戊天六 丙死芮	癸符八 戊驚輔
庚雀九 己杜禽	辛　二 辛　柱	壬蛇四 癸開英
己陳五 丁傷蓬	丁合七 乙生冲	乙陰三 壬休任

戊午時

丙地一 庚景英	戊天六 丙死禽	癸符八 戊驚柱
庚雀九 己杜任	辛　二 辛　蓬	壬蛇四 癸開冲
己陳五 丁傷輔	丁合七 乙生心	乙陰三 壬休芮

壬戌時

己陳一 庚傷禽	庚雀六 丙杜蓬	丙地八 戊景冲
丁合九 己生輔	辛　二 辛　心	戊天四 癸死任
乙陰五 丁休英	壬蛇七 乙開芮	癸符三 壬驚柱

己未時

壬蛇一 庚開任	乙陰六 丙休輔	丁合八 戊生心
癸符九 己驚柱	辛　二 辛　英	己陳四 癸傷芮
戊天五 丁死冲	丙地七 乙景禽	庚雀三 壬杜蓬

癸亥時

庚雀一 庚杜輔	丙地六 丙景英	戊天八 戊死芮
己陳九 己傷冲	辛　二 辛　禽	癸符四 癸驚柱
丁合五 丁生任	乙陰七 乙休蓬	壬蛇三 壬開心

庚申時

癸符一 庚驚柱	壬蛇六 丙開冲	乙陰八 戊休禽
戊天九 己死心	辛　二 辛　任	丁合四 癸生蓬
丙地五 丁景芮	庚雀七 乙杜輔	己陳三 壬傷英

陽三局甲己日

丁卯時

癸天二 己驚柱	戊符七 丁開冲	己蛇九 乙休禽
丙地一 戊死心	庚　三 庚　任	丁陰五 壬生蓬
辛雀六 癸景芮	壬陳八 丙杜輔	乙合四 辛傷英

甲子時

己蛇二 己杜輔	丁陰七 丁景英	乙合九 乙死芮
戊符一 戊傷冲	庚　三 庚　禽	壬陳五 壬驚柱
癸天六 癸生任	丙地八 丙休蓬	辛雀四 辛開心

戊辰時

己蛇二 己開輔	丁陰七 丁休英	乙合九 乙生芮
戊符一 戊驚冲	庚　三 庚　禽	壬陳五 壬傷柱
癸天六 癸死任	丙地八 丙景蓬	辛雀四 辛杜心

乙丑時

丙地二 己傷禽	癸天七 丁杜蓬	戊符九 乙景冲
辛雀一 戊生輔	庚　三 庚　心	己蛇五 壬死任
壬陳六 癸休英	乙合八 丙開芮	丁陰四 辛驚柱

己巳時

戊符二 己景冲	己蛇七 丁死任	丁陰九 乙驚蓬
癸天一 戊杜芮	庚　三 庚　輔	乙合五 壬開心
丙地六 癸傷柱	辛雀八 丙生英	壬陳四 辛休禽

丙寅時

乙合二 己休心	壬陳七 丁生芮	辛雀九 乙傷輔
丁陰一 戊開禽	庚　三 庚　柱	丙地五 壬杜英
己蛇六 癸驚蓬	戊符八 丙死冲	癸天四 辛景任

陽三局甲己日

癸酉時

丁陰二 己杜任	乙合七 丁景輔	壬陳九 乙死心
己蛇一 戊傷柱	庚　三 庚　英	辛雀五 壬驚芮
戊符六 癸生冲	癸天八 丙休禽	丙地四 辛開蓬

庚午時

丙地二 己生芮	癸天七 丁傷柱	戊符九 乙杜英
辛雀一 戊休蓬	庚　三 庚　冲	己蛇五 壬景禽
壬陳六 癸開心	乙合八 丙驚任	丁陰四 辛死輔

甲戌時

己符二 己杜輔	丁蛇七 丁景英	乙陰九 乙死芮
戊天一 戊傷冲	庚　三 庚　禽	壬合五 壬驚柱
癸地六 癸生任	丙雀八 丙休蓬	辛陳四 辛開心

辛未時

壬陳二 己死蓬	辛雀七 丁驚心	丙地九 乙開任
乙合一 戊景英	庚　三 庚　芮	癸天五 壬休輔
丁陰六 癸杜禽	己蛇八 丙傷柱	戊符四 辛生冲

乙亥時

癸地二 己生心	戊天七 丁傷芮	己符九 乙杜輔
丙雀一 戊休禽	庚　三 庚　柱	丁蛇五 壬景英
辛陳六 癸開蓬	壬合八 丙驚冲	乙陰四 辛死任

壬申時

辛雀二 己休英	丙地七 丁生禽	癸天九 乙傷柱
壬陳一 戊開任	庚　三 庚　蓬	戊符五 壬杜冲
乙合六 癸驚輔	丁陰八 丙死心	己蛇四 辛景芮

陽三局乙庚日

己卯時

己符二 己傷輔	丁蛇七 丁杜英	乙陰九 乙景芮
戊天一 戊生冲	庚　三 庚　禽	壬合五 壬死柱
癸地六 癸休任	丙雀八 丙開蓬	辛陳四 辛驚心

丙子時

壬合二 己開柱	辛陳七 丁休冲	丙雀九 乙生禽
乙陰一 戊驚心	庚　三 庚　任	癸地五 壬傷蓬
丁蛇六 癸死芮	己符八 丙景輔	戊天四 辛杜英

庚辰時

癸地二 己驚冲	戊天七 丁開任	己符九 乙休蓬
丙雀一 戊死芮	庚　三 庚　輔	丁蛇五 壬生心
辛陳六 癸景柱	壬合八 丙杜英	乙陰四 辛傷禽

丁丑時

戊天二 己休任	己符七 丁生輔	丁蛇九 乙傷心
癸地一 戊開柱	庚　三 庚　英	乙陰五 壬杜芮
丙雀六 癸驚冲	辛陳八 丙死禽	壬合四 辛景蓬

辛巳時

辛陳二 己生芮	丙雀七 丁傷柱	癸地九 乙杜英
壬合一 戊休蓬	庚　三 庚　冲	戊天五 壬景禽
乙陰六 癸開心	丁蛇八 丙驚任	己符四 辛死輔

戊寅時

丁蛇二 己死禽	乙陰七 丁驚蓬	壬合九 乙開冲
己符一 戊景輔	庚　三 庚　心	辛陳五 壬休任
戊天六 癸杜英	癸地八 丙傷芮	丙雀四 辛生柱

陽三局乙庚日

乙酉時

己地二 己生柱	丁天七 丁傷冲	乙符九 乙杜禽
戊雀一 戊休心	庚　三 庚　任	壬蛇五 壬景蓬
癸陳六 癸開芮	丙合八 丙驚輔	辛陰四 辛死英

壬午時

丙雀二 己景蓬	癸地七 丁死心	戊天九 乙驚任
辛陳一 戊杜英	庚　三 庚　芮	己符五 壬開輔
壬合六 癸傷禽	乙陰八 丙生柱	丁蛇四 辛休冲

丙戌時

丙合二 己傷任	癸陳七 丁杜輔	戊雀九 乙景心
辛陰一 戊生柱	庚　三 庚　英	己地五 壬死芮
壬蛇六 癸休冲	乙符八 丙開禽	丁天四 辛驚蓬

癸未時

乙陰二 己杜英	壬合七 丁景禽	辛陳九 乙死柱
丁蛇一 戊傷任	庚　三 庚　蓬	丙雀五 壬驚冲
己符六 癸生輔	戊天八 丙休心	癸地四 辛開芮

丁亥時

丁天二 己開英	乙符七 丁休禽	壬蛇九 乙生柱
己地一 戊驚任	庚　三 庚　蓬	辛陰五 壬傷冲
戊雀六 癸死輔	癸陳八 丙景心	丙合四 辛杜芮

甲申時

己地二 己杜輔	丁天七 丁景英	乙符九 乙死芮
戊雀一 戊傷冲	庚　三 庚　禽	壬蛇五 壬驚柱
癸陳六 癸生任	丙合八 丙休蓬	辛陰四 辛開心

陽三局丙辛日

辛卯時

癸陳二 己驚冲	戊雀七 丁開任	己地九 乙休蓬
丙合一 戊死芮	庚　三 庚　輔	丁天五 壬生心
辛陰六 癸景柱	壬蛇八 丙杜英	乙符四 辛傷禽

壬辰時

戊雀二 己死芮	己地七 丁驚柱	丁天九 乙開英
癸陳一 戊景蓬	庚　三 庚　冲	乙符五 壬休禽
丙合六 癸杜心	辛陰八 丙傷任	壬蛇四 辛生輔

癸巳時

辛陰二 己杜蓬	丙合七 丁景心	癸陳九 乙死任
壬蛇一 戊傷英	庚　三 庚　芮	戊雀五 壬驚輔
乙符六 癸生禽	丁天八 丙休柱	己地四 辛開冲

戊子時

壬蛇二 己景心	辛陰七 丁死芮	丙合九 乙驚輔
乙符一 戊杜禽	庚　三 庚　柱	癸陳五 壬開英
丁天六 癸傷蓬	己地八 丙生冲	戊雀四 辛休任

己丑時

乙符二 己休禽	壬蛇七 丁生蓬	辛陰九 乙傷冲
丁天一 戊開輔	庚　三 庚　心	丙合五 壬杜任
己地六 癸驚英	戊雀八 丙死芮	癸陳四 辛景柱

庚寅時

己地二 己杜輔	丁天七 丁景英	乙符九 乙死芮
戊雀一 戊傷冲	庚　三 庚　禽	壬蛇五 壬驚柱
癸陳六 癸生任	丙合八 丙休蓬	辛陰四 辛開心

陽三局丙辛日

甲午時

己陳二 己杜輔	丁雀七 丁景英	乙地九 乙死芮
戊合一 戊傷冲	庚　三 庚　禽	壬天五 壬驚柱
癸陰六 癸生任	丙蛇八 丙休蓬	辛符四 辛開心

乙未時

乙地二 己景任	壬天七 丁死輔	辛符九 乙驚心
丁雀一 戊杜柱	庚　三 庚　英	丙蛇五 壬開芮
己陳六 癸傷冲	戊合八 丙生禽	癸陰四 辛休蓬

丙申時

戊合二 己生英	己陳七 丁傷禽	丁雀九 乙杜柱
癸陰一 戊休任	庚　三 庚　蓬	乙地五 壬景冲
丙蛇六 癸開輔	辛符八 丙驚心	壬天四 辛死芮

丁酉時

壬天二 己驚蓬	辛符七 丁開心	丙蛇九 乙休任
乙地一 戊死英	庚　三 庚　芮	癸陰五 壬生輔
丁雀六 癸景禽	己陳八 丙杜柱	戊合四 辛傷冲

戊戌時

丙蛇二 己傷柱	癸陰七 丁杜冲	戊合九 乙景禽
辛符一 戊生心	庚　三 庚　任	己陳五 壬死蓬
壬天六 癸休芮	乙地八 丙開輔	丁雀四 辛驚英

己亥時

辛符二 己死心	丙蛇七 丁驚芮	癸陰九 乙開輔
壬天一 戊景禽	庚　三 庚　柱	戊合五 壬休英
乙地六 癸杜蓬	丁雀八 丙傷冲	己陳四 辛生任

陽三局丁壬日

癸卯時

癸陰二 己杜芮	戊合七 丁景柱	己陳九 乙死英
丙蛇一 戊傷蓬	庚　三 庚　冲	丁雀五 壬驚禽
辛符六 癸生心	壬天八 丙休任	乙地四 辛開輔

庚子時

乙地二 己休禽	壬天七 丁生蓬	辛符九 乙傷冲
丁雀一 戊開輔	庚　三 庚　心	丙蛇五 壬杜任
己陳六 癸驚英	戊合八 丙死芮	癸陰四 辛景柱

甲辰時

己雀二 己杜輔	丁地七 丁景英	乙天九 乙死芮
戊陳一 戊傷冲	庚　三 庚　禽	壬符五 壬驚柱
癸合六 癸生任	丙陰八 丙休蓬	辛蛇四 辛開心

辛丑時

己陳二 己開輔	丁雀七 丁休英	乙地九 乙生芮
戊合一 戊驚冲	庚　三 庚　禽	壬天五 壬傷柱
癸陰六 癸死任	丙蛇八 丙景蓬	辛符四 辛杜心

乙巳時

丁地二 己休英	乙天七 丁生禽	壬符九 乙傷柱
己雀一 戊開任	庚　三 庚　蓬	辛蛇五 壬杜冲
戊陳六 癸驚輔	癸合八 丙死心	丙陰四 辛景芮

壬寅時

丁雀二 己死冲	乙地七 丁驚任	壬天九 乙開蓬
己陳一 戊景芮	庚　三 庚　輔	辛符五 壬休心
戊合六 癸杜柱	癸陰八 丙傷英	丙蛇四 辛生禽

陽三局丁壬日

己酉時

壬符二 己開柱	辛蛇七 丁休冲	丙陰九 乙生禽
乙天一 戊驚心	庚　三 庚　任	癸合五 壬傷蓬
丁地六 癸死芮	己雀八 丙景輔	戊陳四 辛杜英

丙午時

癸合二 己死蓬	戊陳七 丁驚心	己雀九 乙開任
丙陰一 戊景英	庚　三 庚　芮	丁地五 壬休輔
辛蛇六 癸杜禽	壬符八 丙傷柱	乙天四 辛生冲

庚戌時

丁地二 己驚心	乙天七 丁開芮	壬符九 乙休輔
己雀一 戊死禽	庚　三 庚　柱	辛蛇五 壬生英
戊陳六 癸景蓬	癸合八 丙杜冲	丙陰四 辛傷任

丁未時

乙天二 己生芮	壬符七 丁傷柱	辛蛇九 乙杜英
丁地一 戊休蓬	庚　三 庚　冲	丙陰五 壬景禽
己雀六 癸開心	戊陳八 丙驚任	癸合四 辛死輔

辛亥時

戊陳二 己景禽	己雀七 丁死蓬	丁地九 乙驚冲
癸合一 戊杜輔	庚　三 庚　心	乙天五 壬開任
丙陰六 癸傷英	辛蛇八 丙生芮	壬符四 辛休柱

戊申時

辛蛇二 己景任	丙陰七 丁死輔	癸合九 乙驚心
壬符一 戊杜柱	庚　三 庚　英	戊陳五 壬開芮
乙天六 癸傷冲	丁地八 丙生禽	己雀四 辛休蓬

陽三局戊癸日

乙卯時

辛地二 己休蓬	丙天七 丁生心	癸符九 乙傷任
壬雀一 戊開英	庚　三 庚　芮	戊蛇五 壬杜輔
乙陳六 癸驚禽	丁合八 丙死柱	己陰四 辛景冲

丙辰時

丁合二 己景芮	乙陳七 丁死柱	壬雀九 乙驚英
己陰一 戊杜蓬	庚　三 庚　冲	辛地五 壬開禽
戊蛇六 癸傷心	癸符八 丙生任	丙天四 辛休輔

丁巳時

丙天二 己開冲	癸符七 丁休任	戊蛇九 乙生蓬
辛地一 戊驚芮	庚　三 庚　輔	己陰五 壬傷心
壬雀六 癸死柱	乙陳八 丙景英	丁合四 辛杜禽

壬子時

己雀二 己傷輔	丁地七 丁杜英	乙天九 乙景芮
戊陳一 戊生冲	庚　三 庚　禽	壬符五 壬死柱
癸合六 癸休任	丙陰八 丙開蓬	辛蛇四 辛驚心

癸丑時

丙陰二 己杜冲	癸合七 丁景任	戊陳九 乙死蓬
辛蛇一 戊傷芮	庚　三 庚　輔	己雀五 壬驚心
壬符六 癸生柱	乙天八 丙休英	丁地四 辛開禽

甲寅時

己陰二 己杜輔	丁合七 丁景英	乙陳九 乙死芮
戊蛇一 戊傷冲	庚　三 庚　禽	壬雀五 壬驚柱
癸符六 癸生任	丙天八 丙休蓬	辛地四 辛開心

陽三局戊癸日

辛酉時

乙陳二 己死心	壬雀七 丁驚芮	辛地九 乙開輔
丁合一 戊景禽	庚　三 庚　柱	丙天五 壬休英
己陰六 癸杜蓬	戊蛇八 丙傷冲	癸符四 辛生任

壬戌時

壬雀二 己驚禽	辛地七 丁開蓬	丙天九 乙休冲
乙陳一 戊死輔	庚　三 庚　心	癸符五 壬生任
丁合六 癸景英	己陰八 丙杜芮	戊蛇四 辛傷柱

癸亥時

己陰二 己杜輔	丁合七 丁景英	乙陳九 乙死芮
戊蛇一 戊傷冲	庚　三 庚　禽	壬雀五 壬驚柱
癸符六 癸生任	丙天八 丙休蓬	辛地四 辛開心

戊午時

戊蛇二 己傷英	己陰七 丁杜禽	丁合九 乙景柱
癸符一 戊生任	庚　三 庚　蓬	乙陳五 壬死冲
丙天六 癸休輔	辛地八 丙開心	壬雀四 辛驚芮

己未時

癸符二 己生任	戊蛇七 丁傷輔	己陰九 乙杜心
丙天一 戊休柱	庚　三 庚　英	丁合五 壬景芮
辛地六 癸開冲	壬雀八 丙驚禽	乙陳四 辛死蓬

庚申時

辛地二 己開柱	丙天七 丁休冲	癸符九 乙生禽
壬雀一 戊驚心	庚　三 庚　任	戊蛇五 壬傷蓬
乙陳六 癸死芮	丁合八 丙景輔	己陰四 辛杜英

陽四局甲己日

甲子時

戊符三 戊杜輔	癸蛇八 癸景英	丙陰一 丙死芮
乙天二 乙傷冲	己　四 己　禽	辛合六 辛驚柱
壬地七 壬生任	丁雀九 丁休蓬	庚陳五 庚開心

乙丑時

癸蛇三 戊生禽	丙陰八 癸傷蓬	辛合一 丙杜冲
戊符二 乙休輔	己　四 己　心	庚陳六 辛景任
乙天七 壬開英	壬地九 丁驚芮	丁雀五 庚死柱

丙寅時

壬地三 戊開心	乙天八 癸休芮	戊符一 丙生輔
丁雀二 乙驚禽	己　四 己　柱	癸蛇六 辛傷英
庚陳七 壬死蓬	辛合九 丁景冲	丙陰五 庚杜任

丁卯時

辛合三 戊休柱	庚陳八 癸生冲	丁雀一 丙傷禽
丙陰二 乙開心	己　四 己　任	壬地六 辛杜蓬
癸蛇七 壬驚芮	戊符九 丁死輔	乙天五 庚景英

戊辰時

戊符三 戊死輔	癸蛇八 癸驚英	丙陰一 丙開芮
乙天二 乙景冲	己　四 己　禽	辛合六 辛休柱
壬地七 壬杜任	丁雀九 丁傷蓬	庚陳五 庚生心

己巳時

壬地三 戊傷冲	乙天八 癸杜任	戊符一 丙景蓬
丁雀二 乙生芮	己　四 己　輔	癸蛇六 辛死心
庚陳七 壬休柱	辛合九 丁開英	丙陰五 庚驚禽

陽四局甲己日

庚午時

庚陳三 戊驚芮	丁雀八 癸開柱	壬地一 丙休英
辛合二 乙死蓬	己　四 己　冲	乙天六 辛生禽
丙陰七 壬景心	癸蛇九 丁杜任	戊符五 庚傷輔

辛未時

丁雀三 戊生蓬	壬地八 癸傷心	乙天一 丙杜任
庚陳二 乙休英	己　四 己　芮	戊符六 辛景輔
辛合七 壬開禽	丙陰九 丁驚柱	癸蛇五 庚死冲

壬申時

丙陰三 戊景英	辛合八 癸死禽	庚陳一 丙驚柱
癸蛇二 乙杜任	己　四 己　蓬	丁雀六 辛開冲
戊符七 壬傷輔	乙天九 丁生心	壬地五 庚休芮

癸酉時

乙天三 戊杜任	戊符八 癸景輔	癸蛇一 丙死心
壬地二 乙傷柱	己　四 己　英	丙陰六 辛驚芮
丁雀七 壬生冲	庚陳九 丁休禽	辛合五 庚開蓬

甲戌時

戊地三 戊杜輔	癸天八 癸景英	丙符一 丙死芮
乙雀二 乙傷冲	己　四 己　禽	辛蛇六 辛驚柱
壬陳七 壬生任	丁合九 丁休蓬	庚陰五 庚開心

乙亥時

辛蛇三 戊生心	庚陰八 癸傷芮	丁合一 丙杜輔
丙符二 乙休禽	己　四 己　柱	壬陳六 辛景英
癸天七 壬開蓬	戊地九 丁驚冲	乙雀五 庚死任

陽四局乙庚日

己卯時

戊地三 戊休輔	癸天八 癸生英	丙符一 丙傷芮
乙雀二 乙開冲	己　四 己　禽	辛蛇六 辛杜柱
壬陳七 壬驚任	丁合九 丁死蓬	庚陰五 庚景心

丙子時

戊地三 戊傷柱	癸天八 癸杜冲	丙符一 丙景禽
乙雀二 乙生心	己　四 己　任	辛蛇六 辛死蓬
壬陳七 壬休芮	丁合九 丁開輔	庚陰五 庚驚英

庚辰時

壬陳三 戊杜冲	乙雀八 癸景任	戊地一 丙死蓬
丁合二 乙傷芮	己　四 己　輔	癸天六 辛驚心
庚陰七 壬生柱	辛蛇九 丁休英	丙符五 庚開禽

丁丑時

丁合三 戊開任	壬陳八 癸休輔	乙雀一 丙生心
庚陰二 乙驚柱	己　四 己　英	戊地六 辛傷芮
辛蛇七 壬死冲	丙符九 丁景禽	癸天五 庚杜蓬

辛巳時

乙雀三 戊驚芮	戊地八 癸開柱	癸天一 丙休英
壬陳二 乙死蓬	己　四 己　冲	丙符六 辛生禽
丁合七 壬景心	庚陰九 丁杜任	辛蛇五 庚傷輔

戊寅時

丙符三 戊景禽	辛蛇八 癸死蓬	庚陰一 丙驚冲
癸天二 乙杜輔	己　四 己　心	丁合六 辛開任
戊地七 壬傷英	乙雀九 丁生芮	壬陳五 庚休柱

陽四局乙庚日

乙酉時

丁蛇三 戊景柱	壬陰八 癸死冲	乙合一 丙驚禽
庚符二 乙杜心	己　四 己　任	戊陳六 辛開蓬
辛天七 壬傷芮	丙地九 丁生輔	癸雀五 庚休英

壬午時

庚陰三 戊死蓬	丁合八 癸驚心	壬陳一 丙開任
辛蛇二 乙景英	己　四 己　芮	乙雀六 辛休輔
丙符七 壬杜禽	癸天九 丁傷柱	戊地五 庚生冲

丙戌時

丙地三 戊生任	辛天八 癸傷輔	庚符一 丙杜心
癸雀二 乙休柱	己　四 己　英	丁蛇六 辛景芮
戊陳七 壬開冲	乙合九 丁驚禽	壬陰五 庚死蓬

癸未時

癸天三 戊杜英	丙符八 癸景禽	辛蛇一 丙死柱
戊地二 乙傷任	己　四 己　蓬	庚陰六 辛驚冲
乙雀七 壬生輔	壬陳九 丁休心	丁合五 庚開芮

丁亥時

乙合三 戊驚英	戊陳八 癸開禽	癸雀一 丙休柱
壬陰二 乙死任	己　四 己　蓬	丙地六 辛生冲
丁蛇七 壬景輔	庚符九 丁杜心	辛天五 庚傷芮

甲申時

戊陳三 戊杜輔	癸雀八 癸景英	丙地一 丙死芮
乙合二 乙傷冲	己　四 己　禽	辛天六 辛驚柱
壬陰七 壬生任	丁蛇九 丁休蓬	庚符五 庚開心

陽四局丙辛日

辛卯時

癸雀三 戊開冲	丙地八 癸休任	辛天一 丙生蓬
戊陳二 乙驚芮	己　四 己　輔	庚符六 辛傷心
乙合七 壬死柱	壬陰九 丁景英	丁蛇五 庚杜禽

壬辰時

壬陰三 戊死芮	乙合八 癸驚柱	戊陳一 丙開英
丁蛇二 乙景蓬	己　四 己　冲	癸雀六 辛休禽
庚符七 壬杜心	辛天九 丁傷任	丙地五 庚生輔

癸巳時

辛天三 戊杜蓬	庚符八 癸景心	丁蛇一 丙死任
丙地二 乙傷英	己　四 己　芮	壬陰六 辛驚輔
癸雀七 壬生禽	戊陳九 丁休柱	乙合五 庚開冲

戊子時

庚符三 戊傷心	丁蛇八 癸杜芮	壬陰一 丙景輔
辛天二 乙生禽	己　四 己　柱	乙合六 辛死英
丙地七 壬休蓬	癸雀九 丁開冲	戊陳五 庚驚任

己丑時

丙地三 戊死禽	辛天八 癸驚蓬	庚符一 丙開冲
癸雀二 乙景輔	己　四 己　心	丁蛇六 辛休任
戊陳七 壬杜英	乙合九 丁傷芮	壬陰五 庚生柱

庚寅時

戊陳三 戊休輔	癸雀八 癸生英	丙地一 丙傷芮
乙合二 乙開冲	己　四 己　禽	辛天六 辛杜柱
壬陰七 壬驚任	丁蛇九 丁死蓬	庚符五 庚景心

陽四局丙辛日

丁酉時

壬合三 戊生蓬	乙陳八 癸傷心	戊雀一 丙杜任
丁陰二 乙休英	己　四 己　芮	癸地六 辛景輔
庚蛇七 壬開禽	辛符九 丁驚柱	丙天五 庚死冲

甲午時

戊雀三 戊杜輔	癸地八 癸景英	丙天一 丙死芮
乙陳二 乙傷冲	己　四 己　禽	辛符六 辛驚柱
壬合七 壬生任	丁陰九 丁休蓬	庚蛇五 庚開心

戊戌時

辛符三 戊景柱	庚蛇八 癸死冲	丁陰一 丙驚禽
丙天二 乙杜心	己　四 己　任	壬合六 辛開蓬
癸地七 壬傷芮	戊雀九 丁生輔	乙陳五 庚休英

乙未時

庚蛇三 戊休任	丁陰八 癸生輔	壬合一 丙傷心
辛符二 乙開柱	己　四 己　英	乙陳六 辛杜芮
丙天七 壬驚冲	癸地九 丁死禽	戊雀五 庚景蓬

己亥時

癸地三 戊開心	丙天八 癸休芮	辛符一 丙生輔
戊雀二 乙驚禽	己　四 己　柱	庚蛇六 辛傷英
乙陳七 壬死蓬	壬合九 丁景冲	丁陰五 庚杜任

丙申時

癸地三 戊死英	丙天八 癸驚禽	辛符一 丙開柱
戊雀二 乙景任	己　四 己　蓬	庚蛇六 辛休冲
乙陳七 壬杜輔	壬合九 丁傷心	丁陰五 庚生芮

陽四局丁壬日

癸卯時

丙天三 戊杜芮	辛符八 癸景柱	庚蛇一 丙死英
癸地二 乙傷蓬	己　四 己　冲	丁陰六 辛驚禽
戊雀七 壬生心	乙陳九 丁休任	壬合五 庚開輔

甲辰時

戊陰三 戊杜輔	癸合八 癸景英	丙陳一 丙死芮
乙蛇二 乙傷冲	己　四 己　禽	辛雀六 辛驚柱
壬符七 壬生任	丁天九 丁休蓬	庚地五 庚開心

乙巳時

乙蛇三 戊休英	戊陰八 癸生禽	癸合一 丙傷柱
壬符二 乙開任	己　四 己　蓬	丙陳六 辛杜冲
丁天七 壬驚輔	庚地九 丁死心	辛雀五 庚景芮

庚子時

乙陳三 戊驚禽	戊雀八 癸開蓬	癸地一 丙休冲
壬合二 乙死輔	己　四 己　心	丙天六 辛生任
丁陰七 壬景英	庚蛇九 丁杜芮	辛符五 庚傷柱

辛丑時

戊雀三 戊景輔	癸地八 癸死英	丙天一 丙驚芮
乙陳二 乙杜冲	己　四 己　禽	辛符六 辛開柱
壬合七 壬傷任	丁陰九 丁生蓬	庚蛇五 庚休心

壬寅時

丁陰三 戊傷冲	壬合八 癸杜任	乙陳一 丙景蓬
庚蛇二 乙生芮	己　四 己　輔	戊雀六 辛死心
辛符七 壬休柱	丙天九 丁開英	癸地五 庚驚禽

陽四局丁壬日

己酉時

庚地三 戊生柱	丁天八 癸傷冲	壬符一 丙杜禽
辛雀二 乙休心	己　四 己　任	乙蛇六 辛景蓬
丙陳七 壬開芮	癸合九 丁驚輔	戊陰五 庚死英

丙午時

庚地三 戊景蓬	丁天八 癸死心	壬符一 丙驚任
辛雀二 乙杜英	己　四 己　芮	乙蛇六 辛開輔
丙陳七 壬傷禽	癸合九 丁生柱	戊陰五 庚休冲

庚戌時

丙陳三 戊開心	辛雀八 癸休芮	庚地一 丙生輔
癸合二 乙驚禽	己　四 己　柱	丁天六 辛傷英
戊陰七 壬死蓬	乙蛇九 丁景冲	壬符五 庚杜任

丁未時

癸合三 戊開芮	丙陳八 癸休柱	辛雀一 丙生英
戊陰二 乙驚蓬	己　四 己　冲	庚地六 辛傷禽
乙蛇七 壬死心	壬符九 丁景任	丁天五 庚杜輔

辛亥時

辛雀三 戊死禽	庚地八 癸驚蓬	丁天一 丙開冲
丙陳二 乙景輔	己　四 己　心	壬符六 辛休任
癸合七 壬杜英	戊陰九 丁傷芮	乙蛇五 庚生柱

戊申時

壬符三 戊傷任	乙蛇八 癸杜輔	戊陰一 丙景心
丁天二 乙生柱	己　四 己　英	癸合六 辛死芮
庚地七 壬休冲	辛雀九 丁開禽	丙陳五 庚驚蓬

陽四局戊癸日

乙卯時

丙蛇三 戊開蓬	辛陰八 癸休心	庚合一 丙生任
癸符二 乙驚英	己　四 己　芮	丁陳六 辛傷輔
戊天七 壬死禽	乙地九 丁景柱	壬雀五 庚杜冲

壬子時

戊陰三 戊驚輔	癸合八 癸開英	丙陳一 丙休芮
乙蛇二 乙死冲	己　四 己　禽	辛雀六 辛生柱
壬符七 壬景任	丁天九 丁杜蓬	庚地五 庚傷心

丙辰時

乙地三 戊傷芮	戊天八 癸杜柱	癸符一 丙景英
壬雀二 乙生蓬	己　四 己　冲	丙蛇六 辛死禽
丁陳七 壬休心	庚合九 丁開任	辛陰五 庚驚輔

癸丑時

丁天三 戊杜冲	壬符八 癸景任	乙蛇一 丙死蓬
庚地二 乙傷芮	己　四 己　輔	戊陰六 辛驚心
辛雀七 壬生柱	丙陳九 丁休英	癸合五 庚開禽

丁巳時

庚合三 戊死冲	丁陳八 癸驚任	壬雀一 丙開蓬
辛陰二 乙景芮	己　四 己　輔	乙地六 辛休心
丙蛇七 壬杜柱	癸符九 丁傷英	戊天五 庚生禽

甲寅時

戊天三 戊杜輔	癸符八 癸景英	丙蛇一 丙死芮
乙地二 乙傷冲	己　四 己　禽	辛陰六 辛驚柱
壬雀七 壬生任	丁陳九 丁休蓬	庚合五 庚開心

陽四局戊癸日

辛酉時

壬雀三 戊生心	乙地八 癸傷芮	戊天一 丙杜輔
丁陳二 乙休禽	己　四 己　柱	癸符六 辛景英
庚合七 壬開蓬	辛陰九 丁驚冲	丙蛇五 庚死任

壬戌時

辛陰三 戊驚禽	庚合八 癸開蓬	丁陳一 丙休冲
丙蛇二 乙死輔	己　四 己　心	壬雀六 辛生任
癸符七 壬景英	戊天九 丁杜芮	乙地五 庚傷柱

癸亥時

戊天三 戊杜輔	癸符八 癸景英	丙蛇一 丙死芮
乙地二 乙傷冲	己　四 己　禽	辛陰六 辛驚柱
壬雀七 壬生任	丁陳九 丁休蓬	庚合五 庚開心

戊午時

癸符三 戊景英	丙蛇八 癸死禽	辛陰一 丙驚柱
戊天二 乙杜任	己　四 己　蓬	庚合六 辛開冲
乙地七 壬傷輔	壬雀九 丁生心	丁陳五 庚休芮

己未時

乙地三 戊傷任	戊天八 癸杜輔	癸符一 丙景心
壬雀二 乙生柱	己　四 己　英	丙蛇六 辛死芮
丁陳七 壬休冲	庚合九 丁開禽	辛陰五 庚驚蓬

庚申時

丁陳三 戊休柱	壬雀八 癸生冲	乙地一 丙傷禽
庚合二 乙開心	己　四 己　任	戊天六 辛杜蓬
辛陰七 壬驚芮	丙蛇九 丁死輔	癸符五 庚景英

陽五局甲己日

甲子時

乙地四 乙杜輔	壬天九 壬景英	丁符二 丁死芮
丙雀三 丙傷冲	戊　五 戊　禽	庚蛇七 庚驚柱
辛陳八 辛生任	癸合一 癸休蓬	己陰六 己開心

乙丑時

丁符四 乙生禽	庚蛇九 壬傷蓬	己陰二 丁杜冲
壬天三 丙休輔	戊　五 戊　心	癸合七 庚景任
乙地八 辛開英	丙雀一 癸驚芮	辛陳六 己死柱

丙寅時

庚蛇四 乙傷心	己陰九 壬杜芮	癸合二 丁景輔
丁符三 丙生禽	戊　五 戊　柱	辛陳七 庚死英
壬天八 辛休蓬	乙地一 癸開冲	丙雀六 己驚任

丁卯時

乙地四 乙開柱	壬天九 壬休冲	丁符二 丁生禽
丙雀三 丙驚心	戊　五 戊　任	庚蛇七 庚傷蓬
辛陳八 辛死芮	癸合一 癸景輔	己陰六 己杜英

戊辰時

乙地四 乙景輔	壬天九 壬死英	丁符二 丁驚芮
丙雀三 丙杜冲	戊　五 戊　禽	庚蛇七 庚開柱
辛陳八 辛傷任	癸合一 癸生蓬	己陰六 己休心

己巳時

辛陳四 乙休冲	丙雀九 壬生任	乙地二 丁傷蓬
癸合三 丙開芮	戊　五 戊　輔	壬天七 庚杜心
己陰八 辛驚柱	庚蛇一 癸死英	丁符六 己景禽

陽五局甲己日

癸酉時

癸合四 乙杜任	辛陳九 壬景輔	丙雀二 丁死心
己陰三 丙傷柱	戊　五 戊　英	乙地七 庚驚芮
庚蛇八 辛生冲	丁符一 癸休禽	壬天六 己開蓬

甲戌時

乙陳四 乙杜輔	壬雀九 壬景英	丁地二 丁死芮
丙合三 丙傷冲	戊　五 戊　禽	庚天七 庚驚柱
辛陰八 辛生任	癸蛇一 癸休蓬	己符六 己開心

乙亥時

己符四 乙景心	癸蛇九 壬死芮	辛陰二 丁驚輔
庚天三 丙杜禽	戊　五 戊　柱	丙合七 庚開英
丁地八 辛傷蓬	壬雀一 癸生冲	乙陳六 己休任

庚午時

丙雀四 乙杜芮	乙地九 壬景柱	壬天二 丁死英
辛陳三 丙傷蓬	戊　五 戊　冲	丁符七 庚驚禽
癸合八 辛生心	己陰一 癸休任	庚蛇六 己開輔

辛未時

己陰四 乙驚蓬	癸合九 壬開心	辛陳二 丁休任
庚蛇三 丙死英	戊　五 戊　芮	丙雀七 庚生輔
丁符八 辛景禽	壬天一 癸杜柱	乙地六 己傷冲

壬申時

壬天四 乙死英	丁符九 壬驚禽	庚蛇二 丁開柱
乙地三 丙景任	戊　五 戊　蓬	己陰七 庚休冲
丙雀八 辛杜輔	辛陳一 癸傷心	癸合六 己生芮

陽五局乙庚日

己卯時

乙陳四 乙死輔	壬雀九 壬驚英	丁地二 丁開芮
丙合三 丙景冲	戊　五 戊　禽	庚天七 庚休柱
辛陰八 辛杜任	癸蛇一 癸傷蓬	己符六 己生心

丙子時

癸蛇四 乙生柱	辛陰九 壬傷冲	丙合二 丁杜禽
己符三 丙休心	戊　五 戊　任	乙陳七 庚景蓬
庚天八 辛開芮	丁地一 癸驚輔	壬雀六 己死英

庚辰時

壬雀四 乙休冲	丁地九 壬生任	庚天二 丁傷蓬
乙陳三 丙開芮	戊　五 戊　輔	己符七 庚杜心
丙合八 辛驚柱	辛陰一 癸死英	癸蛇六 己景禽

丁丑時

丁地四 乙驚任	庚天九 壬開輔	己符二 丁休心
壬雀三 丙死柱	戊　五 戊　英	癸蛇七 庚生芮
乙陳八 辛景冲	丙合一 癸杜禽	辛陰六 己傷蓬

辛巳時

辛陰四 乙開芮	丙合九 壬休柱	乙陳二 丁生英
癸蛇三 丙驚蓬	戊　五 戊　冲	壬雀七 庚傷禽
己符八 辛死心	庚天一 癸景任	丁地六 己杜輔

戊寅時

丁地四 乙傷禽	庚天九 壬杜蓬	己符二 丁景冲
壬雀三 丙生輔	戊　五 戊　心	癸蛇七 庚死任
乙陳八 辛休英	丙合一 癸開芮	辛陰六 己驚柱

陽五局乙庚日

乙酉時

庚符四 乙休柱	己蛇九 壬生冲	癸陰二 丁傷禽
丁天三 丙開心	戊　五 戊　任	辛合七 庚杜蓬
壬地八 辛驚芮	乙雀一 癸死輔	丙陳六 己景英

壬午時

庚天四 乙死蓬	己符九 壬驚心	癸蛇二 丁開任
丁地三 丙景英	戊　五 戊　芮	辛陰七 庚休輔
壬雀八 辛杜禽	乙陳一 癸傷柱	丙合六 己生冲

丙戌時

己蛇四 乙死任	癸陰九 壬驚輔	辛合二 丁開心
庚符三 丙景柱	戊　五 戊　英	丙陳七 庚休芮
丁天八 辛杜冲	壬地一 癸傷禽	乙雀六 己生蓬

癸未時

丙合四 乙杜英	乙陳九 壬景禽	壬雀二 丁死柱
辛陰三 丙傷任	戊　五 戊　蓬	丁地七 庚驚冲
癸蛇八 辛生輔	己符一 癸休心	庚天六 己開芮

丁亥時

壬地四 乙生英	丁天九 壬傷禽	庚符二 丁杜柱
乙雀三 丙休任	戊　五 戊　蓬	己蛇七 庚景冲
丙陳八 辛開輔	辛合一 癸驚心	癸陰六 己死芮

甲申時

乙雀四 乙杜輔	壬地九 壬景英	丁天二 丁死芮
丙陳三 丙傷冲	戊　五 戊　禽	庚符七 庚驚柱
辛合八 辛生任	癸陰一 癸休蓬	己蛇六 己開心

陽五局丙辛日

辛卯時

癸陰四 乙景冲	辛合九 壬死任	丙陳二 丁驚蓬
己蛇三 丙杜芮	戊　五 戊　輔	乙雀七 庚開心
庚符八 辛傷柱	丁天一 癸生英	壬地六 己休禽

戊子時

壬地四 乙景心	丁天九 壬死芮	庚符二 丁驚輔
乙雀三 丙杜禽	戊　五 戊　柱	己蛇七 庚開英
丙陳八 辛傷蓬	辛合一 癸生冲	癸陰六 己休任

壬辰時

丁天四 乙傷芮	庚符九 壬杜柱	己蛇二 丁景英
壬地三 丙生蓬	戊　五 戊　冲	癸陰七 庚死禽
乙雀八 辛休心	丙陳一 癸開任	辛合六 己驚輔

己丑時

丙陳四 乙開禽	乙雀九 壬休蓬	壬地二 丁生冲
辛合三 丙驚輔	戊　五 戊　心	丁天七 庚傷任
癸陰八 辛死英	己蛇一 癸景芮	庚符六 己杜柱

癸巳時

辛合四 乙杜蓬	丙陳九 壬景心	乙雀二 丁死任
癸陰三 丙傷英	戊　五 戊　芮	壬地七 庚驚輔
己蛇八 辛生禽	庚符一 癸休柱	丁天六 己開冲

庚寅時

乙雀四 乙驚輔	壬地九 壬開英	丁天二 丁休芮
丙陳三 丙死冲	戊　五 戊　禽	庚符七 庚生柱
辛合八 辛景任	癸陰一 癸杜蓬	己蛇六 己傷心

陽五局丙辛日

丁酉時

己地四 乙開蓬	癸天九 壬休心	辛符二 丁生任
庚雀三 丙驚英	戊　五 戊　芮	丙蛇七 庚傷輔
丁陳八 辛死禽	壬合一 癸景柱	乙陰六 己杜冲

甲午時

乙陰四 乙杜輔	壬合九 壬景英	丁陳二 丁死芮
丙蛇三 丙傷冲	戊　五 戊　禽	庚雀七 庚驚柱
辛符八 辛生任	癸天一 癸休蓬	己地六 己開心

戊戌時

己地四 乙傷柱	癸天九 壬杜冲	辛符二 丁景禽
庚雀三 丙生心	戊　五 戊　任	丙蛇七 庚死蓬
丁陳八 辛休芮	壬合一 癸開輔	乙陰六 己驚英

乙未時

辛符四 乙休任	丙蛇九 壬生輔	乙陰二 丁傷心
癸天三 丙開柱	戊　五 戊　英	壬合七 庚杜芮
己地八 辛驚冲	庚雀一 癸死禽	丁陳六 己景蓬

己亥時

丁陳四 乙生心	庚雀九 壬傷芮	己地二 丁杜輔
壬合三 丙休禽	戊　五 戊　柱	癸天七 庚景英
乙陰八 辛開蓬	丙蛇一 癸驚冲	辛符六 己死任

丙申時

丙蛇四 乙景英	乙陰九 壬死禽	壬合二 丁驚柱
辛符三 丙杜任	戊　五 戊　蓬	丁陳七 庚開冲
癸天八 辛傷輔	己地一 癸生心	庚雀六 己休芮

陽五局丁壬日

癸卯時

壬合四 乙杜芮	丁陳九 壬景柱	庚雀二 丁死英
乙陰三 丙傷蓬	戊　五 戊　冲	己地七 庚驚禽
丙蛇八 辛生心	辛符一 癸休任	癸天六 己開輔

庚子時

庚雀四 乙開禽	己地九 壬休蓬	癸天二 丁生冲
丁陳三 丙驚輔	戊　五 戊　心	辛符七 庚傷任
壬合八 辛死英	乙陰一 癸景芮	丙蛇六 己杜柱

甲辰時

乙天四 乙杜輔	壬符九 壬景英	丁蛇二 丁死芮
丙地三 丙傷冲	戊　五 戊　禽	庚陰七 庚驚柱
辛雀八 辛生任	癸陳一 癸休蓬	己合六 己開心

辛丑時

乙陰四 乙死輔	壬合九 壬驚英	丁陳二 丁開芮
丙蛇三 丙景冲	戊　五 戊　禽	庚雀七 庚休柱
辛符八 辛杜任	癸天一 癸傷蓬	己地六 己生心

乙巳時

壬符四 乙開英	丁蛇九 壬休禽	庚陰二 丁生柱
乙天三 丙驚任	戊　五 戊　蓬	己合七 庚傷冲
丙地八 辛死輔	辛雀一 癸景心	癸陳六 己杜芮

壬寅時

癸天四 乙驚冲	辛符九 壬開任	丙蛇二 丁休蓬
己地三 丙死芮	戊　五 戊　輔	乙陰七 庚生心
庚雀八 辛景柱	丁陳一 癸杜英	壬合六 己傷禽

陽五局丁壬日

己酉時

癸陳四 乙傷柱	辛雀九 壬杜冲	丙地二 丁景禽
己合三 丙生心	戊　五 戊　任	乙天七 庚死蓬
庚陰八 辛休芮	丁蛇一 癸開輔	壬符六 己驚英

丙午時

丁蛇四 乙傷蓬	庚陰九 壬杜心	己合二 丁景任
壬符三 丙生英	戊　五 戊　芮	癸陳七 庚死輔
乙天八 辛休禽	丙地一 癸開柱	辛雀六 己驚冲

庚戌時

辛雀四 乙休心	丙地九 壬生芮	乙天二 丁傷輔
癸陳三 丙開禽	戊　五 戊　柱	壬符七 庚杜英
己合八 辛驚蓬	庚陰一 癸死冲	丁蛇六 己景任

丁未時

丙地四 乙死芮	乙天九 壬驚柱	壬符二 丁開英
辛雀三 丙景蓬	戊　五 戊　冲	丁蛇七 庚休禽
癸陳八 辛杜心	己合一 癸傷任	庚陰六 己生輔

辛亥時

庚陰四 乙生禽	己合九 壬傷蓬	癸陳二 丁杜冲
丁蛇三 丙休輔	戊　五 戊　心	辛雀七 庚景任
壬符八 辛開英	乙天一 癸驚芮	丙地六 己死柱

戊申時

丙地四 乙景任	乙天九 壬死輔	壬符二 丁驚心
辛雀三 丙杜柱	戊　五 戊　英	丁蛇七 庚開芮
癸陳八 辛傷冲	己合一 癸生禽	庚陰六 己休蓬

陽五局戊癸日

乙卯時

癸符四 乙驚蓬	辛蛇九 壬開心	丙陰二 丁休任
己天三 丙死英	戊　五 戊　芮	乙合七 庚生輔
庚地八 辛景禽	丁雀一 癸杜柱	壬陳六 己傷冲

壬子時

乙天四 乙驚輔	壬符九 壬開英	丁蛇二 丁休芮
丙地三 丙死冲	戊　五 戊　禽	庚陰七 庚生柱
辛雀八 辛景任	癸陳一 癸杜蓬	己合六 己傷心

丙辰時

辛蛇四 乙生芮	丙陰九 壬傷柱	乙合二 丁杜英
癸符三 丙休蓬	戊　五 戊　冲	壬陳七 庚景禽
己天八 辛開心	庚地一 癸驚任	丁雀六 己死輔

癸丑時

己合四 乙杜冲	癸陳九 壬景任	辛雀二 丁死蓬
庚陰三 丙傷芮	戊　五 戊　輔	丙地七 庚驚心
丁蛇八 辛生柱	壬符一 癸休英	乙天六 己開禽

丁巳時

庚地四 乙休冲	己天九 壬生任	癸符二 丁傷蓬
丁雀三 丙開芮	戊　五 戊　輔	辛蛇七 庚杜心
壬陳八 辛驚柱	乙合一 癸死英	丙陰六 己景禽

甲寅時

乙合四 乙杜輔	壬陳九 壬景英	丁雀二 丁死芮
丙陰三 丙傷冲	戊　五 戊　禽	庚地七 庚驚柱
辛蛇八 辛生任	癸符一 癸休蓬	己天六 己開心

陽五局戊癸日

戊午時

庚地四 乙驚英	己天九 壬開禽	癸符二 丁休柱
丁雀三 丙死任	戊　五 戊　蓬	辛蛇七 庚生冲
壬陳八 辛景輔	乙合一 癸杜心	丙陰六 己傷芮

己未時

壬陳四 乙景任	丁雀九 壬死輔	庚地二 丁驚心
乙合三 丙杜柱	戊　五 戊　英	己天七 庚開芮
丙陰八 辛傷冲	辛蛇一 癸生禽	癸符六 己休蓬

庚申時

丁雀四 乙死柱	庚地九 壬驚冲	己天二 丁開禽
壬陳三 丙景心	戊　五 戊　任	癸符七 庚休蓬
乙合八 辛杜芮	丙陰一 癸傷輔	辛蛇六 己生英

辛酉時

丙陰四 乙傷心	乙合九 壬杜芮	壬陳二 丁景輔
辛蛇三 丙生禽	戊　五 戊　柱	丁雀七 庚死英
癸符八 辛休蓬	己天一 癸開冲	庚地六 己驚任

壬戌時

己天四 乙開禽	癸符九 壬休蓬	辛蛇二 丁生冲
庚地三 丙驚輔	戊　五 戊　心	丙陰七 庚傷任
丁雀八 辛死英	壬陳一 癸景芮	乙合六 己杜柱

癸亥時

乙合四 乙杜輔	壬陳九 壬景英	丁雀二 丁死芮
丙陰三 丙傷冲	戊　五 戊　禽	庚地七 庚驚柱
辛蛇八 辛生任	癸符一 癸休蓬	己天六 己開心

陽六局甲己日

丁卯時

壬蛇五 丙驚柱	庚陰一 辛開冲	丁合三 癸休禽
戊符四 丁死心	乙　六 乙　任	丙陳八 己生蓬
己天九 庚景芮	癸地二 壬杜輔	辛雀七 戊傷英

戊辰時

丙陳五 丙傷輔	辛雀一 辛杜英	癸地三 癸景芮
丁合四 丁生冲	乙　六 乙　禽	己天八 己死柱
庚陰九 庚休任	壬蛇二 壬開蓬	戊符七 戊驚心

己巳時

辛雀五 丙死冲	癸地一 辛驚任	己天三 癸開蓬
丙陳四 丁景芮	乙　六 乙　輔	戊符八 己休心
丁合九 庚杜柱	庚陰二 壬傷英	壬蛇七 戊生禽

甲子時

丙陳五 丙杜輔	辛雀一 辛景英	癸地三 癸死芮
丁合四 丁傷冲	乙　六 乙　禽	己天八 己驚柱
庚陰九 庚生任	壬蛇二 壬休蓬	戊符七 戊開心

乙丑時

癸地五 丙景禽	己天一 辛死蓬	戊符三 癸驚冲
辛雀四 丁杜輔	乙　六 乙　心	壬蛇八 己開任
丙陳九 庚傷英	丁合二 壬生芮	庚陰七 戊休柱

丙寅時

戊符五 丙生心	壬蛇一 辛傷芮	庚陰三 癸杜輔
己天四 丁休禽	乙　六 乙　柱	丁合八 己景英
癸地九 庚開蓬	辛雀二 壬驚冲	丙陳七 戊死任

陽六局甲己日

庚午時

庚陰五 丙休芮	丁合一 辛生柱	丙陳三 癸傷英
壬蛇四 丁開蓬	乙　六 乙　冲	辛雀八 己杜禽
戊符九 庚驚心	己天二 壬死任	癸地七 戊景輔

辛未時

己天五 丙開蓬	戊符一 辛休心	壬蛇三 癸生任
癸地四 丁驚英	乙　六 乙　芮	庚陰八 己傷輔
辛雀九 庚死禽	丙陳二 壬景柱	丁合七 戊杜冲

壬申時

丁合五 丙死英	丙陳一 辛驚禽	辛雀三 癸開柱
庚陰四 丁景任	乙　六 乙　蓬	癸地八 己休冲
壬蛇九 庚杜輔	戊符二 壬傷心	己天七 戊生芮

癸酉時

癸地五 丙杜任	己天一 辛景輔	戊符三 癸死心
辛雀四 丁傷柱	乙　六 乙　英	壬蛇八 己驚芮
丙陳九 庚生冲	丁合二 壬休禽	庚陰七 戊開蓬

甲戌時

丙雀五 丙杜輔	辛地一 辛景英	癸天三 癸死芮
丁陳四 丁傷冲	乙　六 乙　禽	己符八 己驚柱
庚合九 庚生任	壬陰二 壬休蓬	戊蛇七 戊開心

乙亥時

辛地五 丙休心	癸天一 辛生芮	己符三 癸傷輔
丙雀四 丁開禽	乙　六 乙　柱	戊蛇八 己杜英
丁陳九 庚驚蓬	庚合二 壬死冲	壬陰七 戊景任

陽六局乙庚日

己卯時

丙雀五 丙開輔	辛地一 辛休英	癸天三 癸生芮
丁陳四 丁驚冲	乙　六 乙　禽	己符八 己傷柱
庚合九 庚死任	壬陰二 壬景蓬	戊蛇七 戊杜心

丙子時

己符五 丙死柱	戊蛇一 辛驚冲	壬陰三 癸開禽
癸天四 丁景心	乙　六 乙　任	庚合八 己休蓬
辛地九 庚杜芮	丙雀二 壬傷輔	丁陳七 戊生英

庚辰時

壬陰五 丙驚冲	庚合一 辛開任	丁陳三 癸休蓬
戊蛇四 丁死芮	乙　六 乙　輔	丙雀八 己生心
己符九 庚景柱	癸天二 壬杜英	辛地七 戊傷禽

丁丑時

戊蛇五 丙生任	壬陰一 辛傷輔	庚合三 癸杜心
己符四 丁休柱	乙　六 乙　英	丁陳八 己景芮
癸天九 庚開冲	辛地二 壬驚禽	丙雀七 戊死蓬

辛巳時

癸天五 丙景芮	己符一 辛死柱	戊蛇三 癸驚英
辛地四 丁杜蓬	乙　六 乙　冲	壬陰八 己開禽
丙雀九 庚傷心	丁陳二 壬生任	庚合七 戊休輔

戊寅時

丁陳五 丙景禽	丙雀一 辛死蓬	辛地三 癸驚冲
庚合四 丁杜輔	乙　六 乙　心	癸天八 己開任
壬陰九 庚傷英	戊蛇二 壬生芮	己符七 戊休柱

陽六局乙庚日

乙酉時

戊地五 丙休柱	壬天一 辛生冲	庚符三 癸傷禽
己雀四 丁開心	乙　六 乙　任	丁蛇八 己杜蓬
癸陳九 庚驚芮	辛合二 壬死輔	丙陰七 戊景英

壬午時

庚合五 丙傷蓬	丁陳一 辛杜心	丙雀三 癸景任
壬陰四 丁生英	乙　六 乙　芮	辛地八 己死輔
戊蛇九 庚休禽	己符二 壬開柱	癸天七 戊驚冲

丙戌時

庚符五 丙景任	丁蛇一 辛死輔	丙陰三 癸驚心
壬天四 丁杜柱	乙　六 乙　英	辛合八 己開芮
戊地九 庚傷冲	己雀二 壬生禽	癸陳七 戊休蓬

癸未時

辛地五 丙杜英	癸天一 辛景禽	己符三 癸死柱
丙雀四 丁傷任	乙　六 乙　蓬	戊蛇八 己驚冲
丁陳九 庚生輔	庚合二 壬休心	壬陰七 戊開芮

丁亥時

丁蛇五 丙開英	丙陰一 辛休禽	辛合三 癸生柱
庚符四 丁驚任	乙　六 乙　蓬	癸陳八 己傷冲
壬天九 庚死輔	戊地二 壬景心	己雀七 戊杜芮

甲申時

丙陰五 丙杜輔	辛合一 辛景英	癸陳三 癸死芮
丁蛇四 丁傷冲	乙　六 乙　禽	己雀八 己驚柱
庚符九 庚生任	壬天二 壬休蓬	戊地七 戊開心

陽六局丙辛日

辛卯時

壬天五 丙死冲	庚符一 辛驚任	丁蛇三 癸開蓬
戊地四 丁景芮	乙　六 乙　輔	丙陰八 己休心
己雀九 庚杜柱	癸陳二 壬傷英	辛合七 戊生禽

戊子時

癸陳五 丙傷心	己雀一 辛杜芮	戊地三 癸景輔
辛合四 丁生禽	乙　六 乙　柱	壬天八 己死英
丙陰九 庚休蓬	丁蛇二 壬開冲	庚符七 戊驚任

壬辰時

辛合五 丙驚芮	癸陳一 辛開柱	己雀三 癸休英
丙陰四 丁死蓬	乙　六 乙　冲	戊地八 己生禽
丁蛇九 庚景心	庚符二 壬杜任	壬天七 戊傷輔

己丑時

己雀五 丙生禽	戊地一 辛傷蓬	壬天三 癸杜冲
癸陳四 丁休輔	乙　六 乙　心	庚符八 己景任
辛合九 庚開英	丙陰二 壬驚芮	丁蛇七 戊死柱

癸巳時

戊地五 丙杜蓬	壬天一 辛景心	庚符三 癸死任
己雀四 丁傷英	乙　六 乙　芮	丁蛇八 己驚輔
癸陳九 庚生禽	辛合二 壬休柱	丙陰七 戊開冲

庚寅時

丙陰五 丙開輔	辛合一 辛休英	癸陳三 癸生芮
丁蛇四 丁驚冲	乙　六 乙　禽	己雀八 己傷柱
庚符九 庚死任	壬天二 壬景蓬	戊地七 戊杜心

陽六局丙辛日

丁酉時

癸蛇五 丙死蓬	己陰一 辛驚心	戊合三 癸開任
辛符四 丁景英	乙　六 乙　芮	壬陳八 己休輔
丙天九 庚杜禽	丁地二 壬傷柱	庚雀七 戊生冲

甲午時

丙天五 丙杜輔	辛符一 辛景英	癸蛇三 癸死芮
丁地四 丁傷冲	乙　六 乙　禽	己陰八 己驚柱
庚雀九 庚生任	壬陳二 壬休蓬	戊合七 戊開心

戊戌時

壬陳五 丙景柱	庚雀一 辛死冲	丁地三 癸驚禽
戊合四 丁杜心	乙　六 乙　任	丙天八 己開蓬
己陰九 庚傷芮	癸蛇二 壬生輔	辛符七 戊休英

乙未時

丁地五 丙開任	丙天一 辛休輔	辛符三 癸生心
庚雀四 丁驚柱	乙　六 乙　英	癸蛇八 己傷芮
壬陳九 庚死冲	戊合二 壬景禽	己陰七 戊杜蓬

己亥時

庚雀五 丙傷心	丁地一 辛杜芮	丙天三 癸景輔
壬陳四 丁生禽	乙　六 乙　柱	辛符八 己死英
戊合九 庚休蓬	己陰二 壬開冲	癸蛇七 戊驚任

丙申時

辛符五 丙傷英	癸蛇一 辛杜禽	己陰三 癸景柱
丙天四 丁生任	乙　六 乙　蓬	戊合八 己死冲
丁地九 庚休輔	庚雀二 壬開心	壬陳七 戊驚芮

陽六局丁壬日

癸卯時

丁地五 丙杜芮	丙天一 辛景柱	辛符三 癸死英
庚雀四 丁傷蓬	乙　六 乙　冲	癸蛇八 己驚禽
壬陳九 庚生心	戊合二 壬休任	己陰七 戊開輔

甲辰時

丙合五 丙杜輔	辛陳一 辛景英	癸雀三 癸死芮
丁陰四 丁傷冲	乙　六 乙　禽	己地八 己驚柱
庚蛇九 庚生任	壬符二 壬休蓬	戊天七 戊開心

乙巳時

己地五 丙驚英	戊天一 辛開禽	壬符三 癸休柱
癸雀四 丁死任	乙　六 乙　蓬	庚蛇八 己生冲
辛陳九 庚景輔	丙合二 壬杜心	丁陰七 戊傷芮

庚子時

己陰五 丙休禽	戊合一 辛生蓬	壬陳三 癸傷冲
癸蛇四 丁開輔	乙　六 乙　心	庚雀八 己杜任
辛符九 庚驚英	丙天二 壬死芮	丁地七 戊景柱

辛丑時

丙天五 丙生輔	辛符一 辛傷英	癸蛇三 癸杜芮
丁地四 丁休冲	乙　六 乙　禽	己陰八 己景柱
庚雀九 庚開任	壬陳二 壬驚蓬	戊合七 戊死心

壬寅時

戊合五 丙驚冲	壬陳一 辛開任	庚雀三 癸休蓬
己陰四 丁死芮	乙　六 乙　輔	丁地八 己生心
癸蛇九 庚景柱	辛符二 壬杜英	丙天七 戊傷禽

陽六局丁壬日

己酉時

癸雀五 丙景柱	己地一 辛死冲	戊天三 癸驚禽
辛陳四 丁杜心	乙　六 乙　任	壬符八 己開蓬
丙合九 庚傷芮	丁陰二 壬生輔	庚蛇七 戊休英

庚戌時

丁陰五 丙死心	丙合一 辛驚芮	辛陳三 癸開輔
庚蛇四 丁景禽	乙　六 乙　柱	癸雀八 己休英
壬符九 庚杜蓬	戊天二 壬傷冲	己地七 戊生任

辛亥時

戊天五 丙傷禽	壬符一 辛杜蓬	庚蛇三 癸景冲
己地四 丁生輔	乙　六 乙　心	丁陰八 己死任
癸雀九 庚休英	辛陳二 壬開芮	丙合七 戊驚柱

丙午時

壬符五 丙生蓬	庚蛇一 辛傷心	丁陰三 癸杜任
戊天四 丁休英	乙　六 乙　芮	丙合八 己景輔
己地九 庚開禽	癸雀二 壬驚柱	辛陳七 戊死冲

丁未時

庚蛇五 丙休芮	丁陰一 辛生柱	丙合三 癸傷英
壬符四 丁開蓬	乙　六 乙　冲	辛陳八 己杜禽
戊天九 庚驚心	己地二 壬死任	癸雀七 戊景輔

戊申時

辛陳五 丙驚任	癸雀一 辛開輔	己地三 癸休心
丙合四 丁死柱	乙　六 乙　英	戊天八 己生芮
丁陰九 庚景冲	庚蛇二 壬杜禽	壬符七 戊傷蓬

陽六局戊癸日

乙卯時

丙地五 丙驚蓬	辛天一 辛開心	癸符三 癸休任
丁雀四 丁死英	乙　六 乙　芮	己蛇八 己生輔
庚陳九 庚景禽	壬合二 壬杜柱	戊陰七 戊傷冲

壬子時

丙合五 丙開輔	辛陳一 辛休英	癸雀三 癸生芮
丁陰四 丁驚冲	乙　六 乙　禽	己地八 己傷柱
庚蛇九 庚死任	壬符二 壬景蓬	戊天七 戊杜心

丙辰時

癸符五 丙死芮	己蛇一 辛驚柱	戊陰三 癸開英
辛天四 丁景蓬	乙　六 乙　冲	壬合八 己休禽
丙地九 庚杜心	丁雀二 壬傷任	庚陳七 戊生輔

癸丑時

己地五 丙杜冲	戊天一 辛景任	壬符三 癸死蓬
癸雀四 丁傷芮	乙　六 乙　輔	庚蛇八 己驚心
辛陳九 庚生柱	丙合二 壬休英	丁陰七 戊開禽

丁巳時

己蛇五 丙杜冲	戊陰一 辛景任	壬合三 癸死蓬
癸符四 丁傷芮	乙　六 乙　輔	庚陳八 己驚心
辛天九 庚生柱	丙地二 壬休英	丁雀七 戊開禽

甲寅時

丙地五 丙杜輔	辛天一 辛景英	癸符三 癸死芮
丁雀四 丁傷冲	乙　六 乙　禽	己蛇八 己驚柱
庚陳九 庚生任	壬合二 壬休蓬	戊陰七 戊開心

陽六局戊癸日

辛酉時

辛天五 丙景心	癸符一 辛死芮	己蛇三 癸驚輔
丙地四 丁杜禽	乙　六 乙　柱	戊陰八 己開英
丁雀九 庚傷蓬	庚陳二 壬生冲	壬合七 戊休任

戊午時

庚陳五 丙生英	丁雀一 辛傷禽	丙地三 癸杜柱
壬合四 丁休任	乙　六 乙　蓬	辛天八 己景冲
戊陰九 庚開輔	己蛇二 壬驚心	癸符七 戊死芮

壬戌時

壬合五 丙休禽	庚陳一 辛生蓬	丁雀三 癸傷冲
戊陰四 丁開輔	乙　六 乙　心	丙地八 己杜任
己蛇九 庚驚英	癸符二 壬死芮	辛天七 戊景柱

己未時

丁雀五 丙傷任	丙地一 辛杜輔	辛天三 癸景心
庚陳四 丁生柱	乙　六 乙　英	癸符八 己死芮
壬合九 庚休冲	戊陰二 壬開禽	己蛇七 戊驚蓬

癸亥時

丙地五 丙杜輔	辛天一 辛景英	癸符三 癸死芮
丁雀四 丁傷冲	乙　六 乙　禽	己蛇八 己驚柱
庚陳九 庚生任	壬合二 壬休蓬	戊陰七 戊開心

庚申時

戊陰五 丙開柱	壬合一 辛休冲	庚陳三 癸生禽
己蛇四 丁驚心	乙　六 乙　任	丁雀八 己傷蓬
癸符九 庚死芮	辛天二 壬景輔	丙地七 戊杜英

陽七局甲己日

丁卯時

戊符六 丁生柱	乙蛇二 庚傷冲	辛陰四 壬杜禽
壬天五 癸休心	丙　七 丙　任	己合九 戊景蓬
庚地一 己開芮	丁雀三 辛驚輔	癸陳八 乙死英

戊辰時

丁雀六 丁景輔	庚地二 庚死英	壬天四 壬驚芮
癸陳五 癸杜冲	丙　七 丙　禽	戊符九 戊開柱
己合一 己傷任	辛陰三 辛生蓬	乙蛇八 乙休心

己巳時

辛陰六 丁開冲	己合二 庚休任	癸陳四 壬生蓬
乙蛇五 癸驚芮	丙　七 丙　輔	丁雀九 戊傷心
戊符一 己死柱	壬天三 辛景英	庚地八 乙杜禽

甲子時

丁雀六 丁杜輔	庚地二 庚景英	壬天四 壬死芮
癸陳五 癸傷冲	丙　七 丙　禽	戊符九 戊驚柱
己合一 己生任	辛陰三 辛休蓬	乙蛇八 乙開心

乙丑時

癸陳六 丁休禽	丁雀二 庚生蓬	庚地四 壬傷冲
己合五 癸開輔	丙　七 丙　心	壬天九 戊杜任
辛陰一 己驚英	乙蛇三 辛死芮	戊符八 乙景柱

丙寅時

庚地六 丁死心	壬天二 庚驚芮	戊符四 壬開輔
丁雀五 癸景禽	丙　七 丙　柱	乙蛇九 戊休英
癸陳一 己杜蓬	己合三 辛傷冲	辛陰八 乙生任

陽七局

陽七局甲己日

癸酉時

乙蛇六 丁杜任	辛陰二 庚景輔	己合四 壬死心
戊符五 癸傷柱	丙　七 丙　英	癸陳九 戊驚芮
壬天一 己生冲	庚地三 辛休禽	丁雀八 乙開蓬

庚午時

壬天六 丁驚芮	戊符二 庚開柱	乙蛇四 壬休英
庚地五 癸死蓬	丙　七 丙　冲	辛陰九 戊生禽
丁雀一 己景心	癸陳三 辛杜任	己合八 乙傷輔

甲戌時

丁陰六 丁杜輔	庚合二 庚景英	壬陳四 壬死芮
癸蛇五 癸傷冲	丙　七 丙　禽	戊雀九 戊驚柱
己符一 己生任	辛天三 辛休蓬	乙地八 乙開心

辛未時

己合六 丁景蓬	癸陳二 庚死心	丁雀四 壬驚任
辛陰五 癸杜英	丙　七 丙　芮	庚地九 戊開輔
乙蛇一 己傷禽	戊符三 辛生柱	壬天八 乙休冲

乙亥時

壬陳六 丁休心	戊雀二 庚生芮	乙地四 壬傷輔
庚合五 癸開禽	丙　七 丙　柱	辛天九 戊杜英
丁陰一 己驚蓬	癸蛇三 辛死冲	己符八 乙景任

壬申時

庚地六 丁傷英	壬天二 庚杜禽	戊符四 壬景柱
丁雀五 癸生任	丙　七 丙　蓬	乙蛇九 戊死冲
癸陳一 己休輔	己合三 辛開心	辛陰八 乙驚芮

陽七局乙庚日

己卯時

丁陰六 丁生輔	庚合二 庚傷英	壬陳四 壬杜芮
癸蛇五 癸休冲	丙　七 丙　禽	戊雀九 戊景柱
己符一 己開任	辛天三 辛驚蓬	乙地八 乙死心

丙子時

乙地六 丁景柱	辛天二 庚死冲	己符四 壬驚禽
戊雀五 癸杜心	丙　七 丙　任	癸蛇九 戊開蓬
壬陳一 己傷芮	庚合三 辛生輔	丁陰八 乙休英

庚辰時

辛天六 丁開冲	己符二 庚休任	癸蛇四 壬生蓬
乙地五 癸驚芮	丙　七 丙　輔	丁陰九 戊傷心
戊雀一 己死柱	壬陳三 辛景英	庚合八 乙杜禽

丁丑時

己符六 丁開任	癸蛇二 庚休輔	丁陰四 壬生心
辛天五 癸驚柱	丙　七 丙　英	庚合九 戊傷芮
乙地一 己死冲	戊雀三 辛景禽	壬陳八 乙杜蓬

辛巳時

庚合六 丁死芮	壬陳二 庚驚柱	戊雀四 壬開英
丁陰五 癸景蓬	丙　七 丙　冲	乙地九 戊休禽
癸蛇一 己杜心	己符三 辛傷任	辛天八 乙生輔

戊寅時

戊雀六 丁傷禽	乙地二 庚杜蓬	辛天四 壬景冲
壬陳五 癸生輔	丙　七 丙　心	己符九 戊死任
庚合一 己休英	丁陰三 辛開芮	癸蛇八 乙驚柱

陽七局乙庚日

乙酉時

辛陳六 丁開柱	己雀二 庚休冲	癸地四 壬生禽
乙合五 癸驚心	丙　七 丙　任	丁天九 戊傷蓬
戊陰一 己死芮	壬蛇三 辛景輔	庚符八 乙杜英

壬午時

乙地六 丁驚蓬	辛天二 庚開心	己符四 壬休任
戊雀五 癸死英	丙　七 丙　芮	癸蛇九 戊生輔
壬陳一 己景禽	庚合三 辛杜柱	丁陰八 乙傷冲

丙戌時

癸地六 丁傷任	丁天二 庚杜輔	庚符四 壬景心
己雀五 癸生柱	丙　七 丙　英	壬蛇九 戊死芮
辛陳一 己休冲	乙合三 辛開禽	戊陰八 乙驚蓬

癸未時

癸蛇六 丁杜英	丁陰二 庚景禽	庚合四 壬死柱
己符五 癸傷任	丙　七 丙　蓬	壬陳九 戊驚冲
辛天一 己生輔	乙地三 辛休心	戊雀八 乙開芮

丁亥時

庚符六 丁死英	壬蛇二 庚驚禽	戊陰四 壬開柱
丁天五 癸景任	丙　七 丙　蓬	乙合九 戊休冲
癸地一 己杜輔	己雀三 辛傷心	辛陳八 乙生芮

甲申時

丁天六 丁杜輔	庚符二 庚景英	壬蛇四 壬死芮
癸地五 癸傷冲	丙　七 丙　禽	戊陰九 戊驚柱
己雀一 己生任	辛陳三 辛休蓬	乙合八 乙開心

陽七局丙辛日

辛卯時

乙合六 丁生冲	辛陳二 庚傷任	己雀四 壬杜蓬
戊陰五 癸休芮	丙　七 丙　輔	癸地九 戊景心
壬蛇一 己開柱	庚符三 辛驚英	丁天八 乙死禽

戊子時

己雀六 丁景心	癸地二 庚死芮	丁天四 壬驚輔
辛陳五 癸杜禽	丙　七 丙　柱	庚符九 戊開英
乙合一 己傷蓬	戊陰三 辛生冲	壬蛇八 乙休任

壬辰時

癸地六 丁驚芮	丁天二 庚開柱	庚符四 壬休英
己雀五 癸死蓬	丙　七 丙　冲	壬蛇九 戊生禽
辛陳一 己景心	乙合三 辛杜任	戊陰八 乙傷輔

己丑時

戊陰六 丁傷禽	乙合二 庚杜蓬	辛陳四 壬景冲
壬蛇五 癸生輔	丙　七 丙　心	己雀九 戊死任
庚符一 己休英	丁天三 辛開芮	癸地八 乙驚柱

癸巳時

壬蛇六 丁杜蓬	戊陰二 庚景心	乙合四 壬死任
庚符五 癸傷英	丙　七 丙　芮	辛陳九 戊驚輔
丁天一 己生禽	癸地三 辛休柱	己雀八 乙開冲

庚寅時

丁天六 丁休輔	庚符二 庚生英	壬蛇四 壬傷芮
癸地五 癸開冲	丙　七 丙　禽	戊陰九 戊杜柱
己雀一 己驚任	辛陳三 辛死蓬	乙合八 乙景心

陽七局丙辛日

丁酉時

辛符六 丁休蓬	己蛇二 庚生心	癸陰四 壬傷任
乙天五 癸開英	丙　七 丙　芮	丁合九 戊杜輔
戊地一 己驚禽	壬雀三 辛死柱	庚陳八 乙景冲

甲午時

丁合六 丁杜輔	庚陳二 庚景英	壬雀四 壬死芮
癸陰五 癸傷冲	丙　七 丙　禽	戊地九 戊驚柱
己蛇一 己生任	辛符三 辛休蓬	乙天八 乙開心

戊戌時

壬雀六 丁驚柱	戊地二 庚開冲	乙天四 壬休禽
庚陳五 癸死心	丙　七 丙　任	辛符九 戊生蓬
丁合一 己景芮	癸陰三 辛杜輔	己蛇八 乙傷英

乙未時

庚陳六 丁驚任	壬雀二 庚開輔	戊地四 壬休心
丁合五 癸死柱	丙　七 丙　英	乙天九 戊生芮
癸陰一 己景冲	己蛇三 辛杜禽	辛符八 乙傷蓬

己亥時

癸陰六 丁景心	丁合二 庚死芮	庚陳四 壬驚輔
己蛇五 癸杜禽	丙　七 丙　柱	壬雀九 戊開英
辛符一 己傷蓬	乙天三 辛生冲	戊地八 乙休任

丙申時

戊地六 丁生英	乙天二 庚傷禽	辛符四 壬杜柱
壬雀五 癸休任	丙　七 丙　蓬	己蛇九 戊景冲
庚陳一 己開輔	丁合三 辛驚心	癸陰八 乙死芮

陽七局丁壬日

癸卯時

己蛇六 丁杜芮	癸陰二 庚景柱	丁合四 壬死英
辛符五 癸傷蓬	丙　七 丙　冲	庚陳九 戊驚禽
乙天一 己生心	戊地三 辛休任	壬雀八 乙開輔

庚子時

乙天六 丁死禽	辛符二 庚驚蓬	己蛇四 壬開冲
戊地五 癸景輔	丙　七 丙　心	癸陰九 戊休任
壬雀一 己杜英	庚陳三 辛傷芮	丁合八 乙生柱

甲辰時

丁地六 丁杜輔	庚天二 庚景英	壬符四 壬死芮
癸雀五 癸傷冲	丙　七 丙　禽	戊蛇九 戊驚柱
己陳一 己生任	辛合三 辛休蓬	乙陰八 乙開心

辛丑時

丁合六 丁傷輔	庚陳二 庚杜英	壬雀四 壬景芮
癸陰五 癸生冲	丙　七 丙　禽	戊地九 戊死柱
己蛇一 己休任	辛符三 辛開蓬	乙天八 乙驚心

乙巳時

己陳六 丁驚英	癸雀二 庚開禽	丁地四 壬休柱
辛合五 癸死任	丙　七 丙　蓬	庚天九 戊生冲
乙陰一 己景輔	戊蛇三 辛杜心	壬符八 乙傷芮

壬寅時

戊地六 丁開冲	乙天二 庚休任	辛符四 壬生蓬
壬雀五 癸驚芮	丙　七 丙　輔	己蛇九 戊傷心
庚陳一 己死柱	丁合三 辛景英	癸陰八 乙杜禽

陽七局丁壬日

己酉時

乙陰六 丁傷柱	辛合二 庚杜冲	己陳四 壬景禽
戊蛇五 癸生心	丙　七 丙　任	癸雀九 戊死蓬
壬符一 己休芮	庚天三 辛開輔	丁地八 乙驚英

丙午時

丁地六 丁死蓬	庚天二 庚驚心	壬符四 壬開任
癸雀五 癸景英	丙　七 丙　芮	戊蛇九 戊休輔
己陳一 己杜禽	辛合三 辛傷柱	乙陰八 乙生冲

庚戌時

庚天六 丁開心	壬符二 庚休芮	戊蛇四 壬生輔
丁地五 癸驚禽	丙　七 丙　柱	乙陰九 戊傷英
癸雀一 己死蓬	己陳三 辛景冲	辛合八 乙杜任

丁未時

壬符六 丁杜芮	戊蛇二 庚景柱	乙陰四 壬死英
庚天五 癸傷蓬	丙　七 丙　冲	辛合九 戊驚禽
丁地一 己生心	癸雀三 辛休任	己陳八 乙開輔

辛亥時

辛合六 丁景禽	己陳二 庚死蓬	癸雀四 壬驚冲
乙陰五 癸杜輔	丙　七 丙　心	丁地九 戊開任
戊蛇一 己傷英	壬符三 辛生芮	庚天八 乙休柱

戊申時

癸雀六 丁生任	丁地二 庚傷輔	庚天四 壬杜心
己陳五 癸休柱	丙　七 丙　英	壬符九 戊景芮
辛合一 己開冲	乙陰三 辛驚禽	戊蛇八 乙死蓬

陽七局戊癸日

乙卯時

戊陳六 丁傷蓬	乙雀二 庚杜心	辛地四 壬景任
壬合五 癸生英	丙　七 丙　芮	己天九 戊死輔
庚陰一 己休禽	丁蛇三 辛開柱	癸符八 乙驚冲

壬子時

丁地六 丁休輔	庚天二 庚生英	壬符四 壬傷芮
癸雀五 癸開冲	丙　七 丙　禽	戊蛇九 戊杜柱
己陳一 己驚任	辛合三 辛死蓬	乙陰八 乙景心

丙辰時

辛地六 丁休芮	己天二 庚生柱	癸符四 壬傷英
乙雀五 癸開蓬	丙　七 丙　冲	丁蛇九 戊杜禽
戊陳一 己驚心	壬合三 辛死任	庚陰八 乙景輔

癸丑時

戊蛇六 丁杜冲	乙陰二 庚景任	辛合四 壬死蓬
壬符五 癸傷芮	丙　七 丙　輔	己陳九 戊驚心
庚天一 己生柱	丁地三 辛休英	癸雀八 乙開禽

丁巳時

癸符六 丁驚冲	丁蛇二 庚開任	庚陰四 壬休蓬
己天五 癸死芮	丙　七 丙　輔	壬合九 戊生心
辛地一 己景柱	乙雀三 辛杜英	戊陳八 乙傷禽

甲寅時

丁蛇六 丁杜輔	庚陰二 庚景英	壬合四 壬死芮
癸符五 癸傷冲	丙　七 丙　禽	戊陳九 戊驚柱
己天一 己生任	辛地三 辛休蓬	乙雀八 乙開心

陽七局戊癸日

辛酉時

壬合六 丁死心	戊陳二 庚驚芮	乙雀四 壬開輔
庚陰五 癸景禽	丙　七 丙　柱	辛地九 戊休英
丁蛇一 己杜蓬	癸符三 辛傷冲	己天八 乙生任

戊午時

乙雀六 丁開英	辛地二 庚休禽	己天四 壬生柱
戊陳五 癸驚任	丙　七 丙　蓬	癸符九 戊傷冲
壬合一 己死輔	庚陰三 辛景心	丁蛇八 乙杜芮

壬戌時

辛地六 丁休禽	己天二 庚生蓬	癸符四 壬傷冲
乙雀五 癸開輔	丙　七 丙　心	丁蛇九 戊杜任
戊陳一 己驚英	壬合三 辛死芮	庚陰八 乙景柱

己未時

庚陰六 丁景任	壬合二 庚死輔	戊陳四 壬驚心
丁蛇五 癸杜柱	丙　七 丙　英	乙雀九 戊開芮
癸符一 己傷冲	己天三 辛生禽	辛地八 乙休蓬

癸亥時

丁蛇六 丁杜輔	庚陰二 庚景英	壬合四 壬死芮
癸符五 癸傷冲	丙　七 丙　禽	戊陳九 戊驚柱
己天一 己生任	辛地三 辛休蓬	乙雀八 乙開心

庚申時

己天六 丁生柱	癸符二 庚傷冲	丁蛇四 壬杜禽
辛地五 癸休心	丙　七 丙　任	庚陰九 戊景蓬
乙雀一 己開芮	戊陳三 辛驚輔	壬合八 乙死英

陽八局甲己日

丁卯時

丙地七 癸開柱	庚天三 己休冲	戊符五 辛生禽
乙雀六 壬驚心	丁　八 丁　任	壬蛇一 乙傷蓬
辛陳二 戊死芮	己合四 庚景輔	癸陰九 丙杜英

戊辰時

癸陰七 癸傷輔	己合三 己杜英	辛陳五 辛景芮
壬蛇六 壬生冲	丁　八 丁　禽	乙雀一 乙死柱
戊符二 戊休任	庚天四 庚開蓬	丙地九 丙驚心

己巳時

庚天七 癸生冲	戊符三 己傷任	壬蛇五 辛杜蓬
丙地六 壬休芮	丁　八 丁　輔	癸陰一 乙景心
乙雀二 戊開柱	辛陳四 庚驚英	己合九 丙死禽

甲子時

癸陰七 癸杜輔	己合三 己景英	辛陳五 辛死芮
壬蛇六 壬傷冲	丁　八 丁　禽	乙雀一 乙驚柱
戊符二 戊生任	庚天四 庚休蓬	丙地九 丙開心

乙丑時

乙雀七 癸休禽	丙地三 己生蓬	庚天五 辛傷冲
辛陳六 壬開輔	丁　八 丁　心	戊符一 乙杜任
己合二 戊驚英	癸陰四 庚死芮	壬蛇九 丙景柱

丙寅時

辛陳七 癸景心	乙雀三 己死芮	丙地五 辛驚輔
己合六 壬杜禽	丁　八 丁　柱	庚天一 乙開英
癸陰二 戊傷蓬	壬蛇四 庚生冲	戊符九 丙休任

陽八局甲己日

癸酉時

戊符七 癸杜任	壬蛇三 己景輔	癸陰五 辛死心
庚天六 壬傷柱	丁　八 丁　英	己合一 乙驚芮
丙地二 戊生冲	乙雀四 庚休禽	辛陳九 丙開蓬

庚午時

己合七 癸開芮	辛陳三 己休柱	乙雀五 辛生英
癸陰六 壬驚蓬	丁　八 丁　冲	丙地一 乙傷禽
壬蛇二 戊死心	戊符四 庚景任	庚天九 丙杜輔

甲戌時

癸天七 癸杜輔	己符三 己景英	辛蛇五 辛死芮
壬地六 壬傷冲	丁　八 丁　禽	乙陰一 乙驚柱
戊雀二 戊生任	庚陳四 庚休蓬	丙合九 丙開心

辛未時

丙地七 癸死蓬	庚天三 己驚心	戊符五 辛開任
乙雀六 壬景英	丁　八 丁　芮	壬蛇一 乙休輔
辛陳二 戊杜禽	己合四 庚傷柱	癸陰九 丙生冲

乙亥時

戊雀七 癸開心	壬地三 己休芮	癸天五 辛生輔
庚陳六 壬驚禽	丁　八 丁　柱	己符一 乙傷英
丙合二 戊死蓬	乙陰四 庚景冲	辛蛇九 丙杜任

壬申時

壬蛇七 癸驚英	癸陰三 己開禽	己合五 辛休柱
戊符六 壬死任	丁　八 丁　蓬	辛陳一 乙生冲
庚天二 戊景輔	丙地四 庚杜心	乙雀九 丙傷芮

陽八局乙庚日

己卯時

癸天七 癸傷輔	己符三 己杜英	辛蛇五 辛景芮
壬地六 壬生冲	丁　八 丁　禽	乙陰一 乙死柱
戊雀二 戊休任	庚陳四 庚開蓬	丙合九 丙驚心

庚辰時

丙合七 癸休冲	庚陳三 己生任	戊雀五 辛傷蓬
乙陰六 壬開芮	丁　八 丁　輔	壬地一 乙杜心
辛蛇二 戊驚柱	己符四 庚死英	癸天九 丙景禽

辛巳時

壬地七 癸生芮	癸天三 己傷柱	己符五 辛杜英
戊雀六 壬休蓬	丁　八 丁　冲	辛蛇一 乙景禽
庚陳二 戊開心	丙合四 庚驚任	乙陰九 丙死輔

丙子時

庚陳七 癸傷柱	戊雀三 己杜冲	壬地五 辛景禽
丙合六 壬生心	丁　八 丁　任	癸天一 乙死蓬
乙陰二 戊休芮	辛蛇四 庚開輔	己符九 丙驚英

丁丑時

壬地七 癸死任	癸天三 己驚輔	己符五 辛開心
戊雀六 壬景柱	丁　八 丁　英	辛蛇一 乙休芮
庚陳二 戊杜冲	丙合四 庚傷禽	乙陰九 丙生蓬

戊寅時

乙陰七 癸景禽	丙合三 己死蓬	庚陳五 辛驚冲
辛蛇六 壬杜輔	丁　八 丁　心	戊雀一 乙開任
己符二 戊傷英	癸天四 庚生芮	壬地九 丙休柱

陽八局乙庚日

乙酉時

辛雀七 癸驚柱	乙地三 己開冲	丙天五 辛休禽
己陳六 壬死心	丁　八 丁　任	庚符一 乙生蓬
癸合二 戊景芮	壬陰四 庚杜輔	戊蛇九 丙傷英

壬午時

辛蛇七 癸驚蓬	乙陰三 己開心	丙合五 辛休任
己符六 壬死英	丁　八 丁　芮	庚陳一 乙生輔
癸天二 戊景禽	壬地四 庚杜柱	戊雀九 丙傷冲

丙戌時

己陳七 癸生任	辛雀三 己傷輔	乙地五 辛杜心
癸合六 壬休柱	丁　八 丁　英	丙天一 乙景芮
壬陰二 戊開冲	戊蛇四 庚驚禽	庚符九 丙死蓬

癸未時

己符七 癸杜英	辛蛇三 己景禽	乙陰五 辛死柱
癸天六 壬傷任	丁　八 丁　蓬	丙合一 乙驚冲
壬地二 戊生輔	戊雀四 庚休心	庚陳九 丙開芮

丁亥時

乙地七 癸休英	丙天三 己生禽	庚符五 辛傷柱
辛雀六 壬開任	丁　八 丁　蓬	戊蛇一 乙杜冲
己陳二 戊驚輔	癸合四 庚死心	壬陰九 丙景芮

甲申時

癸合七 癸杜輔	己陳三 己景英	辛雀五 辛死芮
壬陰六 壬傷冲	丁　八 丁　禽	乙地一 乙驚柱
戊蛇二 戊生任	庚符四 庚休蓬	丙天九 丙開心

陽八局丙辛日

辛卯時

乙地七 癸傷冲	丙天三 己杜任	庚符五 辛景蓬
辛雀六 壬生芮	丁　八 丁　輔	戊蛇一 乙死心
己陳二 戊休柱	癸合四 庚開英	壬陰九 丙驚禽

戊子時

壬陰七 癸驚心	癸合三 己開芮	己陳五 辛休輔
戊蛇六 壬死禽	丁　八 丁　柱	辛雀一 乙生英
庚符二 戊景蓬	丙天四 庚杜冲	乙地九 丙傷任

壬辰時

戊蛇七 癸開芮	壬陰三 己休柱	癸合五 辛生英
庚符六 壬驚蓬	丁　八 丁　冲	己陳一 乙傷禽
丙天二 戊死心	乙地四 庚景任	辛雀九 丙杜輔

己丑時

丙天七 癸景禽	庚符三 己死蓬	戊蛇五 辛驚冲
乙地六 壬杜輔	丁　八 丁　心	壬陰一 乙開任
辛雀二 戊傷英	己陳四 庚生芮	癸合九 丙休柱

癸巳時

庚符七 癸杜蓬	戊蛇三 己景心	壬陰五 辛死任
丙天六 壬傷英	丁　八 丁　芮	癸合一 乙驚輔
乙地二 戊生禽	辛雀四 庚休柱	己陳九 丙開冲

庚寅時

癸合七 癸死輔	己陳三 己驚英	辛雀五 辛開芮
壬陰六 壬景冲	丁　八 丁　禽	乙地一 乙休柱
戊蛇二 戊杜任	庚符四 庚傷蓬	丙天九 丙生心

陽八局丙辛日

丁酉時

癸地七 癸杜蓬	己天三 己景心	辛符五 辛死任
壬雀六 壬傷英	丁　八 丁　芮	乙蛇一 乙驚輔
戊陳二 戊生禽	庚合四 庚休柱	丙陰九 丙開冲

甲午時

癸地七 癸杜輔	己天三 己景英	辛符五 辛死芮
壬雀六 壬傷冲	丁　八 丁　禽	乙蛇一 乙驚柱
戊陳二 戊生任	庚合四 庚休蓬	丙陰九 丙開心

戊戌時

丙陰七 癸生柱	庚合三 己傷冲	戊陳五 辛杜禽
乙蛇六 壬休心	丁　八 丁　任	壬雀一 乙景蓬
辛符二 戊開芮	己天四 庚驚輔	癸地九 丙死英

乙未時

壬雀七 癸驚任	癸地三 己開輔	己天五 辛休心
戊陳六 壬死柱	丁　八 丁　英	辛符一 乙生芮
庚合二 戊景冲	丙陰四 庚杜禽	乙蛇九 丙傷蓬

己亥時

己天七 癸傷心	辛符三 己杜芮	乙蛇五 辛景輔
癸地六 壬生禽	丁　八 丁　柱	丙陰一 乙死英
壬雀二 戊休蓬	戊陳四 庚開冲	庚合九 丙驚任

丙申時

戊陳七 癸死英	壬雀三 己驚禽	癸地五 辛開柱
庚合六 壬景任	丁　八 丁　蓬	己天一 乙休冲
丙陰二 戊杜輔	乙蛇四 庚傷心	辛符九 丙生芮

陽八局丁壬日

癸卯時

辛符七 癸杜芮	乙蛇三 己景柱	丙陰五 辛死英
己天六 壬傷蓬	丁　八 丁　冲	庚合一 乙驚禽
癸地二 戊生心	壬雀四 庚休任	戊陳九 丙開輔

甲辰時

癸蛇七 癸杜輔	己陰三 己景英	辛合五 辛死芮
壬符六 壬傷冲	丁　八 丁　禽	乙陳一 乙驚柱
戊天二 戊生任	庚地四 庚休蓬	丙雀九 丙開心

乙巳時

丙雀七 癸傷英	庚地三 己杜禽	戊天五 辛景柱
乙陳六 壬生任	丁　八 丁　蓬	壬符一 乙死冲
辛合二 戊休輔	己陰四 庚開心	癸蛇九 丙驚芮

庚子時

庚合七 癸開禽	戊陳三 己休蓬	壬雀五 辛生冲
丙陰六 壬驚輔	丁　八 丁　心	癸地一 乙傷任
乙蛇二 戊死英	辛符四 庚景芮	己天九 丙杜柱

辛丑時

癸地七 癸景輔	己天三 己死英	辛符五 辛驚芮
壬雀六 壬杜冲	丁　八 丁　禽	乙蛇一 乙開柱
戊陳二 戊傷任	庚合四 庚生蓬	丙陰九 丙休心

壬寅時

乙蛇七 癸休冲	丙陰三 己生任	庚合五 辛傷蓬
辛符六 壬開芮	丁　八 丁　輔	戊陳一 乙杜心
己天二 戊驚柱	癸地四 庚死英	壬雀九 丙景禽

陽八局丁壬日

己酉時

戊天七 癸景柱	壬符三 己死冲	癸蛇五 辛驚禽
庚地六 壬杜心	丁　八 丁　任	己陰一 乙開蓬
丙雀二 戊傷芮	乙陳四 庚生輔	辛合九 丙休英

丙午時

乙陳七 癸休蓬	丙雀三 己生心	庚地五 辛傷任
辛合六 壬開英	丁　八 丁　芮	戊天一 乙杜輔
己陰二 戊驚禽	癸蛇四 庚死柱	壬符九 丙景冲

庚戌時

辛合七 癸生心	乙陳三 己傷芮	丙雀五 辛杜輔
己陰六 壬休禽	丁　八 丁　柱	庚地一 乙景英
癸蛇二 戊開蓬	壬符四 庚驚冲	戊天九 丙死任

丁未時

庚地七 癸驚芮	戊天三 己開柱	壬符五 辛休英
丙雀六 壬死蓬	丁　八 丁　冲	癸蛇一 乙生禽
乙陳二 戊景心	辛合四 庚杜任	己陰九 丙傷輔

辛亥時

庚地七 癸死禽	戊天三 己驚蓬	壬符五 辛開冲
丙雀六 壬景輔	丁　八 丁　心	癸蛇一 乙休任
乙陳二 戊杜英	辛合四 庚傷芮	己陰九 丙生柱

戊申時

己陰七 癸開任	辛合三 己休輔	乙陳五 辛生心
癸蛇六 壬驚柱	丁　八 丁　英	丙雀一 乙傷芮
壬符二 戊死冲	戊天四 庚景禽	庚地九 丙杜蓬

陽八局戊癸日

乙卯時

庚雀七 癸生蓬	戊地三 己傷心	壬天五 辛杜任
丙陳六 壬休英	丁　八 丁　芮	癸符一 乙景輔
乙合二 戊開禽	辛陰四 庚驚柱	己蛇九 丙死冲

壬子時

癸蛇七 癸休輔	己陰三 己生英	辛合五 辛傷芮
壬符六 壬開冲	丁　八 丁　禽	乙陳一 乙杜柱
戊天二 戊驚任	庚地四 庚死蓬	丙雀九 丙景心

丙辰時

丙陳七 癸開芮	庚雀三 己休柱	戊地五 辛生英
乙合六 壬驚蓬	丁　八 丁　冲	壬天一 乙傷禽
辛陰二 戊死心	己蛇四 庚景任	癸符九 丙杜輔

癸丑時

壬符七 癸杜冲	癸蛇三 己景任	己陰五 辛死蓬
戊天六 壬傷芮	丁　八 丁　輔	辛合一 乙驚心
庚地二 戊生柱	丙雀四 庚休英	乙陳九 丙開禽

丁巳時

戊地七 癸休冲	壬天三 己生任	癸符五 辛傷蓬
庚雀六 壬開芮	丁　八 丁　輔	己蛇一 乙杜心
丙陳二 戊驚柱	乙合四 庚死英	辛陰九 丙景禽

甲寅時

癸符七 癸杜輔	己蛇三 己景英	辛陰五 辛死芮
壬天六 壬傷冲	丁　八 丁　禽	乙合一 乙驚柱
戊地二 戊生任	庚雀四 庚休蓬	丙陳九 丙開心

陽八局戊癸日

辛酉時

戊地七 癸生心	壬天三 己傷芮	癸符五 辛杜輔
庚雀六 壬休禽	丁　八 丁　柱	己蛇一 乙景英
丙陳二 戊開蓬	乙合四 庚驚冲	辛陰九 丙死任

戊午時

辛陰七 癸死英	乙合三 己驚禽	丙陳五 辛開柱
己蛇六 壬景任	丁　八 丁　蓬	庚雀一 乙休冲
癸符二 戊杜輔	壬天四 庚傷心	戊地九 丙生芮

壬戌時

己蛇七 癸景禽	辛陰三 己死蓬	乙合五 辛驚冲
癸符六 壬杜輔	丁　八 丁　心	丙陳一 乙開任
壬天二 戊傷英	戊地四 庚生芮	庚雀九 丙休柱

己未時

壬天七 癸傷任	癸符三 己杜輔	己蛇五 辛景心
戊地六 壬生柱	丁　八 丁　英	辛陰一 乙死芮
庚雀二 戊休冲	丙陳四 庚開禽	乙合九 丙驚蓬

癸亥時

癸符七 癸杜輔	己蛇三 己景英	辛陰五 辛死芮
壬天六 壬傷冲	丁　八 丁　禽	乙合一 乙驚柱
戊地二 戊生任	庚雀四 庚休蓬	丙陳九 丙開心

庚申時

乙合七 癸驚柱	丙陳三 己開冲	庚雀五 辛休禽
辛陰六 壬死心	丁　八 丁　任	戊地一 乙生蓬
己蛇二 戊景芮	癸符四 庚杜輔	壬天九 丙傷英

陽九局甲己日

丁卯時

己陳八 壬死柱	乙雀四 戊驚冲	辛地六 庚開禽
丁合七 辛景心	癸　九 癸　任	壬天二 丙休蓬
丙陰三 乙杜芮	庚蛇五 己傷輔	戊符一 丁生英

戊辰時

壬天八 壬景輔	戊符四 戊死英	庚蛇六 庚驚芮
辛地七 辛杜冲	癸　九 癸　禽	丙陰二 丙開柱
乙雀三 乙傷任	己陳五 己生蓬	丁合一 丁休心

己巳時

丁合八 壬傷冲	己陳四 戊杜任	乙雀六 庚景蓬
丙陰七 辛生芮	癸　九 癸　輔	辛地二 丙死心
庚蛇三 乙休柱	戊符五 己開英	壬天一 丁驚禽

甲子時

壬天八 壬杜輔	戊符四 戊景英	庚蛇六 庚死芮
辛地七 辛傷冲	癸　九 癸　禽	丙陰二 丙驚柱
乙雀三 乙生任	己陳五 己休蓬	丁合一 丁開心

乙丑時

丙陰八 壬開禽	丁合四 戊休蓬	己陳六 庚生冲
庚蛇七 辛驚輔	癸　九 癸　心	乙雀二 丙傷任
戊符三 乙死英	壬天五 己景芮	辛地一 丁杜柱

丙寅時

乙雀八 壬傷心	辛地四 戊杜芮	壬天六 庚景輔
己陳七 辛生禽	癸　九 癸　柱	戊符二 丙死英
丁合三 乙休蓬	丙陰五 己開冲	庚蛇一 丁驚任

陽九局甲己日

癸酉時

辛地八 壬杜任	壬天四 戊景輔	戊符六 庚死心
乙雀七 辛傷柱	癸　九 癸　英	庚蛇二 丙驚芮
己陳三 乙生冲	丁合五 己休禽	丙陰一 丁開蓬

甲戌時

壬合八 壬杜輔	戊陳四 戊景英	庚雀六 庚死芮
辛陰七 辛傷冲	癸　九 癸　禽	丙地二 丙驚柱
乙蛇三 乙生任	己符五 己休蓬	丁天一 丁開心

乙亥時

辛陰八 壬驚心	壬合四 戊開芮	戊陳六 庚休輔
乙蛇七 辛死禽	癸　九 癸　柱	庚雀二 丙生英
己符三 乙景蓬	丁天五 己杜冲	丙地一 丁傷任

庚午時

辛地八 壬休芮	壬天四 戊生柱	戊符六 庚傷英
乙雀七 辛開蓬	癸　九 癸　冲	庚蛇二 丙杜禽
己陳三 乙驚心	丁合五 己死任	丙陰一 丁景輔

辛未時

庚蛇八 壬生蓬	丙陰四 戊傷心	丁合六 庚杜任
戊符七 辛休英	癸　九 癸　芮	己陳二 丙景輔
壬天三 乙開禽	辛地五 己驚柱	乙雀一 丁死冲

壬申時

戊符八 壬驚英	庚蛇四 戊開禽	丙陰六 庚休柱
壬天七 辛死任	癸　九 癸　蓬	丁合二 丙生冲
辛地三 乙景輔	乙雀五 己杜心	己陳一 丁傷芮

陽九局乙庚日

己卯時

壬合八 壬景輔	戊陳四 戊死英	庚雀六 庚驚芮
辛陰七 辛杜冲	癸　九 癸　禽	丙地二 丙開柱
乙蛇三 乙傷任	己符五 己生蓬	丁天一 丁休心

丙子時

庚雀八 壬生柱	丙地四 戊傷冲	丁天六 庚杜禽
戊陳七 辛休心	癸　九 癸　任	己符二 丙景蓬
壬合三 乙開芮	辛陰五 己驚輔	乙蛇一 丁死英

庚辰時

丙地八 壬死冲	丁天四 戊驚任	己符六 庚開蓬
庚雀七 辛景芮	癸　九 癸　輔	乙蛇二 丙休心
戊陳三 乙杜柱	壬合五 己傷英	辛陰一 丁生禽

丁丑時

戊陳八 壬休任	庚雀四 戊生輔	丙地六 庚傷心
壬合七 辛開柱	癸　九 癸　英	丁天二 丙杜芮
辛陰三 乙驚冲	乙蛇五 己死禽	己符一 丁景蓬

辛巳時

乙蛇八 壬傷芮	辛陰四 戊杜柱	壬合六 庚景英
己符七 辛生蓬	癸　九 癸　冲	戊陳二 丙死禽
丁天三 乙休心	丙地五 己開任	庚雀一 丁驚輔

戊寅時

丁天八 壬驚禽	己符四 戊開蓬	乙蛇六 庚休冲
丙地七 辛死輔	癸　九 癸　心	辛陰二 丙生任
庚雀三 乙景英	戊陳五 己杜芮	壬合一 丁傷柱

陽九局乙庚日

乙酉時

丁陰八 壬驚柱	己合四 戊開冲	乙陳六 庚休禽
丙蛇七 辛死心	癸　九 癸　任	辛雀二 丙生蓬
庚符三 乙景芮	戊天五 己杜輔	壬地一 丁傷英

壬午時

己符八 壬開蓬	乙蛇四 戊休心	辛陰六 庚生任
丁天七 辛驚英	癸　九 癸　芮	壬合二 丙傷輔
丙地三 乙死禽	庚雀五 己景柱	戊陳一 丁杜冲

丙戌時

辛雀八 壬死任	壬地四 戊驚輔	戊天六 庚開心
乙陳七 辛景柱	癸　九 癸　英	庚符二 丙休芮
己合三 乙杜冲	丁陰五 己傷禽	丙蛇一 丁生蓬

癸未時

丙地八 壬杜英	丁天四 戊景禽	己符六 庚死柱
庚雀七 辛傷任	癸　九 癸　蓬	乙蛇二 丙驚冲
戊陳三 乙生輔	壬合五 己休心	辛陰一 丁開芮

丁亥時

乙陳八 壬杜英	辛雀四 戊景禽	壬地六 庚死柱
己合七 辛傷任	癸　九 癸　蓬	戊天二 丙驚冲
丁陰三 乙生輔	丙蛇五 己休心	庚符一 丁開芮

甲申時

壬地八 壬杜輔	戊天四 戊景英	庚符六 庚死芮
辛雀七 辛傷冲	癸　九 癸　禽	丙蛇二 丙驚柱
乙陳三 乙生任	己合五 己休蓬	丁陰一 丁開心

陽九局丙辛日

辛卯時

丙蛇八 壬景冲	丁陰四 戊死任	己合六 庚驚蓬
庚符七 辛杜芮	癸　九 癸　輔	乙陳二 丙開心
戊天三 乙傷柱	壬地五 己生英	辛雀一 丁休禽

戊子時

戊天八 壬生心	庚符四 戊傷芮	丙蛇六 庚杜輔
壬地七 辛休禽	癸　九 癸　柱	丁陰二 丙景英
辛雀三 乙開蓬	乙陳五 己驚冲	己合一 丁死任

壬辰時

庚符八 壬休芮	丙蛇四 戊生柱	丁陰六 庚傷英
戊天七 辛開蓬	癸　九 癸　冲	己合二 丙杜禽
壬地三 乙驚心	辛雀五 己死任	乙陳一 丁景輔

己丑時

己合八 壬傷禽	乙陳四 戊杜蓬	辛雀六 庚景冲
丁陰七 辛生輔	癸　九 癸　心	壬地二 丙死任
丙蛇三 乙休英	庚符五 己開芮	戊天一 丁驚柱

癸巳時

壬地八 壬杜蓬	戊天四 戊景心	庚符六 庚死任
辛雀七 辛傷英	癸　九 癸　芮	丙蛇二 丙驚輔
乙陳三 乙生禽	己合五 己休柱	丁陰一 丁開冲

庚寅時

壬地八 壬開輔	戊天四 戊休英	庚符六 庚生芮
辛雀七 辛驚冲	癸　九 癸　禽	丙蛇二 丙傷柱
乙陳三 乙死任	己合五 己景蓬	丁陰一 丁杜心

陽九局丙辛日

丁酉時

丙陳八 壬驚蓬	丁雀四 戊開心	己地六 庚休任
庚合七 辛死英	癸　九 癸　芮	乙天二 丙生輔
戊陰三 乙景禽	壬蛇五 己杜柱	辛符一 丁傷冲

戊戌時

乙天八 壬開柱	辛符四 戊休冲	壬蛇六 庚生禽
己地七 辛驚心	癸　九 癸　任	戊陰二 丙傷蓬
丁雀三 乙死芮	丙陳五 己景輔	庚合一 丁杜英

己亥時

庚合八 壬景心	丙陳四 戊死芮	丁雀六 庚驚輔
戊陰七 辛杜禽	癸　九 癸　柱	己地二 丙開英
壬蛇三 乙傷蓬	辛符五 己生冲	乙天一 丁休任

甲午時

壬蛇八 壬杜輔	戊陰四 戊景英	庚合六 庚死芮
辛符七 辛傷冲	癸　九 癸　禽	丙陳二 丙驚柱
乙天三 乙生任	己地五 己休蓬	丁雀一 丁開心

乙未時

戊陰八 壬傷任	庚合四 戊杜輔	丙陳六 庚景心
壬蛇七 辛生柱	癸　九 癸　英	丁雀二 丙死芮
辛符三 乙休冲	乙天五 己開禽	己地一 丁驚蓬

丙申時

丁雀八 壬休英	己地四 戊生禽	乙天六 庚傷柱
丙陳七 辛開任	癸　九 癸　蓬	辛符二 丙杜冲
庚合三 乙驚輔	戊陰五 己死心	壬蛇一 丁景芮

陽九局丁壬日

癸卯時

己地八 壬杜芮	乙天四 戊景柱	辛符六 庚死英
丁雀七 辛傷蓬	癸　九 癸　冲	壬蛇二 丙驚禽
丙陳三 乙生心	庚合五 己休任	戊陰一 丁開輔

庚子時

己地八 壬生禽	乙天四 戊傷蓬	辛符六 庚杜冲
丁雀七 辛休輔	癸　九 癸　心	壬蛇二 丙景任
丙陳三 乙開英	庚合五 己驚芮	戊陰一 丁死柱

甲辰時

壬符八 壬杜輔	戊蛇四 戊景英	庚陰六 庚死芮
辛天七 辛傷冲	癸　九 癸　禽	丙合二 丙驚柱
乙地三 乙生任	己雀五 己休蓬	丁陳一 丁開心

辛丑時

壬蛇八 壬死輔	戊陰四 戊驚英	庚合六 庚開芮
辛符七 辛景冲	癸　九 癸　禽	丙陳二 丙休柱
乙天三 乙杜任	己地五 己傷蓬	丁雀一 丁生心

乙巳時

庚陰八 壬生英	丙合四 戊傷禽	丁陳六 庚杜柱
戊蛇七 辛休任	癸　九 癸　蓬	己雀二 丙景冲
壬符三 乙開輔	辛天五 己驚心	乙地一 丁死芮

壬寅時

辛符八 壬休冲	壬蛇四 戊生任	戊陰六 庚傷蓬
乙天七 辛開芮	癸　九 癸　輔	庚合二 丙杜心
己地三 乙驚柱	丁雀五 己死英	丙陳一 丁景禽

陽九局丁壬日

己酉時

丙合八 壬傷柱	丁陳四 戊杜冲	己雀六 庚景禽
庚陰七 辛生心	癸　九 癸　任	乙地二 丙死蓬
戊蛇三 乙休芮	壬符五 己開輔	辛天一 丁驚英

丙午時

己雀八 壬開蓬	乙地四 戊休心	辛天六 庚生任
丁陳七 辛驚英	癸　九 癸　芮	壬符二 丙傷輔
丙合三 乙死禽	庚陰五 己景柱	戊蛇一 丁杜冲

庚戌時

乙地八 壬驚心	辛天四 戊開芮	壬符六 庚休輔
己雀七 辛死禽	癸　九 癸　柱	戊蛇二 丙生英
丁陳三 乙景蓬	丙合五 己杜冲	庚陰一 丁傷任

丁未時

丁陳八 壬休芮	己雀四 戊生柱	乙地六 庚傷英
丙合七 辛開蓬	癸　九 癸　冲	辛天二 丙杜禽
庚陰三 乙驚心	戊蛇五 己死任	壬符一 丁景輔

辛亥時

戊蛇八 壬生禽	庚陰四 戊傷蓬	丙合六 庚杜冲
壬符七 辛休輔	癸　九 癸　心	丁陳二 丙景任
辛天三 乙開英	乙地五 己驚芮	己雀一 丁死柱

戊申時

辛天八 壬死任	壬符四 戊驚輔	戊蛇六 庚開心
乙地七 辛景柱	癸　九 癸　英	庚陰二 丙休芮
己雀三 乙杜冲	丁陳五 己傷禽	丙合一 丁生蓬

陽九局戊癸日

乙卯時

丁陰八 壬生蓬	己合四 戊傷心	乙陳六 庚杜任
丙蛇七 辛休英	癸　九 癸　芮	辛雀二 丙景輔
庚符三 乙開禽	戊天五 己驚柱	壬地一 丁死冲

丙辰時

辛雀八 壬傷芮	壬地四 戊杜柱	戊天六 庚景英
乙陳七 辛生蓬	癸　九 癸　冲	庚符二 丙死禽
己合三 乙休心	丁陰五 己開任	丙蛇一 丁驚輔

丁巳時

乙陳八 壬開冲	辛雀四 戊休任	壬地六 庚生蓬
己合七 辛驚芮	癸　九 癸　輔	戊天二 丙傷心
丁陰三 乙死柱	丙蛇五 己景英	庚符一 丁杜禽

壬子時

壬符八 壬景輔	戊蛇四 戊死英	庚陰六 庚驚芮
辛天七 辛杜冲	癸　九 癸　禽	丙合二 丙開柱
乙地三 乙傷任	己雀五 己生蓬	丁陳一 丁休心

癸丑時

乙地八 壬杜冲	辛天四 戊景任	壬符六 庚死蓬
己雀七 辛傷芮	癸　九 癸　輔	戊蛇二 丙驚心
丁陳三 乙生柱	丙合五 己休英	庚陰一 丁開禽

甲寅時

壬地八 壬杜輔	戊天四 戊景英	庚符六 庚死芮
辛雀七 辛傷冲	癸　九 癸　禽	丙蛇二 丙驚柱
乙陳三 乙生任	己合五 己休蓬	丁陰一 丁開心

陽九局戊癸日

辛酉時

丙蛇八 壬驚心	丁陰四 戊開芮	己合六 庚休輔
庚符七 辛死禽	癸　九 癸　柱	乙陳二 丙生英
戊天三 乙景蓬	壬地五 己杜冲	辛雀一 丁傷任

壬戌時

庚符八 壬死禽	丙蛇四 戊驚蓬	丁陰六 庚開冲
戊天七 辛景輔	癸　九 癸　心	己合二 丙休任
壬地三 乙杜英	辛雀五 己傷芮	乙陳一 丁生柱

癸亥時

壬地八 壬杜輔	戊天四 戊景英	庚符六 庚死芮
辛雀七 辛傷冲	癸　九 癸　禽	丙蛇二 丙驚柱
乙陳三 乙生任	己合五 己休蓬	丁陰一 丁開心

戊午時

戊天八 壬景英	庚符四 戊死禽	丙蛇六 庚驚柱
壬地七 辛杜任	癸　九 癸　蓬	丁陰二 丙開冲
辛雀三 乙傷輔	乙陳五 己生心	己合一 丁休芮

己未時

己合八 壬休任	乙陳四 戊生輔	辛雀六 庚傷心
丁陰七 辛開柱	癸　九 癸　英	壬地二 丙杜芮
丙蛇三 乙驚冲	庚符五 己死禽	戊天一 丁景蓬

庚申時

壬地八 壬杜柱	戊天四 戊景冲	庚符六 庚死禽
辛雀七 辛傷心	癸　九 癸　任	丙蛇二 丙驚蓬
乙陳三 乙生芮	己合五 己休輔	丁陰一 丁開英

陰九局甲己日

甲子時

癸蛇八 癸杜輔	戊符四 戊景英	丙天六 丙死芮
丁陰七 丁傷冲	壬　九 壬　禽	庚地二 庚驚柱
己合三 己生任	乙陳五 乙休蓬	辛雀一 辛開心

乙丑時

辛雀八 癸驚冲	乙陳四 戊開任	己合六 丙休蓬
庚地七 丁死芮	壬　九 壬　輔	丁陰二 庚生心
丙天三 己景柱	戊符五 乙杜英	癸蛇一 辛傷禽

丙寅時

丁陰八 癸生芮	癸蛇四 戊傷柱	戊符六 丙杜英
己合七 丁休蓬	壬　九 壬　冲	丙天二 庚景禽
乙陳三 己開心	辛雀五 乙驚任	庚地一 辛死輔

丁卯時

丙天八 癸休蓬	庚地四 戊生心	辛雀六 丙傷任
戊符七 丁開英	壬　九 壬　芮	乙陳二 庚杜輔
癸蛇三 己驚禽	丁陰五 乙死柱	己合一 辛景冲

戊辰時

癸蛇八 癸傷輔	戊符四 戊杜英	丙天六 丙景芮
丁陰七 丁生冲	壬　九 壬　禽	庚地二 庚死柱
己合三 己休任	乙陳五 乙開蓬	辛雀一 辛驚心

己巳時

庚地八 癸景禽	辛雀四 戊死蓬	乙陳六 丙驚冲
丙天七 丁杜輔	壬　九 壬　心	己合二 庚開任
戊符三 己傷英	癸蛇五 乙生芮	丁陰一 辛休柱

陰九局

陰九局

陰九局甲己日

癸酉時

戊符八 癸杜英	丙天四 戊景禽	庚地六 丙死柱
癸蛇七 丁傷任	壬　九 壬　蓬	辛雀二 庚驚冲
丁陰三 己生輔	己合五 乙休心	乙陳一 辛開芮

庚午時

己合八 癸死心	丁陰四 戊驚芮	癸蛇六 丙開輔
乙陳七 丁景禽	壬　九 壬　柱	戊符二 庚休英
辛雀三 己杜蓬	庚地五 乙傷冲	丙天一 辛生任

甲戌時

癸地八 癸杜輔	戊雀四 戊景英	丙陳六 丙死芮
丁天七 丁傷冲	壬　九 壬　禽	庚合二 庚驚柱
己符三 己生任	乙蛇五 乙休蓬	辛陰一 辛開心

辛未時

乙陳八 癸傷柱	己合四 戊杜冲	丁陰六 丙景禽
辛雀七 丁生心	壬　九 壬　任	癸蛇二 庚死蓬
庚地三 己休芮	丙天五 乙開輔	戊符一 辛驚英

乙亥時

戊雀八 癸驚芮	丙陳四 戊開柱	庚合六 丙休英
癸地七 丁死蓬	壬　九 壬　冲	辛陰二 庚生禽
丁天三 己景心	己符五 乙杜任	乙蛇一 辛傷輔

壬申時

丁陰八 癸開任	癸蛇四 戊休輔	戊符六 丙生心
己合七 丁驚柱	壬　九 壬　英	丙天二 庚傷芮
乙陳三 己死冲	辛雀五 乙景禽	庚地一 辛杜蓬

陰九局乙庚日

己卯時

癸地八 癸傷輔	戊雀四 戊杜英	丙陳六 丙景芮
丁天七 丁生沖	壬　九 壬　禽	庚合二 庚死柱
己符三 己休任	乙蛇五 乙開蓬	辛陰一 辛驚心

庚辰時

庚合八 癸開禽	辛陰四 戊休蓬	乙蛇六 丙生沖
丙陳七 丁驚輔	壬　九 壬　心	己符二 庚傷任
戊雀三 己死英	癸地五 乙景芮	丁天一 辛杜柱

辛巳時

丙陳八 癸景心	庚合四 戊死芮	辛陰六 丙驚輔
戊雀七 丁杜禽	壬　九 壬　柱	乙蛇二 庚開英
癸地三 己傷蓬	丁天五 乙生沖	己符一 辛休任

丙子時

辛陰八 癸死蓬	乙蛇四 戊驚心	己符六 丙開任
庚合七 丁景英	壬　九 壬　芮	丁天二 庚休輔
丙陳三 己杜禽	戊雀五 乙傷柱	癸地一 辛生沖

丁丑時

丁天八 癸開英	癸地四 戊休禽	戊雀六 丙生柱
己符七 丁驚任	壬　九 壬　蓬	丙陳二 庚傷沖
乙蛇三 己死輔	辛陰五 乙景心	庚合一 辛杜芮

戊寅時

乙蛇八 癸生沖	己符四 戊傷任	丁天六 丙杜蓬
辛陰七 丁休芮	壬　九 壬　輔	癸地二 庚景心
庚合三 己開柱	丙陳五 乙驚英	戊雀一 辛死禽

陰九局乙庚日

乙酉時

己雀八 癸傷蓬	丁陳四 戊杜心	癸合六 丙景任
乙地七 丁生英	壬　九 壬　芮	戊陰二 庚死輔
辛天三 己休禽	庚符五 乙開柱	丙蛇一 辛驚冲

壬午時

辛陰八 癸休柱	乙蛇四 戊生冲	己符六 丙傷禽
庚合七 丁開心	壬　九 壬　任	丁天二 庚杜蓬
丙陳三 己驚芮	戊雀五 乙死輔	癸地一 辛景英

丙戌時

戊陰八 癸景英	丙蛇四 戊死禽	庚符六 丙驚柱
癸合七 丁杜任	壬　九 壬　蓬	辛天二 庚開冲
丁陳三 己傷輔	己雀五 乙生心	乙地一 辛休芮

癸未時

己符八 癸杜任	丁天四 戊景輔	癸地六 丙死心
乙蛇七 丁傷柱	壬　九 壬　英	戊雀三 庚驚芮
辛陰三 己生冲	庚合五 乙休禽	丙陳一 辛開蓬

丁亥時

辛天八 癸驚任	乙地四 戊開輔	己雀六 丙休心
庚符七 丁死柱	壬　九 壬　英	丁陳二 庚生芮
丙蛇三 己景冲	戊陰五 乙杜禽	癸合一 辛傷蓬

甲申時

癸合八 癸杜輔	戊陰四 戊景英	丙蛇六 丙死芮
丁陳七 丁傷冲	壬　天 壬　禽	庚符二 庚驚柱
己雀三 己生任	乙地五 乙休蓬	辛天一 辛開心

陰九局

陰九局丙辛日

辛卯時

丁陳八 癸死禽	癸合四 戊驚蓬	戊陰六 丙開冲
己雀七 丁景輔	壬　九 壬　心	丙蛇二 庚休任
乙地三 己杜英	辛天五 乙傷芮	庚符一 辛生柱

壬辰時

戊陰八 癸休心	丙蛇四 戊生芮	庚符六 丙傷輔
癸合七 丁開禽	壬　九 壬　柱	辛天二 庚杜英
丁陳三 己驚蓬	己雀五 乙死冲	乙地一 辛景任

癸巳時

庚符八 癸杜柱	辛天四 戊景冲	乙地六 丙死禽
丙蛇七 丁傷心	壬　九 壬　任	己雀二 庚驚蓬
戊陰三 己生芮	癸合五 乙休輔	丁陳一 辛開英

戊子時

丙蛇八 癸開芮	庚符四 戊休柱	辛天六 丙生英
戊陰七 丁驚蓬	壬　九 壬　冲	乙地二 庚傷禽
癸合三 己死心	丁陳五 乙景任	己雀一 辛杜輔

己丑時

乙地八 癸景冲	己雀四 戊死任	丁陳六 丙驚蓬
辛天七 丁杜芮	壬　九 壬　輔	癸合二 庚開心
庚符三 己傷柱	丙蛇五 乙生英	戊陰一 辛休禽

庚寅時

癸合八 癸生輔	戊陰四 戊傷英	丙蛇六 丙杜芮
丁陳七 丁休冲	壬　九 壬　禽	庚符二 庚景柱
己雀三 己開任	乙地五 乙驚蓬	辛天一 辛死心

陰九局丙辛日

丁酉時

乙天八 癸休柱	己地四 戊生冲	丁雀六 丙傷禽
辛符七 丁開心	壬　九 壬　任	癸陳二 庚杜蓬
庚蛇三 己驚芮	丙陰五 乙死輔	戊合一 辛景英

戊戌時

庚蛇八 癸死蓬	辛符四 戊驚心	乙天六 丙開任
丙陰七 丁景英	壬　九 壬　芮	己地二 庚休輔
戊合三 己杜禽	癸陳五 乙傷柱	丁雀一 辛生冲

己亥時

己地八 癸傷芮	丁雀四 戊杜柱	癸陳六 丙景英
乙天七 丁生蓬	壬　九 壬　冲	戊合二 庚死禽
辛符三 己休心	庚蛇五 乙開任	丙陰一 辛驚輔

甲午時

癸陳八 癸杜輔	戊合四 戊景英	丙陰六 丙死芮
丁雀六 丁傷冲	壬　壬 壬　禽	庚蛇二 庚驚柱
己地三 己生任	乙天五 乙休蓬	辛符一 辛開心

乙未時

丁雀八 癸死英	癸陳四 戊驚禽	戊合六 丙開柱
己地七 丁景任	壬　九 壬　蓬	丙陰二 庚休冲
乙天三 己杜輔	辛符五 乙傷心	庚蛇一 辛生芮

丙申時

丙陰八 癸開任	庚蛇四 戊休輔	辛符六 丙生心
戊合七 丁驚柱	壬　九 壬　英	乙天二 庚傷芮
癸陳三 己死冲	丁雀五 乙景禽	己地一 辛杜蓬

陰九局丁壬日

癸卯時

辛符八 癸杜心	乙天四 戊景芮	己地六 丙死輔
庚蛇七 丁傷禽	壬　九 壬　柱	丁雀二 庚驚英
丙陰三 己生蓬	戊合五 乙休冲	癸陳一 辛開任

甲辰時

癸陰八 癸杜輔	戊蛇四 戊景英	丙符六 丙死芮
丁合七 丁傷冲	壬　九 壬　禽	庚天二 庚驚柱
己陳三 己生任	乙雀五 乙休蓬	辛地一 辛開心

乙巳時

乙雀八 癸死任	己陳四 戊驚輔	丁合六 丙開心
辛地七 丁景柱	壬　九 壬　英	癸陰二 庚休芮
庚天三 己杜冲	丙符五 乙傷禽	戊蛇一 辛生蓬

庚子時

戊合八 癸驚冲	丙陰四 戊開任	庚蛇六 丙休蓬
癸陳七 丁死芮	壬　九 壬　輔	辛符二 庚生心
丁雀三 己景柱	己地五 乙杜英	乙天一 辛傷禽

辛丑時

癸陳八 癸生輔	戊合四 戊傷英	丙陰六 丙杜芮
丁雀七 丁休冲	壬　九 壬　禽	庚蛇二 庚景柱
己地三 己開任	乙天五 乙驚蓬	辛符一 辛死心

壬寅時

丙陰八 癸景禽	庚蛇四 戊死蓬	辛符六 丙驚冲
戊合七 丁杜輔	壬　九 壬　心	乙天二 庚開任
癸陳三 己傷英	丁雀五 乙生芮	己地一 辛休柱

陰九局丁壬日

己酉時

辛地八 癸景蓬	乙雀四 戊死心	己陳六 丙驚任
庚天七 丁杜英	壬　九 壬　芮	丁合二 庚開輔
丙符三 己傷禽	戊蛇五 乙生柱	癸陰一 辛休冲

丙午時

癸陰八 癸驚柱	戊蛇四 戊開冲	丙符六 丙休禽
丁合七 丁死心	壬　九 壬　任	庚天二 庚生蓬
己陳三 己景芮	乙雀五 乙杜輔	辛地一 辛傷英

庚戌時

丁合八 癸開芮	癸陰四 戊休柱	戊蛇六 丙生英
己陳七 丁驚蓬	壬　九 壬　冲	丙符二 庚傷禽
乙雀三 己死心	辛地五 乙景任	庚天一 辛杜輔

丁未時

庚天八 癸杜心	辛地四 戊景芮	乙雀六 丙死輔
丙符七 丁傷禽	壬　九 壬　柱	己陳二 庚驚英
戊蛇三 己生蓬	癸陰五 乙休冲	丁合一 辛開任

辛亥時

己陳八 癸傷冲	丁合四 戊杜任	癸陰六 丙景蓬
乙雀七 丁生芮	壬　九 壬　輔	戊蛇二 庚死心
辛地三 己休柱	庚天五 乙開英	丙符一 辛驚禽

戊申時

戊蛇八 癸休英	丙符四 戊生禽	庚天六 丙傷柱
癸陰七 丁開任	壬　九 壬　蓬	辛地二 庚杜冲
丁合三 己驚輔	己陳五 乙死心	乙雀一 辛景芮

陰九局戊癸日

乙卯時

庚雀八 癸景柱	辛陳四 戊死冲	乙合六 丙驚禽
丙地七 丁杜心	壬　九 壬　任	己陰二 庚開蓬
戊天三 己傷芮	癸符五 乙生輔	丁蛇一 辛休英

丙辰時

己陰八 癸生心	丁蛇四 戊傷芮	癸符六 丙杜輔
乙合七 丁休禽	壬　九 壬　柱	戊天二 庚景英
辛陳三 己開蓬	庚雀五 乙驚冲	丙地一 辛死任

丁巳時

戊天八 癸驚禽	丙地四 戊開蓬	庚雀六 丙休冲
癸符七 丁死輔	壬　九 壬　心	辛陳二 庚生任
丁蛇三 己景英	己陰五 乙杜芮	乙合一 辛傷柱

壬子時

癸陰八 癸生輔	戊蛇四 戊傷英	丙符六 丙杜芮
丁合七 丁休冲	壬　九 壬　禽	庚天二 庚景柱
己陳三 己開任	乙雀五 乙驚蓬	辛地一 辛死心

癸丑時

丙符八 癸杜禽	庚天四 戊景蓬	辛地六 丙死冲
戊蛇七 丁傷輔	壬　九 壬　心	乙雀二 庚驚任
癸陰三 己生英	丁合五 乙休芮	己陳一 辛開柱

甲寅時

癸符八 癸杜輔	戊天四 戊景英	丙地六 丙死芮
丁蛇七 丁傷冲	壬　九 壬　禽	庚雀二 庚驚柱
己陰三 己生任	乙合五 乙休蓬	辛陳一 辛開心

陰九局戊癸日

辛酉時

辛陳八 癸開芮	乙合四 戊休柱	己陰六 丙生英
庚雀七 丁驚蓬	壬　九 壬　冲	丁蛇二 庚傷禽
丙地三 己死心	戊天五 乙景任	癸符一 辛杜輔

戊午時

丁蛇八 癸傷任	癸符四 戊杜輔	戊天六 丙景心
己陰七 丁生柱	壬　九 壬　英	丙地二 庚死芮
乙合三 己休冲	辛陳五 乙開禽	庚雀一 辛驚蓬

壬戌時

己陰八 癸生冲	丁蛇四 戊傷任	癸符六 丙杜蓬
乙合七 丁休芮	壬　九 壬　輔	戊天二 庚景心
辛陳三 己開柱	庚雀五 乙驚英	丙地一 辛死禽

己未時

丙地八 癸死英	庚雀四 戊驚禽	辛陳六 丙開柱
戊天七 丁景任	壬　九 壬　蓬	乙合二 庚休冲
癸符三 己杜輔	丁蛇五 乙傷心	己陰一 辛生芮

癸亥時

癸符八 癸杜輔	戊天四 戊景英	丙地六 丙死芮
丁蛇七 丁傷冲	壬　九 壬　禽	庚雀二 庚驚柱
己陰三 己生任	乙合五 乙休蓬	辛陳一 辛開心

庚申時

乙合八 癸休蓬	己陰四 戊生心	丁蛇六 丙傷任
辛陳七 丁開英	壬　九 壬　芮	癸符二 庚杜輔
庚雀三 己驚禽	丙地五 乙死柱	戊天一 辛景冲

陰八局甲己日

丁卯時

庚陰七 壬開蓬	丙蛇三 乙休心	戊符五 丁生任
己合六 癸驚英	辛　八 辛　芮	癸天一 己傷輔
丁陳二 戊死禽	乙雀四 丙景柱	壬地九 庚杜冲

甲子時

壬地七 壬杜輔	乙雀三 乙景英	丁陳五 丁死芮
癸天六 癸傷冲	辛　八 辛　禽	己合一 己驚柱
戊符二 戊生任	丙蛇四 丙休蓬	庚陰九 庚開心

戊辰時

壬地七 壬生輔	乙雀三 乙傷英	丁陳五 丁杜芮
癸天六 癸休冲	辛　八 辛　禽	己合一 己景柱
戊符二 戊開任	丙蛇四 丙驚蓬	庚陰九 庚死心

乙丑時

丙蛇七 壬驚冲	戊符三 乙開任	癸天五 丁休蓬
庚陰六 癸死芮	辛　八 辛　輔	壬地一 己生心
己合二 戊景柱	丁陳四 丙杜英	乙雀九 庚傷禽

己巳時

己合七 壬傷禽	庚陰三 乙杜蓬	丙蛇五 丁景冲
丁陳六 癸生輔	辛　八 辛　心	戊符一 己死任
乙雀二 戊休英	壬地四 丙開芮	癸天九 庚驚柱

丙寅時

乙雀七 壬死芮	丁陳三 乙驚柱	己合五 丁開英
壬地六 癸景蓬	辛　八 辛　冲	庚陰一 己休禽
癸天二 戊杜心	戊符四 丙傷任	丙蛇九 庚生輔

陰八局甲己日

庚午時

丁陳七 壬開心	己合三 乙休芮	庚陰五 丁生輔
乙雀六 癸驚禽	辛　八 辛　柱	丙蛇一 己傷英
壬地二 戊死蓬	癸天四 丙景冲	戊符九 庚杜任

辛未時

庚陰七 壬景柱	丙蛇三 乙死冲	戊符五 丁驚禽
己合六 癸杜心	辛　八 辛　任	癸天一 己開蓬
丁陳二 戊傷芮	乙雀四 丙生輔	壬地九 庚休英

壬申時

戊符七 壬休任	癸天三 乙生輔	壬地五 丁傷心
丙蛇六 癸開柱	辛　八 辛　英	乙雀一 己杜芮
庚陰二 戊驚冲	己合四 丙死禽	丁陳九 庚景蓬

癸酉時

癸天七 壬杜英	壬地三 乙景禽	乙雀五 丁死柱
戊符六 癸傷任	辛　八 辛　蓬	丁陳一 己驚冲
丙蛇二 戊生輔	庚陰四 丙休心	己合九 庚開芮

甲戌時

壬合七 壬杜輔	乙陰三 乙景英	丁蛇五 丁死芮
癸陳六 癸傷冲	辛　八 辛　禽	己符一 己驚柱
戊雀二 戊生任	丙地四 丙休蓬	庚天九 庚開心

乙亥時

丁蛇七 壬傷芮	己符三 乙杜柱	庚天五 丁景英
乙陰六 癸生蓬	辛　八 辛　冲	丙地一 己死禽
壬合二 戊休心	癸陳四 丙開任	戊雀九 庚驚輔

陰八局乙庚日

己卯時

壬合七 壬景輔	乙陰三 乙死英	丁蛇五 丁驚芮
癸陳六 癸杜冲	辛　八 辛　禽	己符一 己開柱
戊雀二 戊傷任	丙地四 丙生蓬	庚天九 庚休心

丙子時

戊雀七 壬景蓬	癸陳三 乙死心	壬合五 丁驚任
丙地六 癸杜英	辛　八 辛　芮	乙陰一 己開輔
庚天二 戊傷禽	己符四 丙生柱	丁蛇九 庚休冲

庚辰時

癸陳七 壬生禽	壬合三 乙傷蓬	乙陰五 丁杜冲
戊雀六 癸休輔	辛　八 辛　心	丁蛇一 己景任
丙地二 戊開英	庚天四 丙驚芮	己符九 庚死柱

丁丑時

乙陰七 壬驚英	丁蛇三 乙開禽	己符五 丁休柱
壬合六 癸死任	辛　八 辛　蓬	庚天一 己生冲
癸陳二 戊景輔	戊雀四 丙杜心	丙地九 庚傷芮

辛巳時

乙陰七 壬死心	丁蛇三 乙驚芮	己符五 丁開輔
壬合六 癸景禽	辛　八 辛　柱	庚天一 己休英
癸陳二 戊杜蓬	戊雀四 丙傷冲	丙地九 庚生任

戊寅時

丙地七 壬開冲	戊雀三 乙休任	癸陳五 丁生蓬
庚天六 癸驚芮	辛　八 辛　輔	壬合一 己傷心
己符二 戊死柱	丁蛇四 丙景英	乙陰九 庚杜禽

陰八局乙庚日

乙酉時

己蛇七 壬死蓬	庚符三 乙驚心	丙天五 丁開任
丁陰六 癸景英	辛　八 辛　芮	戊地一 己休輔
乙合二 戊杜禽	壬陳四 丙傷柱	癸雀九 庚生冲

壬午時

己符七 壬休柱	庚天三 乙生冲	丙地五 丁傷禽
丁蛇六 癸開心	辛　八 辛　任	戊雀一 己杜蓬
乙陰二 戊驚芮	壬合四 丙死輔	癸陳九 庚景英

丙戌時

癸雀七 壬開英	壬陳三 乙休禽	乙合五 丁生柱
戊地六 癸驚任	辛　八 辛　蓬	丁陰一 己傷冲
丙天二 戊死輔	庚符四 丙景心	己蛇九 庚杜芮

癸未時

庚天七 壬杜任	丙地三 乙景輔	戊雀五 丁死心
己符六 癸傷柱	辛　八 辛　英	癸陳一 己驚芮
丁蛇二 戊生冲	乙陰四 丙休禽	壬合九 庚開蓬

丁亥時

丁陰七 壬休任	己蛇三 乙生輔	庚符五 丁傷心
乙合六 癸開柱	辛　八 辛　英	丙天一 己杜芮
壬陳二 戊驚冲	癸雀四 丙死禽	戊地九 庚景蓬

甲申時

壬陳七 壬杜輔	乙合三 乙景英	丁陰五 丁死芮
癸雀六 癸傷冲	辛　八 辛　禽	己蛇一 己驚柱
戊地二 戊生任	丙天四 丙休蓬	庚符九 庚開心

陰八局丙辛日

辛卯時

丁陰七 壬生禽	己蛇三 乙傷蓬	庚符五 丁杜冲
乙合六 癸休輔	辛　八 辛　心	丙天一 己景任
壬陳二 戊開英	癸雀四 丙驚芮	戊地九 庚死柱

戊子時

戊地七 壬死芮	癸雀三 乙驚柱	壬陳五 丁開英
丙天六 癸景蓬	辛　八 辛　冲	乙合一 己休禽
庚符二 戊杜心	己蛇四 丙傷任	丁陰九 庚生輔

壬辰時

庚符七 壬景心	丙天三 乙死芮	戊地五 丁驚輔
己蛇六 癸杜禽	辛　八 辛　柱	癸雀一 己開英
丁陰二 戊傷蓬	乙合四 丙生冲	壬陳九 庚休任

己丑時

乙合七 壬傷冲	丁陰三 乙杜任	己蛇五 丁景蓬
壬陳六 癸生芮	辛　八 辛　輔	庚符一 己死心
癸雀二 戊休柱	戊地四 丙開英	丙天九 庚驚禽

癸巳時

丙天七 壬杜柱	戊地三 乙景冲	癸雀五 丁死禽
庚符六 癸傷心	辛　八 辛　任	壬陳一 己驚蓬
己蛇二 戊生芮	丁陰四 丙休輔	乙合九 庚開英

庚寅時

壬陳七 壬驚輔	乙合三 乙開英	丁陰五 丁休芮
癸雀六 癸死冲	辛　八 辛　禽	己蛇一 己生柱
戊地二 戊景任	丙天四 丙杜蓬	庚符九 庚傷心

陰八局丙辛日

丁酉時

壬陰七 壬杜柱	乙蛇三 乙景冲	丁符五 丁死禽
癸合六 癸傷心	辛　八 辛　任	己天一 己驚蓬
戊陳二 戊生芮	丙雀四 丙休輔	庚地九 庚開英

甲午時

壬陰七 壬杜輔	乙蛇三 乙景英	丁符五 丁死芮
癸合六 癸傷冲	辛　八 辛　禽	己天一 己驚柱
戊陳二 戊生任	丙雀四 丙休蓬	庚地九 庚開心

戊戌時

庚地七 壬休蓬	丙雀三 乙生心	戊陳五 丁傷任
己天六 癸開英	辛　八 辛　芮	癸合一 己杜輔
丁符二 戊驚禽	乙蛇四 丙死柱	壬陰九 庚景冲

乙未時

乙蛇七 壬死英	丁符三 乙驚禽	己天五 丁開柱
壬陰六 癸景任	辛　八 辛　蓬	庚地一 己休冲
癸合二 戊杜輔	戊陳四 丙傷心	丙雀九 庚生芮

己亥時

癸合七 壬景芮	壬陰三 乙死柱	乙蛇五 丁驚英
戊陳六 癸杜蓬	辛　八 辛　冲	丁符一 己開禽
丙雀二 戊傷心	庚地四 丙生任	己天九 庚休輔

丙申時

丙雀七 壬驚任	戊陳三 乙開輔	癸合五 丁休心
庚地六 癸死柱	辛　八 辛　英	壬陰一 己生芮
己天二 戊景冲	丁符四 丙杜禽	乙蛇九 庚傷蓬

陰八局

陰八局丁壬日

癸卯時

己天七 壬杜心	庚地三 乙景芮	丙雀五 丁死輔
丁符六 癸傷禽	辛　八 辛　柱	戊陳一 己驚英
乙蛇二 戊生蓬	壬陰四 丙休冲	癸合九 庚開任

庚子時

戊陳七 壬開冲	癸合三 乙休任	壬陰五 丁生蓬
丙雀六 癸驚芮	辛　八 辛　輔	乙蛇一 己傷心
庚地二 戊死柱	己天四 丙景英	丁符九 庚杜禽

甲辰時

壬符七 壬杜輔	乙天三 乙景英	丁地五 丁死芮
癸蛇六 癸傷冲	辛　八 辛　禽	己雀一 己驚柱
戊陰二 戊生任	丙合四 丙休蓬	庚陳九 庚開心

辛丑時

壬陰七 壬傷輔	乙蛇三 乙杜英	丁符五 丁景芮
癸合六 癸生冲	辛　八 辛　禽	己天一 己死柱
戊陳二 戊休任	丙雀四 丙開蓬	庚地九 庚驚心

乙巳時

癸蛇七 壬景任	壬符三 乙死輔	乙天五 丁驚心
戊陰六 癸杜柱	辛　八 辛　英	丁地一 己開芮
丙合二 戊傷冲	庚陳四 丙生禽	己雀九 庚休蓬

壬寅時

丁符七 壬生禽	己天三 乙傷蓬	庚地五 丁杜冲
乙蛇六 癸休輔	辛　八 辛　心	丙雀一 己景任
壬陰二 戊開英	癸合四 丙驚芮	戊陳九 庚死柱

陰八局丁壬日

己酉時

丙合七 壬死蓬	戊陰三 乙驚心	癸蛇五 丁開任
庚陳六 癸景英	辛　八 辛　芮	壬符一 己休輔
己雀二 戊杜禽	丁地四 丙傷柱	乙天九 庚生冲

丙午時

己雀七 壬生柱	庚陳三 乙傷冲	丙合五 丁杜禽
丁地六 癸休心	辛　八 辛　任	戊陰一 己景蓬
乙天二 戊開芮	壬符四 丙驚輔	癸蛇九 庚死英

庚戌時

庚陳七 壬休芮	丙合三 乙生柱	戊陰五 丁傷英
己雀六 癸開蓬	辛　八 辛　冲	癸蛇一 己杜禽
丁地二 戊驚心	乙天四 丙死任	壬符九 庚景輔

丁未時

戊陰七 壬驚心	癸蛇三 乙開芮	壬符五 丁休輔
丙合六 癸死禽	辛　八 辛　柱	乙天一 己生英
庚陳二 戊景蓬	己雀四 丙杜冲	丁地九 庚傷任

辛亥時

戊陰七 壬開冲	癸蛇三 乙休任	壬符五 丁生蓬
丙合六 癸驚芮	辛　八 辛　輔	乙天一 己傷心
庚陳二 戊死柱	乙雀四 丙景英	丁地九 庚杜禽

戊申時

丁地七 壬傷英	己雀三 乙杜禽	庚陳五 丁景柱
乙天六 癸生任	辛　八 辛　蓬	丙合一 己死冲
壬符二 戊休輔	癸蛇四 丙開心	戊陰九 庚驚芮

陰八局

陰八局戊癸日

乙卯時

戊蛇七 壬休柱	癸符三 乙生冲	壬天五 丁傷禽
丙陰六 癸開心	辛　八 辛　任	乙地一 己杜蓬
庚合二 戊驚芮	己陳四 丙死輔	丁雀九 庚景英

壬子時

壬符七 壬生輔	乙天三 乙傷英	丁地五 丁杜芮
癸蛇六 癸休冲	辛　八 辛　禽	己雀一 己景柱
戊陰二 戊開任	丙合四 丙驚蓬	庚陳九 庚死心

丙辰時

丁雀七 壬死心	己陳三 乙驚芮	庚合五 丁開輔
乙地六 癸景禽	辛　八 辛　柱	丙陰一 己休英
壬天二 戊杜蓬	癸符四 丙傷冲	戊蛇九 庚生任

癸丑時

乙天七 壬杜禽	丁地三 乙景蓬	己雀五 丁死冲
壬符六 癸傷輔	辛　八 辛　心	庚陳一 己驚任
癸蛇二 戊生英	戊陰四 丙休芮	丙合九 庚開柱

丁巳時

丙陰七 壬生禽	戊蛇三 乙傷蓬	癸符五 丁杜冲
庚合六 癸休輔	辛　八 辛　心	壬天一 己景任
己陳二 戊開英	丁雀四 丙驚芮	乙地九 庚死柱

甲寅時

壬天七 壬杜輔	乙地三 乙景英	丁雀五 丁死芮
癸符六 癸傷冲	辛　八 辛　禽	己陳一 己驚柱
戊蛇二 戊生任	丙陰四 丙休蓬	庚合九 庚開心

陰八局戊癸日

辛酉時

丙陰七 壬休芮	戊蛇三 乙生柱	癸符五 丁傷英
庚合六 癸開蓬	辛　八 辛　冲	壬天一 己杜禽
己陳二 戊驚心	丁雀四 丙死任	乙地九 庚景輔

戊午時

乙地七 壬景任	丁雀三 乙死輔	己陳五 丁驚心
壬天六 癸杜柱	辛　八 辛　英	庚合一 己開芮
癸符二 戊傷冲	戊蛇四 丙生禽	丙陰九 庚休蓬

壬戌時

癸符七 壬傷冲	壬天三 乙杜任	乙地五 丁景蓬
戊蛇六 癸生芮	辛　八 辛　輔	丁雀一 己死心
丙陰二 戊休柱	庚合四 丙開英	己陳九 庚驚禽

己未時

庚合七 壬開英	丙陰三 乙休禽	戊蛇五 丁生柱
己陳六 癸驚任	辛　八 辛　蓬	癸符一 己傷冲
丁雀二 戊死輔	乙地四 丙景心	壬天九 庚杜芮

癸亥時

壬天七 壬杜輔	乙地三 乙景英	丁雀五 丁死芮
癸符六 癸傷冲	辛　八 辛　禽	己陳一 己驚柱
戊蛇二 戊生任	丙陰四 丙休蓬	庚合九 庚開心

庚申時

己陳七 壬驚蓬	庚合三 乙開心	丙陰五 丁休任
丁雀六 癸死英	辛　八 辛　芮	戊蛇一 己生輔
乙地二 戊　景 禽	壬天四 丙杜柱	癸符九 庚傷冲

陰七局甲己日

甲子時

辛合六 辛杜輔	丙陰二 丙景英	癸蛇四 癸死芮
壬陳五 壬傷冲	庚　七 庚　禽	戊符九 戊驚柱
乙雀一 乙生任	丁地三 丁休蓬	己天八 己開心

乙丑時

丁地六 辛傷冲	乙雀二 丙杜任	壬陳四 癸景蓬
己天五 壬生芮	庚　七 庚　輔	辛合九 戊死心
戊符一 乙休柱	癸蛇三 丁開英	丙陰八 己驚禽

丙寅時

癸蛇六 辛景芮	戊符二 丙死柱	己天四 癸驚英
丙陰五 壬杜蓬	庚　七 庚　冲	丁地九 戊開禽
辛合一 乙傷心	壬陳三 丁生任	乙雀八 己休輔

丁卯時

乙雀六 辛驚蓬	壬陳二 丙開心	辛合四 癸休任
丁地五 壬死英	庚　七 庚　芮	丙陰九 戊生輔
己天一 乙景禽	戊符三 丁杜柱	癸蛇八 己傷冲

戊辰時

辛合六 辛開輔	丙陰二 丙休英	癸蛇四 癸生芮
壬陳五 壬驚冲	庚　七 庚　禽	戊符九 戊傷柱
乙雀一 乙死任	丁地三 丁景蓬	己天八 己杜心

己巳時

壬陳六 辛景禽	辛合二 丙死蓬	丙陰四 癸驚冲
乙雀五 壬杜輔	庚　七 庚　心	癸蛇九 戊開任
丁地一 乙傷英	己天三 丁生芮	戊符八 己休柱

陰七局甲己日

癸酉時

丙陰六 辛杜英	癸蛇二 丙景禽	戊符四 癸死柱
辛合五 壬傷任	庚　七 庚　蓬	己天九 戊驚冲
壬陳一 乙生輔	乙雀三 丁休心	丁地八 己開芮

庚午時

丙陰六 辛生心	癸蛇二 丙傷芮	戊符四 癸杜輔
辛合五 壬休禽	庚　七 庚　柱	己天九 戊景英
壬陳一 乙開蓬	乙雀三 丁驚冲	丁地八 己死任

甲戌時

辛陳六 辛杜輔	丙合二 丙景英	癸陰四 癸死芮
壬雀五 壬傷冲	庚　七 庚　禽	戊蛇九 戊驚柱
乙地一 乙生任	丁天三 丁休蓬	己符八 己開心

辛未時

戊符六 辛死柱	己天二 丙驚冲	丁地四 癸開禽
癸蛇五 壬景心	庚　七 庚　任	乙雀九 戊休蓬
丙陰一 乙杜芮	辛合三 丁傷輔	壬陳八 己生英

乙亥時

乙地六 辛死芮	壬雀二 丙驚柱	辛陳四 癸開英
丁天五 壬景蓬	庚　七 庚　冲	丙合九 戊休禽
己符一 乙杜心	戊蛇三 丁傷任	癸陰八 己生輔

壬申時

己天六 辛休任	丁地二 丙生輔	乙雀四 癸傷心
戊符五 壬開柱	庚　七 庚　英	壬陳九 戊杜芮
癸蛇一 乙驚冲	丙陰三 丁死禽	辛合八 己景蓬

陰七局乙庚日

己卯時

辛陳六 辛傷輔	丙合二 丙杜英	癸陰四 癸景芮
壬雀五 壬生冲	庚　七 庚　禽	戊蛇九 戊死柱
乙地一 乙休任	丁天三 丁開蓬	己符八 己驚心

丙子時

戊蛇六 辛開蓬	己符二 丙休心	丁天四 癸生任
癸陰五 壬驚英	庚　七 庚　芮	乙地九 戊傷輔
丙合一 乙死禽	辛陳三 丁景柱	壬雀八 己杜冲

庚辰時

癸陰六 辛驚禽	戊蛇二 丙開蓬	己符四 癸休冲
丙合五 壬死輔	庚　七 庚　心	丁天九 戊生任
辛陳一 乙景英	壬雀三 丁杜芮	乙地八 己傷柱

丁丑時

壬雀六 辛休英	辛陳二 丙生禽	丙合四 癸傷柱
乙地五 壬開任	庚　七 庚　蓬	癸陰九 戊杜冲
丁天一 乙驚輔	己符三 丁死心	戊蛇八 己景芮

辛巳時

己符六 辛生心	丁天二 丙傷芮	乙地四 癸杜輔
戊蛇五 壬休禽	庚　七 庚　柱	壬雀九 戊景英
癸陰一 乙開蓬	丙合三 丁驚冲	辛陳八 己死任

戊寅時

丙合六 辛死冲	癸陰二 丙驚任	戊蛇四 癸開蓬
辛陳五 壬景芮	庚　七 庚　輔	己符九 戊休心
壬雀一 乙杜柱	乙地三 丁傷英	丁天八 己生禽

陰七局乙庚日

乙酉時

<table>
<tr><td>己地六
辛死蓬</td><td>丁雀二
丙驚心</td><td>乙陳四
癸開任</td></tr>
<tr><td>戊天五
壬景英</td><td>庚　七
庚　芮</td><td>壬合九
戊休輔</td></tr>
<tr><td>癸符一
乙杜禽</td><td>丙蛇三
丁傷柱</td><td>辛陰八
己生冲</td></tr>
</table>

壬午時

<table>
<tr><td>丁天六
辛景柱</td><td>乙地二
丙死冲</td><td>壬雀四
癸驚禽</td></tr>
<tr><td>己符五
壬杜心</td><td>庚　七
庚　任</td><td>辛陳九
戊開蓬</td></tr>
<tr><td>戊蛇一
乙傷芮</td><td>癸陰三
丁生輔</td><td>丙合八
己休英</td></tr>
</table>

丙戌時

<table>
<tr><td>丙蛇六
辛驚英</td><td>癸符二
丙開禽</td><td>戊天四
癸休柱</td></tr>
<tr><td>辛陰五
壬死任</td><td>庚　七
庚　蓬</td><td>己地九
戊生冲</td></tr>
<tr><td>壬合一
乙景輔</td><td>乙陳三
丁杜心</td><td>丁雀八
己傷芮</td></tr>
</table>

癸未時

<table>
<tr><td>癸陰六
辛杜任</td><td>戊蛇二
丙景輔</td><td>己符四
癸死心</td></tr>
<tr><td>丙合五
壬傷柱</td><td>庚　七
庚　英</td><td>丁天九
戊驚芮</td></tr>
<tr><td>辛陳一
乙生冲</td><td>壬雀三
丁休禽</td><td>乙地八
己開蓬</td></tr>
</table>

丁亥時

<table>
<tr><td>丁雀六
辛杜任</td><td>乙陳二
丙景輔</td><td>壬合四
癸死心</td></tr>
<tr><td>己地五
壬傷柱</td><td>庚　七
庚　英</td><td>辛陰九
戊驚芮</td></tr>
<tr><td>戊天一
乙生冲</td><td>癸符三
丁休禽</td><td>丙蛇八
己開蓬</td></tr>
</table>

甲申時

<table>
<tr><td>辛陰六
辛杜輔</td><td>丙蛇二
丙景英</td><td>癸符四
癸死芮</td></tr>
<tr><td>壬合五
壬傷冲</td><td>庚　七
庚　禽</td><td>戊天九
戊驚柱</td></tr>
<tr><td>乙陳一
乙生任</td><td>丁雀三
丁休蓬</td><td>己地八
己開心</td></tr>
</table>

陰七局丙辛日

辛卯時

癸符六 辛傷禽	戊天二 丙杜蓬	己地四 癸景冲
丙蛇五 壬生輔	庚　七 庚　心	丁雀九 戊死任
辛陰一 乙休英	壬合三 丁開芮	乙陳八 己驚柱

壬辰時

戊天六 辛生心	己地二 丙傷芮	丁雀四 癸杜輔
癸符五 壬休禽	庚　七 庚　柱	乙陳九 戊景英
丙蛇一 乙開蓬	辛陰三 丁驚冲	壬合八 己死任

癸巳時

辛陰六 辛杜柱	丙蛇二 丙景冲	癸符四 癸死禽
壬合五 壬傷心	庚　七 庚　任	戊天九 戊驚蓬
乙陳一 乙生芮	丁雀三 丁休輔	己地八 己開英

戊子時

壬合六 辛休芮	辛陰二 丙生柱	丙蛇四 癸傷英
乙陳五 壬開蓬	庚　七 庚　冲	癸符九 戊杜禽
丁雀一 乙驚心	己地三 丁死任	戊天八 己景輔

己丑時

乙陳六 辛景冲	壬合二 丙死任	辛陰四 癸驚蓬
丁雀五 壬杜芮	庚　七 庚　輔	丙蛇九 戊開心
己地一 乙傷柱	戊天三 丁生英	癸符八 己休禽

庚寅時

辛陰六 辛開輔	丙蛇二 丙休英	癸符四 癸生芮
壬合五 壬驚冲	庚　七 庚　禽	戊天九 戊傷柱
乙陳一 乙死任	丁雀三 丁景蓬	己地八 己杜心

陰七局丙辛日

丁酉時

戊雀六 辛驚柱	己陳二 丙開冲	丁合四 癸休禽
癸地五 壬死心	庚　七 庚　任	乙陰九 戊生蓬
丙天一 乙景芮	辛符三 丁杜輔	壬蛇八 己傷英

戊戌時

丁合六 辛傷蓬	乙陰二 丙杜心	壬蛇四 癸景任
己陳五 壬生英	庚　七 庚　芮	辛符九 戊死輔
戊雀一 乙休禽	癸地三 丁開柱	丙天八 己驚冲

己亥時

己陳六 辛死芮	丁合二 丙驚柱	乙陰四 癸開英
戊雀五 壬景蓬	庚　七 庚　冲	壬蛇九 戊休禽
癸地一 乙杜心	丙天三 丁傷任	辛符八 己生輔

甲午時

辛符六 辛杜輔	丙天二 丙景英	癸地四 癸死芮
壬蛇五 壬傷冲	庚　七 庚　禽	戊雀九 戊驚柱
乙陰一 乙生任	丁合三 丁休蓬	己陳八 己開心

乙未時

癸地六 辛景英	戊雀二 丙死禽	己陳四 癸驚柱
丙天五 壬杜任	庚　七 庚　蓬	丁合九 戊開冲
辛符一 乙傷輔	壬蛇三 丁生心	乙陰八 己休芮

丙申時

壬蛇六 辛生任	辛符二 丙傷輔	丙天四 癸杜心
乙陰五 壬休柱	庚　七 庚　英	癸地九 戊景芮
丁合一 乙開冲	己陳三 丁驚禽	戊雀八 己死蓬

陰七局丁壬日

癸卯時

乙陰六 辛杜心	壬蛇二 丙景芮	辛符四 癸死輔
丁合五 壬傷禽	庚　七 庚　柱	丙天九 戊驚英
己陳一 乙生蓬	戊雀三 丁休冲	癸地八 己開任

庚子時

乙陰六 辛休冲	壬蛇二 丙生任	辛符四 癸傷蓬
丁合五 壬開芮	庚　七 庚　輔	丙天九 戊杜心
己陳一 乙驚柱	戊雀三 丁死英	癸地八 己景禽

甲辰時

辛天六 辛杜輔	丙地二 丙景英	癸雀四 癸死芮
壬符五 壬傷冲	庚　七 庚　禽	戊陳九 戊驚柱
乙蛇一 乙生任	丁陰三 丁休蓬	己合八 己開心

辛丑時

辛符六 辛開輔	丙天二 丙休英	癸地四 癸生芮
壬蛇五 壬驚冲	庚　七 庚　禽	戊雀九 戊傷柱
乙陰一 乙死任	丁合三 丁景蓬	己陳八 己杜心

乙巳時

丙地六 辛休任	癸雀二 丙生輔	戊陳四 癸傷心
辛天五 壬開柱	庚　七 庚　英	己合九 戊杜芮
壬符一 乙驚冲	乙蛇三 丁死禽	丁陰八 己景蓬

壬寅時

丙天六 辛生禽	癸地二 丙傷蓬	戊雀四 癸杜冲
辛符五 壬休輔	庚　七 庚　心	己陳九 戊景任
壬蛇一 乙開英	乙陰三 丁驚芮	丁合八 己死柱

陰七局丁壬日

丙午時

乙蛇六 辛死柱	壬符二 丙驚冲	辛天四 癸開禽
丁陰五 壬景心	庚　七 庚　任	丙地九 戊休蓬
己合一 乙杜芮	戊陳三 丁傷輔	癸雀八 己生英

丁未時

癸雀六 辛生心	戊陳二 丙傷芮	己合四 癸杜輔
丙地五 壬休禽	庚　七 庚　柱	丁陰九 戊景英
辛天一 乙開蓬	壬符三 丁驚冲	乙蛇八 己死任

戊申時

己合六 辛景英	丁陰二 丙死禽	乙蛇四 癸驚柱
戊陳五 壬杜任	庚　七 庚　蓬	壬符九 戊開冲
癸雀一 乙傷輔	丙地三 丁生心	辛天八 己休芮

己酉時

戊陳六 辛開蓬	己合二 丙休心	丁陰四 癸生任
癸雀五 壬驚英	庚　七 庚　芮	乙蛇九 戊傷輔
丙地一 乙死禽	辛天三 丁景柱	壬符八 己杜冲

庚戌時

丁陰六 辛驚芮	乙蛇二 丙開柱	壬符四 癸休英
己合五 壬死蓬	庚　七 庚　冲	辛天九 戊生禽
戊陳一 乙景心	癸雀三 丁杜任	丙地八 己傷輔

辛亥時

壬符六 辛休冲	辛天二 丙生任	丙地四 癸傷蓬
乙蛇五 壬開芮	庚　七 庚　輔	癸雀九 戊杜心
丁陰一 乙驚柱	己合三 丁死英	戊陳八 己景禽

陰七局戊癸日

乙卯時

己地六 辛休柱	丁雀二 丙生冲	乙陳四 癸傷禽
戊天五 壬開心	庚　七 庚　任	壬合九 戊杜蓬
癸符一 乙驚芮	丙蛇三 丁死輔	辛陰八 己景英

壬子時

辛天六 辛傷輔	丙地二 丙杜英	癸雀四 癸景芮
壬符五 壬生冲	庚　七 庚　禽	戊陳九 戊死柱
乙蛇一 乙休任	丁陰三 丁開蓬	己合八 己驚心

丙辰時

丙蛇六 辛景心	癸符二 丙死芮	戊天四 癸驚輔
辛陰五 壬杜禽	庚　七 庚　柱	己地九 戊開英
壬合一 乙傷蓬	乙陳三 丁生冲	丁雀八 己休任

癸丑時

丁陰六 辛杜禽	乙蛇二 丙景蓬	壬符四 癸死冲
己合五 壬傷輔	庚　七 庚　心	辛天九 戊驚任
戊陳 乙生英	癸雀三 丁休芮	丙地八 己開柱

丁巳時

丁雀六 辛開禽	乙陳二 丙休蓬	壬合四 癸生冲
己地五 壬驚輔	庚　七 庚　心	辛陰九 戊傷任
戊天一 乙死英	癸符三 丁景芮	丙蛇八 己杜柱

甲寅時

辛陰六 辛杜輔	丙蛇二 丙景英	癸符四 癸死芮
壬合五 壬傷冲	庚　七 庚　禽	戊天九 戊驚柱
乙陳一 乙生任	丁雀三 丁休蓬	己地八 己開心

陰七局戊癸日

辛酉時

癸符六 辛死芮	戊天二 丙驚柱	己地四 癸開英
丙蛇五 壬景蓬	庚　七 庚　冲	丁雀九 戊休禽
辛陰一 乙杜心	壬合三 丁傷任	乙陳八 己生輔

戊午時

壬合六 辛傷任	辛陰二 丙杜輔	丙蛇四 癸景心
乙陳五 壬生柱	庚　七 庚　英	癸符九 戊死芮
丁雀一 乙休冲	己地三 丁開禽	戊天八 己驚蓬

壬戌時

戊天六 辛驚冲	己地二 丙開任	丁雀四 癸休蓬
癸符五 壬死芮	庚　七 庚　輔	乙陳九 戊生心
丙蛇一 乙景柱	辛陰三 丁杜英	壬合八 己傷禽

己未時

乙陳六 辛生英	壬合二 丙傷禽	辛陰四 癸杜柱
丁雀五 壬休任	庚　七 庚　蓬	丙蛇九 戊景冲
己地一 乙開輔	戊天三 丁驚心	癸符八 己死芮

癸亥時

辛陰六 辛杜輔	丙蛇二 丙景英	癸符四 癸死芮
壬合五 壬傷冲	庚　七 庚　禽	戊天九 戊驚柱
乙陳一 乙生任	丁雀三 丁休蓬	己地八 己開心

庚申時

辛陰六 辛杜蓬	丙蛇二 丙景心	癸符四 癸死任
壬合五 壬傷英	庚　七 庚　芮	戊天九 戊驚輔
乙陳一 乙生禽	丁雀三 丁休柱	己地八 己開冲

陰六局甲己日

丁卯時

乙蛇五 庚休蓬	戊符一 丁生心	癸天三 壬傷任
壬陰四 辛開英	己　六 己　芮	丙地八 乙杜輔
丁合九 丙驚禽	庚陳二 癸死柱	辛雀七 戊景冲

甲子時

庚陳五 庚杜輔	丁合一 丁景英	壬陰三 壬死芮
辛雀四 辛傷冲	己　六 己　禽	乙蛇八 乙驚柱
丙地九 丙生任	癸天二 癸休蓬	戊符七 戊開心

戊辰時

庚陳五 庚死輔	丁合一 丁驚英	壬陰三 壬開芮
辛雀四 辛景冲	己　六 己　禽	乙蛇八 乙休柱
丙地九 丙杜任	癸天二 癸傷蓬	戊符七 戊生心

乙丑時

丁合五 庚死冲	壬陰一 丁驚任	乙蛇三 壬開蓬
庚陳四 辛景芮	己　六 己　輔	戊符八 乙休心
辛雀九 丙杜柱	丙地二 癸傷英	癸天七 戊生禽

己巳時

壬陰五 庚傷禽	乙蛇一 丁杜蓬	戊符三 壬景冲
丁合四 辛生輔	己　六 己　心	癸天八 乙死任
庚陳九 丙休英	辛雀二 癸開芮	丙地七 戊驚柱

丙寅時

丙地五 庚開芮	辛雀一 丁休柱	庚陳三 壬生英
癸天四 辛驚蓬	己　六 己　冲	丁合八 乙傷禽
戊符九 丙死心	乙蛇二 癸景任	壬陰七 戊杜輔

陰六局甲己日

癸酉時

辛雀五 庚杜英	庚陳一 丁景禽	丁合三 壬死柱
丙地四 辛傷任	己　六 己　蓬	壬陰八 乙驚冲
癸天九 丙生輔	戊符二 癸休心	乙蛇七 戊開芮

庚午時

戊符五 庚驚心	癸天一 丁開芮	丙地三 壬休輔
乙蛇四 辛死禽	己　六 己　柱	辛雀八 乙生英
壬陰九 丙景蓬	丁合二 癸杜冲	庚陳七 戊傷任

甲戌時

庚陰五 庚杜輔	丁蛇一 丁景英	壬符三 壬死芮
辛合四 辛傷冲	己　六 己　禽	乙天八 乙驚柱
丙陳九 丙生任	癸雀二 癸休蓬	戊地七 戊開心

辛未時

癸天五 庚生柱	丙地一 丁傷冲	辛雀三 壬杜禽
戊符四 辛休心	己　六 己　任	庚陳八 乙景蓬
乙蛇九 丙開芮	壬陰二 癸驚輔	丁合七 戊死英

乙亥時

辛合五 庚死芮	庚陰一 丁驚柱	丁蛇三 壬開英
丙陳四 辛景蓬	己　六 己　冲	壬符八 乙休禽
癸雀九 丙杜心	戊地二 癸傷任	乙天七 戊生輔

壬申時

壬陰五 庚景任	乙蛇一 丁死輔	戊符三 壬驚心
丁合四 辛杜柱	己　六 己　英	癸天八 乙開芮
庚陳九 丙傷冲	辛雀二 癸生禽	丙地七 戊休蓬

陰六局乙庚日

己卯時

庚陰五 庚景輔	丁蛇一 丁死英	壬符三 壬驚芮
辛合四 辛杜冲	己　六 己　禽	乙天八 乙開柱
丙陳九 丙傷任	癸雀二 癸生蓬	戊地七 戊休心

丙子時

戊地五 庚驚蓬	癸雀一 丁開心	丙陳三 壬休任
乙天四 辛死英	己　六 己　芮	辛合八 乙生輔
壬符九 丙景禽	丁蛇二 癸杜柱	庚陰七 戊傷冲

庚辰時

壬符五 庚開禽	乙天一 丁休蓬	戊地三 壬生冲
丁蛇四 辛驚輔	己　六 己　心	癸雀八 乙傷任
庚陰九 丙死英	辛合二 癸景芮	丙陳七 戊杜柱

丁丑時

丁蛇五 庚杜英	壬符一 丁景禽	乙天三 壬死柱
庚陰四 辛傷任	己　六 己　蓬	戊地八 乙驚冲
辛合九 丙生輔	丙陳二 癸休心	癸雀七 戊開芮

辛巳時

乙天五 庚傷心	戊地一 丁杜芮	癸雀三 壬景輔
壬符四 辛生禽	己　六 己　柱	丙陳八 乙死英
丁蛇九 丙休蓬	庚陰二 癸開冲	辛合七 戊驚任

戊寅時

丙陳五 庚休冲	辛合一 丁生任	庚陰三 壬傷蓬
癸雀四 辛開芮	己　六 己　輔	丁蛇八 乙杜心
戊地九 丙驚柱	乙天二 癸死英	壬符七 戊景禽

陰六局乙庚日

乙酉時

癸合五 庚景蓬	丙陰一 丁死心	辛蛇三 壬驚任
戊陳四 辛杜英	己　六 己　芮	庚符八 乙開輔
乙雀九 丙傷禽	壬地二 癸生柱	丁天七 戊休冲

壬午時

庚陰五 庚生柱	丁蛇一 丁傷冲	壬符三 壬杜禽
辛合四 辛休心	己　六 己　任	乙天八 乙景蓬
丙陳九 丙開芮	癸雀二 癸驚輔	戊地七 戊死英

丙戌時

壬地五 庚生英	乙雀一 丁傷禽	戊陳三 壬杜柱
丁天四 辛休任	己　六 己　蓬	癸合八 乙景冲
庚符九 丙開輔	辛蛇二 癸驚心	丙陰七 戊死芮

癸未時

癸雀五 庚杜任	丙陳一 丁景輔	辛合三 壬死心
戊地四 辛傷柱	己　六 己　英	庚陰八 乙驚芮
乙天九 丙生冲	壬符二 癸休禽	丁蛇七 戊開蓬

丁亥時

辛蛇五 庚驚任	庚符一 丁開輔	丁天三 壬休心
丙陰四 辛死柱	己　六 己　英	壬地八 乙生芮
癸合九 丙景冲	戊陳二 癸杜禽	乙雀七 戊傷蓬

甲申時

庚符五 庚杜輔	丁天一 丁景英	壬地三 壬死芮
辛蛇四 辛傷冲	己　六 己　禽	乙雀八 乙驚柱
丙陰九 丙生任	癸合二 癸休蓬	戊陳七 戊開心

陰六局丙辛日

辛卯時

丁天五 庚開禽	壬地一 丁休蓬	乙雀三 壬生冲
庚符四 辛驚輔	己　六 己　心	戊陳八 乙傷任
辛蛇九 丙死英	丙陰二 癸景芮	癸合七 戊杜柱

戊子時

戊陳五 庚傷芮	癸合一 丁杜柱	丙陰三 壬景英
乙雀四 辛生蓬	己　六 己　冲	辛蛇八 乙死禽
壬地九 丙休心	丁天二 癸開任	庚符七 戊驚輔

壬辰時

丙陰五 庚生心	辛蛇一 丁傷芮	庚符三 壬杜輔
癸合四 辛休禽	己　六 己　柱	丁天八 乙景英
戊陳九 丙開蓬	乙雀二 癸驚冲	壬地七 戊死任

己丑時

丙陰五 庚死冲	辛蛇一 丁驚任	庚符三 壬開蓬
癸合四 辛景芮	己　六 己　輔	丁天八 乙休心
戊陳九 丙杜柱	乙雀二 癸傷英	壬地七 戊生禽

癸巳時

乙雀五 庚杜柱	戊陳一 丁景冲	癸合三 壬死禽
壬地四 辛傷心	己　六 己　任	丙陰八 乙驚蓬
丁天九 丙生芮	庚符二 癸休輔	辛蛇七 戊開英

庚寅時

庚符五 庚休輔	丁天一 丁生英	壬地三 壬傷芮
辛蛇四 辛開冲	己　六 己　禽	乙雀八 乙杜柱
丙陰九 丙驚任	癸合二 癸死蓬	戊陳七 戊景心

陰六局丙辛日

甲午時

庚天五 庚杜輔	丁地一 丁景英	壬雀三 壬死芮
辛符四 辛傷冲	己　六 己　禽	乙陳八 乙驚柱
丙蛇九 丙生任	癸陰二 癸休蓬	戊合七 戊開心

乙未時

戊合五 庚休英	癸陰一 丁生禽	丙蛇三 壬傷柱
乙陳四 辛開任	己　六 己　蓬	辛符八 乙杜冲
壬雀九 丙驚輔	丁地二 癸死心	庚天七 戊景芮

丙申時

丁地五 庚死任	壬雀一 丁驚輔	乙陳三 壬開心
庚天四 辛景柱	己　六 己　英	戊合八 乙休芮
辛符九 丙杜冲	丙蛇二 癸傷禽	癸陰七 戊生蓬

丁酉時

丙蛇五 庚生柱	辛符一 丁傷冲	庚天三 壬杜禽
癸陰四 辛休心	己　六 己　任	丁地八 乙景蓬
戊合九 丙開芮	乙陳二 癸驚輔	壬雀七 戊死英

戊戌時

乙陳五 庚景蓬	戊合一 丁死心	癸陰三 壬驚任
壬雀四 辛杜英	己　六 己　芮	丙蛇八 乙開輔
丁地九 丙傷禽	庚天二 癸生柱	辛符七 戊休冲

己亥時

癸陰五 庚開芮	丙蛇一 丁休柱	辛符三 壬生英
戊合四 辛驚蓬	己　六 己　冲	庚天八 乙傷禽
乙陳九 丙死心	壬雀二 癸景任	丁地七 戊杜輔

陰六局丁壬日

癸卯時

壬雀五 庚杜心	乙陳一 丁景芮	戊合三 壬死輔
丁地四 辛傷禽	己　六 己　柱	癸陰八 乙驚英
庚天九 丙生蓬	辛符二 癸休冲	丙蛇七 戊開任

庚子時

辛符五 庚驚冲	庚天一 丁開任	丁地三 壬休蓬
丙蛇四 辛死芮	己　六 己　輔	壬雀八 乙生心
癸陰九 丙景柱	戊合二 癸杜英	乙陳七 戊傷禽

甲辰時

庚陰五 庚杜輔	丁蛇一 丁景英	壬符三 壬死芮
辛合四 辛傷冲	己　六 己　禽	乙天八 乙驚柱
丙陳九 丙生任	癸雀二 癸休蓬	戊地七 戊開心

辛丑時

庚天五 庚休輔	丁地一 丁生英	壬雀三 壬傷芮
辛符四 辛開冲	己　六 己　禽	乙陳八 乙杜柱
丙蛇九 丙驚任	癸陰二 癸死蓬	戊合七 戊景心

乙巳時

辛合五 庚休任	庚陰一 丁生輔	丁蛇三 壬傷心
丙陳四 辛開柱	己　六 己　英	壬符八 乙杜芮
癸雀九 丙驚冲	戊地二 癸死禽	乙天七 戊景蓬

壬寅時

癸陰五 庚傷禽	丙蛇一 丁杜蓬	辛符三 壬景冲
戊合四 辛生輔	己　六 己　心	庚天八 乙死任
乙陳九 丙休英	壬雀二 癸開芮	丁地七 戊驚柱

陰六局丁壬日

丙午時

戊地五 庚景柱	癸雀一 丁死冲	丙陳三 壬驚禽
乙天四 辛杜心	己　六 己　任	辛合八 乙開蓬
壬符九 丙傷芮	丁蛇二 癸生輔	庚陰七 戊休英

丁未時

丁蛇五 庚開心	壬符一 丁休芮	乙天三 壬生輔
庚陰四 辛驚禽	己　六 己　柱	戊地八 乙傷英
辛合九 丙死蓬	丙陳二 癸景冲	癸雀七 戊杜任

戊申時

丙陳五 庚傷英	辛合一 丁杜禽	庚陰三 壬景柱
癸雀四 辛生任	己　六 己　蓬	丁蛇八 乙死冲
戊地九 丙休輔	乙天二 癸開心	壬符七 戊驚芮

己酉時

庚陰五 庚生蓬	丁蛇一 丁傷心	壬符三 壬杜任
辛合四 辛休英	己　六 己　芮	乙天八 乙景輔
丙陳九 丙開禽	癸雀二 癸驚柱	戊地七 戊死冲

庚戌時

壬符五 庚杜芮	乙天一 丁景柱	戊地三 壬死英
丁蛇四 辛傷蓬	己　六 己　冲	癸雀八 乙驚禽
庚陰九 丙生心	辛合二 癸休任	丙陳七 戊開輔

辛亥時

乙天五 庚死冲	戊地一 丁驚任	癸雀三 壬開蓬
壬符四 辛景芮	己　六 己　輔	丙陳八 乙休心
丁蛇九 丙杜柱	庚陰二 癸傷英	辛合七 戊生禽

陰六局戊癸日

乙卯時

壬合五 庚開柱	乙陰一 丁休冲	戊蛇三 壬生禽
丁陳四 辛驚心	己　六 己　任	癸符八 乙傷蓬
庚雀九 丙死芮	辛地二 癸景輔	丙天七 戊杜英

丙辰時

辛地五 庚傷心	庚雀一 丁杜芮	丁陳三 壬景輔
丙天四 辛生禽	己　六 己　柱	壬合八 乙死英
癸符九 丙休蓬	戊蛇二 癸開冲	乙陰七 戊驚任

丁巳時

戊蛇五 庚死禽	癸符一 丁驚蓬	丙天三 壬開冲
乙陰四 辛景輔	己　六 己　心	辛地八 乙休任
壬合九 丙杜英	丁陳二 癸傷芮	庚雀七 戊生柱

壬子時

庚陰五 庚驚輔	丁蛇一 丁開英	壬符三 壬休芮
辛合四 辛死冲	己　六 己　禽	乙天八 乙生柱
丙陳九 丙景任	癸雀二 癸杜蓬	戊地七 戊傷心

癸丑時

癸雀五 庚杜禽	丙陳一 丁景蓬	辛合三 壬死冲
戊地四 辛傷輔	己　六 己　心	庚陰八 乙驚任
乙天九 丙生英	壬符二 癸休芮	丁蛇七 戊開柱

甲寅時

庚雀五 庚杜輔	丁陳一 丁景英	壬合三 壬死芮
辛地四 辛傷冲	己　六 己　禽	乙陰八 乙驚柱
丙天九 丙生任	癸符二 癸休蓬	戊蛇七 戊開心

陰六局戊癸日

辛酉時

丙天五 庚生芮	辛地一 丁傷柱	庚雀三 壬杜英
癸符四 辛休蓬	己　六 己　冲	丁陳八 乙景禽
戊蛇九 丙開心	乙陰二 癸驚任	壬合七 戊死輔

戊午時

丁陳五 庚景任	壬合一 丁死輔	乙陰三 壬驚心
庚雀四 辛杜柱	己　六 己　英	戊蛇八 乙開芮
辛地九 丙傷冲	丙天二 癸生禽	癸符七 戊休蓬

壬戌時

乙陰五 庚驚冲	戊蛇一 丁開任	癸符三 壬休蓬
壬合四 辛死芮	己　六 己　輔	丙天八 乙生心
丁陳九 丙景柱	庚雀二 癸杜英	辛地七 戊傷禽

己未時

乙陰五 庚驚英	戊蛇一 丁開禽	癸符三 壬休柱
壬合四 辛死任	己　六 己　蓬	丙天八 乙生冲
丁陳九 丙景輔	庚雀二 癸杜心	辛地七 戊傷芮

癸亥時

庚雀五 庚杜輔	丁陳一 丁景英	壬合三 壬死芮
辛地四 辛傷冲	己　六 己　禽	乙陰八 乙驚柱
丙天九 丙生任	癸符二 癸休蓬	戊蛇七 戊開心

庚申時

癸符五 庚休蓬	丙天一 丁生心	辛地三 壬傷任
戊蛇四 辛開英	己　六 己　芮	庚雀八 乙杜輔
乙陰九 丙驚禽	壬合二 癸死柱	丁陳七 戊景冲

陰六局

陰五局甲己日

甲子時

己陰四 己杜輔	癸蛇九 癸景英	辛符二 辛死芮
庚合三 庚傷冲	戊　五 戊　禽	丙天七 丙驚柱
丁陳八 丁生任	壬雀一 壬休蓬	乙地六 乙開心

乙丑時

丁陳四 己死冲	庚合九 癸驚任	己陰二 辛開蓬
壬雀三 庚景芮	戊　五 戊　輔	癸蛇七 丙休心
乙地八 丁杜柱	丙天一 壬傷英	辛符六 乙生禽

丙寅時

庚合四 己驚芮	己陰九 癸開柱	癸蛇二 辛休英
丁陳三 庚死蓬	戊　五 戊　冲	辛符七 丙生禽
壬雀八 丁景心	乙地一 壬杜任	丙天六 乙傷輔

丁卯時

乙地四 己杜蓬	壬雀九 癸景心	丁陳二 辛死任
丙天三 庚傷英	戊　五 戊　芮	庚合七 丙驚輔
辛符八 丁生禽	癸蛇一 壬休柱	己陰六 乙開冲

戊辰時

己陰四 己休輔	癸蛇九 癸生英	辛符二 辛傷芮
庚合三 庚開冲	戊　五 戊　禽	丙天七 丙杜柱
丁陳八 丁驚任	壬雀一 壬死蓬	乙地六 乙景心

己巳時

辛符四 己景禽	丙天九 癸死蓬	乙地二 辛驚冲
癸蛇三 庚杜輔	戊　五 戊　心	壬雀七 丙開任
己陰八 丁傷英	庚合一 壬生芮	丁陳六 乙休柱

陰五局甲己日

癸酉時

癸蛇四 己杜英	辛符九 癸景禽	丙天二 辛死柱
己陰三 庚傷任	戊　五 戊　蓬	乙地七 丙驚冲
庚合八 丁生輔	丁陳一 壬休心	壬雀六 乙開芮

甲戌時

己符四 己杜輔	癸天九 癸景英	辛地二 辛死芮
庚蛇三 庚傷冲	戊　五 戊　禽	丙雀七 丙驚柱
丁陰八 丁生任	壬合一 壬休蓬	乙陳六 乙開心

乙亥時

乙陳四 己景芮	壬合九 癸死柱	丁陰二 辛驚英
丙雀三 庚杜蓬	戊　五 戊　冲	庚蛇七 丙開禽
辛地八 丁傷心	癸天一 壬生任	己符六 乙休輔

庚午時

丙天四 己開心	乙地九 癸休芮	壬雀二 辛生輔
辛符三 庚驚禽	戊　五 戊　柱	丁陳七 丙傷英
癸蛇八 丁死蓬	己陰一 壬景冲	庚合六 乙杜任

辛未時

己陰四 己傷柱	癸蛇九 癸杜冲	辛符二 辛景禽
庚合三 庚生心	戊　五 戊　任	丙天七 丙死蓬
丁陳八 丁休芮	壬雀一 壬開輔	乙地六 乙驚英

壬申時

壬雀四 己生任	丁陳九 癸傷輔	庚合二 辛杜心
乙地三 庚休柱	戊　五 戊　英	己陰七 丙景芮
丙天八 丁開冲	辛符一 壬驚禽	癸蛇六 乙死蓬

陰五局乙庚日

己卯時

己符四 己死輔	癸天九 癸驚英	辛地二 辛開芮
庚蛇三 庚景冲	戊　五 戊　禽	丙雀七 丙休柱
丁陰八 丁杜任	壬合一 壬傷蓬	乙陳六 乙生心

丙子時

壬合四 己生蓬	丁陰九 癸傷心	庚蛇二 辛杜任
乙陳三 庚休英	戊　五 戊　芮	己符七 丙景輔
丙雀八 丁開禽	辛地一 壬驚柱	癸天六 乙死冲

庚辰時

癸天四 己休禽	辛地九 癸生蓬	丙雀二 辛傷冲
己符三 庚開輔	戊　五 戊　心	乙陳七 丙杜任
庚蛇八 丁驚英	丁陰一 壬死芮	壬合六 乙景柱

丁丑時

辛地四 己驚英	丙雀九 癸開禽	乙陳二 辛休柱
癸天三 庚死任	戊　五 戊　蓬	壬合七 丙生冲
己符八 丁景輔	庚蛇一 壬杜心	丁陰六 乙傷芮

辛巳時

丁陰四 己開心	庚蛇九 癸休芮	己符二 辛生輔
壬合三 庚驚禽	戊　五 戊　柱	癸天七 丙傷英
乙陳八 丁死蓬	丙雀一 壬景冲	辛地六 乙杜任

戊寅時

丁陰四 己傷冲	庚蛇九 癸杜任	己符二 辛景蓬
壬合三 庚生芮	戊　五 戊　輔	癸天七 丙死心
乙陳八 丁休柱	丙雀一 壬開英	辛地六 乙驚禽

陰五局乙庚日

乙酉時

丙陳四 己休蓬	乙合九 癸生心	壬陰二 辛傷任
辛雀三 庚開英	戊　五 戊　芮	丁蛇七 丙杜輔
癸地八 丁驚禽	己天一 壬死柱	庚符六 乙景冲

壬午時

丙雀四 己生柱	乙陳九 癸傷冲	壬合二 辛杜禽
辛地三 庚休心	戊　五 戊　任	丁陰七 丙景蓬
癸天八 丁開芮	己符一 壬驚輔	庚蛇六 乙死英

丙戌時

乙合四 己死英	壬陰九 癸驚禽	丁蛇二 辛開柱
丙陳三 庚景任	戊　五 戊　蓬	庚符七 丙休冲
辛雀八 丁杜輔	癸地一 壬傷心	己天六 乙生芮

癸未時

庚蛇四 己杜任	己符九 癸景輔	癸天二 辛死心
丁陰三 庚傷柱	戊　五 戊　英	辛地七 丙驚芮
壬合八 丁生冲	乙陳一 壬休禽	丙雀六 乙開蓬

丁亥時

癸地四 己生任	辛雀九 癸傷輔	丙陳二 辛杜心
己天三 庚休柱	戊　五 戊　英	乙合七 丙景芮
庚符八 丁開冲	丁蛇一 壬驚禽	壬陰六 乙死蓬

甲申時

己天四 己杜輔	癸地九 癸景英	辛雀二 辛死芮
庚符三 庚傷冲	戊　五 戊　禽	丙陳七 丙驚柱
丁蛇八 丁生任	壬陰一 壬休蓬	乙合六 乙開心

陰五局丙辛日

辛卯時

壬陰四 己休禽	丁蛇九 癸生蓬	庚符二 辛傷冲
乙合三 庚開輔	戊　五 戊　心	己天七 丙杜任
丙陳八 丁驚英	辛雀一 壬死芮	癸地六 乙景柱

壬辰時

辛雀四 己傷心	丙陳九 癸杜芮	乙合二 辛景輔
癸地三 庚生禽	戊　五 戊　柱	壬陰七 丙死英
己天八 丁休蓬	庚符一 壬開冲	丁蛇六 乙驚任

癸巳時

丁蛇四 己杜柱	庚符九 癸景冲	己天二 辛死禽
壬陰三 庚傷心	戊　五 戊　任	癸地七 丙驚蓬
乙合八 丁生芮	丙陳一 壬休輔	辛雀六 乙開英

戊子時

壬陰四 己景芮	丁蛇九 癸死柱	庚符二 辛驚英
乙合三 庚杜蓬	戊　五 戊　冲	己天七 丙開禽
丙陳八 丁傷心	辛雀一 壬生任	癸地六 乙休輔

己丑時

庚符四 己開冲	己天九 癸休任	癸地二 辛生蓬
丁蛇三 庚驚芮	戊　五 戊　輔	辛雀七 丙傷心
壬陰八 丁死柱	乙合一 壬景英	丙陳六 乙杜禽

庚寅時

己天四 己驚輔	癸地九 癸開英	辛雀二 辛休芮
庚符三 庚死冲	戊　五 戊　禽	丙陳七 丙生柱
丁蛇八 丁景任	壬陰一 壬杜蓬	乙合六 乙傷心

陰五局丙辛日

丁酉時

乙地四 己開柱	壬雀九 癸休冲	丁陳二 辛生禽
丙天三 庚驚心	戊　五 戊　任	庚合七 丙傷蓬
辛符八 丁死芮	癸蛇一 壬景輔	己陰六 乙杜英

甲午時

己陰四 己杜輔	癸蛇九 癸景英	辛符二 辛死芮
庚合三 庚傷冲	戊　五 戊　禽	丙天七 丙驚柱
丁陳八 丁生任	壬雀一 壬休蓬	乙地六 乙開心

戊戌時

己陰四 己傷蓬	癸蛇九 癸杜心	辛符二 辛景任
庚合三 庚生英	戊　五 戊　芮	丙天七 丙死輔
丁陳八 丁休禽	壬雀一 壬開柱	乙地六 乙驚冲

乙未時

丁陳四 己休英	庚合九 癸生禽	己陰二 辛傷柱
壬雀三 庚開任	戊　五 戊　蓬	癸蛇七 丙杜冲
乙地八 丁驚輔	丙天一 壬死心	辛符六 乙景芮

己亥時

辛符四 己生芮	丙天九 癸傷柱	乙地二 辛杜英
癸蛇三 庚休蓬	戊　五 戊　冲	壬雀七 丙景禽
己陰八 丁開心	庚合一 壬驚任	丁陳六 乙死輔

丙申時

庚合四 己景任	己陰九 癸死輔	癸蛇二 辛驚心
丁陳三 庚杜柱	戊　五 戊　英	辛符七 丙開芮
壬雀八 丁傷冲	乙地一 壬生禽	丙天六 乙休蓬

陰五局丁壬日

癸卯時

癸蛇四 己杜心	辛符九 癸景芮	丙天二 辛死輔
己陰三 庚傷禽	戊　五 戊　柱	乙地七 丙驚英
庚合八 丁生蓬	丁陳一 壬休冲	壬雀六 乙開任

甲辰時

己雀四 己杜輔	癸陳九 癸景英	辛合二 辛死芮
庚地三 庚傷冲	戊　五 戊　禽	丙陰七 丙驚柱
丁天八 丁生任	壬符一 壬休蓬	乙蛇六 乙開心

乙巳時

癸陳四 己開任	辛合九 癸休輔	丙陰二 辛生心
己雀三 庚驚柱	戊　五 戊　英	乙蛇七 丙傷芮
庚地八 丁死冲	丁天一 壬景禽	壬符六 乙杜蓬

庚子時

丙天四 己杜冲	乙地九 癸景任	壬雀二 辛死蓬
辛符三 庚傷芮	戊　五 戊　輔	丁陳七 丙驚心
癸蛇八 丁生柱	己陰一 壬休英	庚合六 乙開禽

辛丑時

己陰四 己死輔	癸蛇九 癸驚英	辛符二 辛開芮
庚合三 庚景冲	戊　五 戊　禽	丙天七 丙休柱
丁陳八 丁杜任	壬雀一 壬傷蓬	乙地六 乙生心

壬寅時

壬雀四 己驚禽	丁陳九 癸開蓬	庚合二 辛休冲
乙地三 庚死輔	戊　五 戊　心	己陰七 丙生任
丙天八 丁景英	辛符一 壬杜芮	癸蛇六 乙傷柱

陰五局丁壬日

己酉時

壬符四 己驚蓬	丁天九 癸開心	庚地二 辛休任
乙蛇三 庚死英	戊　五 戊　芮	己雀七 丙生輔
丙陰八 丁景禽	辛合一 壬杜柱	癸陳六 乙傷冲

丙午時

辛合四 己傷柱	丙陰九 癸杜冲	乙蛇二 辛景禽
癸陳三 庚生心	戊　五 戊　任	壬符七 丙死蓬
己雀八 丁休芮	庚地一 壬開輔	丁天六 乙驚英

庚戌時

丁天四 己休芮	庚地九 癸生柱	己雀二 辛傷英
壬符三 庚開蓬	戊　五 戊　冲	癸陳七 丙杜禽
乙蛇八 丁驚心	丙陰一 壬死任	辛合六 乙景輔

丁未時

庚地四 己死心	己雀九 癸驚芮	癸陳二 辛開輔
丁天三 庚景禽	戊　五 戊　柱	辛合七 丙休英
壬符八 丁杜蓬	乙蛇一 壬傷冲	丙陰六 乙生任

辛亥時

丙陰四 己生冲	乙蛇九 癸傷任	壬符二 辛杜蓬
辛合三 庚休芮	戊　五 戊　輔	丁天七 丙景心
癸陳八 丁開柱	己雀一 壬驚英	庚地六 乙死禽

戊申時

丙陰四 己景英	乙蛇九 癸死禽	壬符二 辛驚柱
辛合三 庚杜任	戊　五 戊　蓬	丁天七 丙開冲
癸陳八 丁傷輔	己雀一 壬生心	庚地六 乙休芮

陰五局戊癸日

乙卯時

壬陳四 己驚柱	丁合九 癸開冲	庚陰二 辛休禽
乙雀三 庚死心	戊　五 戊　任	己蛇七 丙生蓬
丙地八 丁景芮	辛天一 壬杜輔	癸符六 乙傷英

壬子時

己雀四 己驚輔	癸陳九 癸開英	辛合二 辛休芮
庚地三 庚死冲	戊　五 戊　禽	丙陰七 丙生柱
丁天八 丁景任	壬符一 壬杜蓬	乙蛇六 乙傷心

丙辰時

丁合四 己生心	庚陰九 癸傷芮	己蛇二 辛杜輔
壬陳三 庚休禽	戊　五 戊　柱	癸符七 丙景英
乙雀八 丁開蓬	丙地一 壬驚冲	辛天六 乙死任

癸丑時

乙蛇四 己杜禽	壬符九 癸景蓬	丁天二 辛死冲
丙陰三 庚傷輔	戊　五 戊　心	庚地七 丙驚任
辛合八 丁生英	癸陳一 壬休芮	己雀六 乙開柱

丁巳時

丙地四 己休禽	乙雀九 癸生蓬	壬陳二 辛傷冲
辛天三 庚開輔	戊　五 戊　心	丁合七 丙杜任
癸符八 丁驚英	己蛇一 壬死芮	庚陰六 乙景柱

甲寅時

己蛇四 己杜輔	癸符九 癸景英	辛天二 辛死芮
庚陰三 庚傷冲	戊　五 戊　禽	丙地七 丙驚柱
丁合八 丁生任	壬陳一 壬休蓬	乙雀六 乙開心

陰五局戊癸日

辛酉時

庚陰四 己傷芮	己蛇九 癸杜柱	癸符二 辛景英
丁合三 庚生蓬	戊　五 戊　冲	辛天七 丙死禽
壬陳八 丁休心	乙雀一 壬開任	丙地六 乙驚輔

戊午時

庚陰四 己傷任	己蛇九 癸杜輔	癸符二 辛景心
丁合三 庚生柱	戊　五 戊　英	辛天七 丙死芮
壬陳八 丁休冲	乙雀一 壬開禽	丙地六 乙驚蓬

壬戌時

乙雀四 己開冲	壬陳九 癸休任	丁合二 辛生蓬
丙地三 庚驚芮	戊　五 戊　輔	庚陰七 丙傷心
辛天八 丁死柱	癸符一 壬景英	己蛇六 乙杜禽

己未時

癸符四 己景英	辛天九 癸死禽	丙地二 辛驚柱
己蛇三 庚杜任	戊　五 戊　蓬	乙雀七 丙開冲
庚陰八 丁傷輔	丁合一 壬生心	壬陳六 乙休芮

癸亥時

己蛇四 己杜輔	癸符九 癸景英	辛天二 辛死芮
庚陰三 庚傷冲	戊　五 戊　禽	丙地七 丙驚柱
丁合八 丁生任	壬陳一 壬休蓬	乙雀六 乙開心

庚申時

辛天四 己死蓬	丙地九 癸驚心	乙雀二 辛開任
癸符三 庚景英	戊　五 戊　芮	壬陳七 丙休輔
己蛇八 丁杜禽	庚陰一 壬傷柱	丁合六 乙生冲

陰四局甲己日

丁卯時

辛合三 戊驚蓬	癸陰八 壬開心	己蛇一 庚休任
丙陳二 己死英	乙　四 乙　芮	戊符六 丁生輔
丁雀七 癸景禽	庚地九 辛杜柱	壬天五 丙傷冲

甲子時

戊符三 戊杜輔	壬天八 壬景英	庚地一 庚死芮
己蛇二 己傷冲	乙　四 乙　禽	丁雀六 丁驚柱
癸陰七 癸生任	辛合九 辛休蓬	丙陳五 丙開心

戊辰時

戊符三 戊傷輔	壬天八 壬杜英	庚地一 庚景芮
己蛇二 己生冲	乙　四 乙　禽	丁雀六 丁死柱
癸陰七 癸休任	辛合九 辛開蓬	丙陳五 丙驚心

乙丑時

癸陰三 戊景冲	己蛇八 壬死任	戊符一 庚驚蓬
辛合二 己杜芮	乙　四 乙　輔	壬天六 丁開心
丙陳七 癸傷柱	丁雀九 辛生英	庚地五 丙休禽

己巳時

壬天三 戊死禽	庚地八 壬驚蓬	丁雀一 庚開冲
戊符二 己景輔	乙　四 乙　心	丙陳六 丁休任
己蛇七 癸杜英	癸陰九 辛傷芮	辛合五 丙生柱

丙寅時

丙陳三 戊生芮	辛合八 壬傷柱	癸陰一 庚杜英
丁雀二 己休蓬	乙　四 乙　冲	己蛇六 丁景禽
庚地七 癸開心	壬天九 辛驚任	戊符五 丙死輔

陰四局甲己日

癸酉時

庚地三 戊杜英	丁雀八 壬景禽	丙陳一 庚死柱
壬天二 己傷任	乙　四 乙　蓬	辛合六 丁驚冲
戊符七 癸生輔	己蛇九 辛休心	癸陰五 丙開芮

庚午時

癸陰三 戊休心	己蛇八 壬生芮	戊符一 庚傷輔
辛合二 己開禽	乙　四 乙　柱	壬天六 丁杜英
丙陳七 癸驚蓬	丁雀九 辛死冲	庚地五 丙景任

甲戌時

戊天三 戊杜輔	壬地八 壬景英	庚雀一 庚死芮
己符二 己傷冲	乙　四 乙　禽	丁陳六 丁驚柱
癸蛇七 癸生任	辛陰九 辛休蓬	丙合五 丙開心

辛未時

丁雀三 戊開柱	丙陳八 壬休冲	辛合一 庚生禽
庚地二 己驚心	乙　四 乙　任	癸陰六 丁傷蓬
壬天七 癸死芮	戊符九 辛景輔	己蛇五 丙杜英

乙亥時

辛陰三 戊休芮	癸蛇八 壬生柱	己符一 庚傷英
丙合二 己開蓬	乙　四 乙　冲	戊天六 丁杜禽
丁陳七 癸驚心	庚雀九 辛死任	壬地五 丙景輔

壬申時

己蛇三 戊生任	戊符八 壬傷輔	壬天一 庚杜心
癸陰二 己休柱	乙　四 乙　英	庚地六 丁景芮
辛合七 癸開冲	丙陳九 辛驚禽	丁雀五 丙死蓬

陰四局乙庚日

己卯時

戊天三 戊開輔	壬地八 壬休英	庚雀一 庚生芮
己符二 己驚冲	乙　四 乙　禽	丁陳六 丁傷柱
癸蛇七 癸死任	辛陰九 辛景蓬	丙合五 丙杜心

庚辰時

辛陰三 戊驚禽	癸蛇八 壬開蓬	己符一 庚休冲
丙合二 己死輔	乙　四 乙　心	戊天六 丁生任
丁陳七 癸景英	庚雀九 辛杜芮	壬地五 丙傷柱

辛巳時

庚雀三 戊休心	丁陳八 壬生芮	丙合一 庚傷輔
壬地二 己開禽	乙　四 乙　柱	辛陰六 丁杜英
戊天七 癸驚蓬	己符九 辛死冲	癸蛇五 丙景任

丙子時

丁陳三 戊死蓬	丙合八 壬驚心	辛陰一 庚開任
庚雀二 己景英	乙　四 乙　芮	癸蛇六 丁休輔
壬地七 癸杜禽	戊天九 辛傷柱	己符五 丙生冲

丁丑時

丙合三 戊生英	辛陰八 壬傷禽	癸蛇一 庚杜柱
丁陳二 己休任	乙　四 乙　蓬	己符六 丁景冲
庚雀七 癸開輔	壬地九 辛驚心	戊天五 丙死芮

戊寅時

己符三 戊景冲	戊天八 壬死任	壬地一 庚驚蓬
癸蛇二 己杜芮	乙　四 乙　輔	庚雀六 丁開心
辛陰七 癸傷柱	丙合九 辛生英	丁陳五 丙休禽

陰四局乙庚日

乙酉時

戊陰三 戊休蓬	壬蛇八 壬生心	庚符一 庚傷任
己合二 己開英	乙　四 乙　芮	丁天六 丁杜輔
癸陳七 癸驚禽	辛雀九 辛死柱	丙地五 丙景冲

壬午時

癸蛇三 戊傷柱	己符八 壬杜冲	戊天一 庚景禽
辛陰二 己生心	乙　四 乙　任	壬地六 丁死蓬
丙合七 癸休芮	丁陳九 辛開輔	庚雀五 丙驚英

丙戌時

癸陳三 戊景英	己合八 壬死禽	戊陰一 庚驚柱
辛雀二 己杜任	乙　四 乙　蓬	壬蛇六 丁開冲
丙地七 癸傷輔	丁天九 辛生心	庚符五 丙休芮

癸未時

壬地三 戊杜任	庚雀八 壬景輔	丁陳一 庚死心
戊天二 己傷柱	乙　四 乙　英	丙合六 丁驚芮
己符七 癸生冲	癸蛇九 辛休禽	辛陰五 丙開蓬

丁亥時

己合三 戊開任	戊陰八 壬休輔	壬蛇一 庚生心
癸陳二 己驚柱	乙　四 乙　英	庚符六 丁傷芮
辛雀七 癸死冲	丙地九 辛景禽	丁天五 丙杜蓬

甲申時

戊陰三 戊杜輔	壬蛇八 壬景英	庚符一 庚死芮
己合二 己傷冲	乙　四 乙　禽	丁天六 丁驚柱
癸陳七 癸生任	辛雀九 辛休蓬	丙地五 丙開心

陰四局丙辛日

辛卯時

辛雀三 戊死禽	癸陳八 壬驚蓬	己合一 庚開冲
丙地二 己景輔	乙　四 乙　心	戊陰六 丁休任
丁天七 癸杜英	庚符九 辛傷芮	壬蛇五 丙生柱

戊子時

庚符三 戊傷芮	丁天八 壬杜柱	丙地一 庚景英
壬蛇二 己生蓬	乙　四 乙　冲	辛雀六 丁死禽
戊陰七 癸休心	己合九 辛開任	癸陳五 丙驚輔

壬辰時

壬蛇三 戊驚心	庚符八 壬開芮	丁天一 庚休輔
戊陰二 己死禽	乙　四 乙　柱	丙地六 丁生英
己合七 癸景蓬	癸陳九 辛杜冲	辛雀五 丙傷任

己丑時

丁天三 戊生冲	丙地八 壬傷任	辛雀一 庚杜蓬
庚符二 己休芮	乙　四 乙　輔	癸陳六 丁景心
壬蛇七 癸開柱	戊陰九 辛驚英	己合五 丙死禽

癸巳時

丙地三 戊杜柱	辛雀八 壬景冲	癸陳一 庚死禽
丁天二 己傷心	乙　四 乙　任	己合六 丁驚蓬
庚符七 癸生芮	壬蛇九 辛休輔	戊陰五 丙開英

庚寅時

戊陰三 戊杜輔	壬蛇八 壬景英	庚符一 庚死芮
己合二 己傷冲	乙　四 乙　禽	丁天六 丁驚柱
癸陳七 癸生任	辛雀九 辛休蓬	丙地五 丙開心

陰四局丙辛日

丁酉時

庚合三 戊死柱	丁陰八 壬驚冲	丙蛇一 庚開禽
壬陳二 己景心	乙　四 乙　任	辛符六 丁休蓬
戊雀七 癸杜芮	己地九 辛傷輔	癸天五 丙生英

戊戌時

辛符三 戊景蓬	癸天八 壬死心	己地一 庚驚任
丙蛇二 己杜英	乙　四 乙　芮	戊雀六 丁開輔
丁陰七 癸傷禽	庚合九 辛生柱	壬陳五 丙休冲

己亥時

癸天三 戊驚芮	己地八 壬開柱	戊雀一 庚休英
辛符二 己死蓬	乙　四 乙　冲	壬陳六 丁生禽
丙蛇七 癸景心	丁陰九 辛杜任	庚合五 丙傷輔

甲午時

戊雀三 戊杜輔	壬陳八 壬景英	庚合一 庚死芮
己地二 己傷冲	乙　四 乙　禽	丁陰六 丁驚柱
癸天七 癸生任	辛符九 辛休蓬	丙蛇五 丙開心

乙未時

丁陰三 戊開英	丙蛇八 壬休禽	辛符一 庚生柱
庚合二 己驚任	乙　四 乙　蓬	癸天六 丁傷冲
壬陳七 癸死輔	戊雀九 辛景心	己地五 丙杜芮

丙申時

壬陳三 戊傷任	庚合八 壬杜輔	丁陰一 庚景心
戊雀二 己生柱	乙　四 乙　英	丙蛇六 丁死芮
己地七 癸休冲	癸天九 辛開禽	辛符五 丙驚蓬

陰四局丁壬日

癸卯時

己地三 戊杜心	戊雀八 壬景芮	壬陳一 庚死輔
癸天二 己傷禽	乙　四 乙　柱	庚合六 丁驚英
辛符七 癸生蓬	丙蛇九 辛休冲	丁陰五 丙開任

庚子時

丁陰三 戊休冲	丙蛇八 壬生任	辛符一 庚傷蓬
庚合二 己開芮	乙　四 乙　輔	癸天六 丁杜心
壬陳七 癸驚柱	戊雀九 辛死英	己地五 丙景禽

甲辰時

戊蛇三 戊杜輔	壬符八 壬景英	庚天一 庚死芮
己陰二 己傷冲	乙　四 乙　禽	丁地六 丁驚柱
癸合七 癸生任	辛陳九 辛休蓬	丙雀五 丙開心

辛丑時

戊雀三 戊生輔	壬陳八 壬傷英	庚合一 庚杜芮
己地二 己休冲	乙　四 乙　禽	丁陰六 丁景柱
癸天七 癸開任	辛符九 辛驚蓬	丙蛇五 丙死心

乙巳時

己陰三 戊驚任	戊蛇八 壬開輔	壬符一 庚休心
癸合二 己死柱	乙　四 乙　英	庚天六 丁生芮
辛陳七 癸景冲	丙雀九 辛杜禽	丁地五 丙傷蓬

壬寅時

丙蛇三 戊驚禽	辛符八 壬開蓬	癸天一 庚休冲
丁陰二 己死輔	乙　四 乙　心	己地六 丁生任
庚合七 癸景英	壬陳九 辛杜芮	戊雀五 丙傷柱

陰四局丁壬日

己酉時

庚天三 戊景蓬	丁地八 壬死心	丙雀一 庚驚任
壬符二 己杜英	乙　四 乙　芮	辛陳六 丁開輔
戊蛇七 癸傷禽	己陰九 辛生柱	癸合五 丙休冲

丙午時

辛陳三 戊生柱	癸合八 壬傷冲	己陰一 庚杜禽
丙雀二 己休心	乙　四 乙　任	戊蛇六 丁景蓬
丁地七 癸開芮	庚天九 辛驚輔	壬符五 丙死英

庚戌時

己陰三 戊死芮	戊蛇八 壬驚柱	壬符一 庚開英
癸合二 己景蓬	乙　四 乙　冲	庚天六 丁休禽
辛陳七 癸杜心	丙雀九 辛傷任	丁地五 丙生輔

丁未時

癸合三 戊休心	己陰八 壬生芮	戊蛇一 庚傷輔
辛陳二 己開禽	乙　四 乙　柱	壬符六 丁杜英
丙雀七 癸驚蓬	丁地九 辛死冲	庚天五 丙景任

辛亥時

丙雀三 戊傷冲	辛陳八 壬杜任	癸合一 庚景蓬
丁地二 己生芮	乙　四 乙　輔	己陰六 丁死心
庚天七 癸休柱	壬符九 辛開英	戊蛇五 丙驚禽

戊申時

壬符三 戊傷英	庚天八 壬杜禽	丁地一 庚景柱
戊蛇二 己生任	乙　四 乙　蓬	丙雀六 丁死冲
己陰七 癸休輔	癸合九 辛開心	辛陳五 丙驚芮

陰四局戊癸日

乙卯時

丙陰三 戊驚柱	辛蛇八 壬開冲	癸符一 庚休禽
丁合二 己死心	乙　四 乙　任	己天六 丁生蓬
庚陳七 癸景芮	壬雀九 辛杜輔	戊地五 丙傷英

壬子時

戊蛇三 戊開輔	壬符八 壬休英	庚天一 庚生芮
己陰二 己驚冲	乙　四 乙　禽	丁地六 丁傷柱
癸合七 癸死任	辛陳九 辛景蓬	丙雀五 丙杜心

丙辰時

庚陳三 戊死心	丁合八 壬驚芮	丙陰一 庚開輔
壬雀二 己景禽	乙　四 乙　柱	辛蛇六 丁休英
戊地七 癸杜蓬	己天九 辛傷冲	癸符五 丙生任

癸丑時

丁地三 戊杜禽	丙雀八 壬景蓬	辛陳一 庚死冲
庚天二 己傷輔	乙　四 乙　心	癸合六 丁驚任
壬符七 癸生英	戊蛇九 辛休芮	己陰五 丙開柱

丁巳時

丁合三 戊開禽	丙陰八 壬休蓬	辛蛇一 庚生冲
庚陳二 己驚輔	乙　四 乙　心	癸符六 丁傷任
壬雀七 癸死英	戊地九 辛景芮	己天五 丙杜柱

甲寅時

戊地三 戊杜輔	壬雀八 壬景英	庚陳一 庚死芮
己天二 己傷冲	乙　四 乙　禽	丁合六 丁驚柱
癸符七 癸生任	辛蛇九 辛休蓬	丙陰五 丙開心

陰四局戊癸日

辛酉時

壬雀三 戊景芮	庚陳八 壬死柱	丁合一 庚驚英
戊地二 己杜蓬	乙　四 乙　冲	丙陰六 丁開禽
己天七 癸傷心	癸符九 辛生任	辛蛇五 丙休輔

戊午時

癸符三 戊生任	己天八 壬傷輔	戊地一 庚杜心
辛蛇二 己休柱	乙　四 乙　英	壬雀六 丁景芮
丙陰七 癸開冲	丁合九 辛驚禽	庚陳五 丙死蓬

壬戌時

辛蛇三 戊休冲	癸符八 壬生任	己天一 庚傷蓬
丙陰二 己開芮	乙　四 乙　輔	戊地六 丁杜心
丁合七 癸驚柱	庚陳九 辛死英	壬雀五 丙景禽

己未時

己天三 戊傷英	戊地八 壬杜禽	壬雀一 庚景柱
癸符二 己生任	乙　四 乙　蓬	庚陳六 丁死冲
辛蛇七 癸休輔	丙陰九 辛開心	丁合五 丙驚芮

癸亥時

戊地三 戊杜輔	壬雀八 壬景英	庚陳一 庚死芮
己天二 己傷冲	乙　四 乙　禽	丁合六 丁驚柱
癸符七 癸生任	辛蛇九 辛休蓬	丙陰五 丙開心

庚申時

丙陰三 戊開蓬	辛蛇八 壬休心	癸符一 庚生任
丁合二 己驚英	乙　四 乙　芮	己天六 丁傷輔
庚陳七 癸死禽	壬雀九 辛景柱	戊地五 丙杜冲

陰三局甲己日

丁卯時

癸陳二 乙生蓬	丁合七 辛傷心	庚陰九 己杜任
己雀一 戊休英	丙　三 丙　芮	壬蛇五 癸景輔
辛地六 壬開禽	乙天八 庚驚柱	戊符四 丁死冲

甲子時

乙天二 乙杜輔	辛地七 辛景英	己雀九 己死芮
戊符一 戊傷冲	丙　三 丙　禽	癸陳五 癸驚柱
壬蛇六 壬生任	庚陰八 庚休蓬	丁合四 丁開心

戊辰時

乙天二 乙景輔	辛地七 辛死英	己雀九 己驚芮
戊符一 戊杜冲	丙　三 丙　禽	癸陳五 癸開柱
壬蛇六 壬傷任	庚陰八 庚生蓬	丁合四 丁休心

乙丑時

戊符二 乙休冲	乙天七 辛生任	辛地九 己傷蓬
壬蛇一 戊開芮	丙　三 丙　輔	己雀五 癸杜心
庚陰六 壬驚柱	丁合八 庚死英	癸陳四 丁景禽

己巳時

庚陰二 乙開禽	壬蛇七 辛休蓬	戊符九 己生冲
丁合一 戊驚輔	丙　三 丙　心	乙天五 癸傷任
癸陳六 壬死英	己雀八 庚景芮	辛地四 丁杜柱

丙寅時

庚陰二 乙死芮	壬蛇七 辛驚柱	戊符九 己開英
丁合一 戊景蓬	丙　三 丙　冲	乙天五 癸休禽
癸陳六 壬杜心	己雀八 庚傷任	辛地四 丁生輔

陰三局甲己日

癸酉時

丁合二 乙杜英	庚陰七 辛景禽	壬蛇九 己死柱
癸陳一 戊傷任	丙　三 丙　蓬	戊符五 癸驚冲
己雀六 壬生輔	辛地八 庚休心	乙天四 丁開芮

甲戌時

乙陰二 乙杜輔	辛蛇七 辛景英	己符九 己死芮
戊合一 戊傷冲	丙　三 丙　禽	癸天五 癸驚柱
壬陳六 壬生任	庚雀八 庚休蓬	丁地四 丁開心

乙亥時

己符二 乙休芮	癸天七 辛生柱	丁地九 己傷英
辛蛇一 戊開蓬	丙　三 丙　冲	庚雀五 癸杜禽
乙陰六 壬驚心	戊合八 庚死任	壬陳四 丁景輔

庚午時

己雀二 乙驚心	癸陳七 辛開芮	丁合九 己休輔
辛地一 戊死禽	丙　三 丙　柱	庚陰五 癸生英
乙天六 壬景蓬	戊符八 庚杜冲	壬蛇四 丁傷任

辛未時

壬蛇二 乙休柱	戊符七 辛生冲	乙天九 己傷禽
庚陰一 戊開心	丙　三 丙　任	辛地五 癸杜蓬
丁合六 壬驚芮	癸陳八 庚死輔	己雀四 丁景英

壬申時

辛地二 乙傷任	己雀七 辛杜輔	癸陳九 己景心
乙天一 戊生柱	丙　三 丙　英	丁合五 癸死芮
戊符六 壬休冲	壬蛇八 庚開禽	庚陰四 丁驚蓬

陰三局乙庚日

己卯時

乙陰二 乙生輔	辛蛇七 辛傷英	己符九 己杜芮
戊合一 戊休冲	丙　三 丙　禽	癸天五 癸景柱
壬陳六 壬開任	庚雀八 庚驚蓬	丁地四 丁死心

庚辰時

庚雀二 乙杜禽	壬陳七 辛景蓬	戊合九 己死冲
丁地一 戊傷輔	丙　三 丙　心	乙陰五 癸驚任
癸天六 壬生英	己符八 庚休芮	辛蛇四 丁開柱

辛巳時

辛蛇二 乙死心	己符七 辛驚芮	癸天九 己開輔
乙陰一 戊景禽	丙　三 丙　柱	丁地五 癸休英
戊合六 壬杜蓬	壬陳八 庚傷冲	庚雀四 丁生任

丙子時

乙陰二 乙景蓬	辛蛇七 辛死心	己符九 己驚任
戊合一 戊杜英	丙　三 丙　芮	癸天五 癸開輔
壬陳六 壬傷禽	庚雀八 庚生柱	丁地四 丁休冲

丁丑時

壬陳二 乙開英	戊合七 辛休禽	乙陰九 己生柱
庚雀一 戊驚任	丙　三 丙　蓬	辛蛇五 癸傷冲
丁地六 壬死輔	癸天八 庚景心	己符四 丁杜芮

戊寅時

癸天二 乙傷冲	丁地七 辛杜任	庚雀九 己景蓬
己符一 戊生芮	丙　三 丙　輔	壬陳五 癸死心
辛蛇六 壬休柱	乙陰八 庚開英	戊合四 丁驚禽

陰三局乙庚日

乙酉時

庚符二 乙開蓬	壬天七 辛休心	戊地九 己生任
丁蛇一 戊驚英	丙　三 丙　芮	乙雀五 癸傷輔
癸陰六 壬死禽	己合八 庚景柱	辛陳四 丁杜冲

壬午時

丁地二 乙驚柱	庚雀七 辛開冲	壬陳九 己休禽
癸天一 戊死心	丙　三 丙　任	戊合五 癸生蓬
己符六 壬景芮	辛蛇八 庚杜輔	乙陰四 丁傷英

丙戌時

癸陰二 乙傷英	丁蛇七 辛杜禽	庚符九 己景柱
己合一 戊生任	丙　三 丙　蓬	壬天五 癸死冲
辛陳六 壬休輔	乙雀八 庚開心	戊地四 丁驚芮

癸未時

戊合二 乙杜任	乙陰七 辛景輔	辛蛇九 己死心
壬陳一 戊傷柱	丙　三 丙　英	己符五 癸驚芮
庚雀六 壬生冲	丁地八 庚休禽	癸天四 丁開蓬

丁亥時

辛陳二 乙死任	己合七 辛驚輔	癸陰九 己開心
乙雀一 戊景柱	丙　三 丙　英	丁蛇五 癸休芮
戊地六 壬杜冲	壬天八 庚傷禽	庚符四 丁生蓬

甲申時

乙雀二 乙杜輔	辛陳七 辛景英	己合九 己死芮
戊地一 戊傷冲	丙　三 丙　禽	癸陰五 癸驚柱
壬天六 壬生任	庚符八 庚休蓬	丁蛇四 丁開心

陰三局丙辛日

辛卯時

丁蛇二 乙生禽	庚符七 辛傷蓬	壬天九 己杜冲
癸陰一 戊休輔	丙　三 丙　心	戊地五 癸景任
己合六 壬開英	辛陳八 庚驚芮	乙雀四 丁死柱

戊子時

壬天二 乙景芮	戊地七 辛死柱	乙雀九 己驚英
庚符一 戊杜蓬	丙　三 丙　冲	辛陳五 癸開禽
丁蛇六 壬傷心	癸陰八 庚生任	己合四 丁休輔

壬辰時

戊地二 乙驚心	乙雀七 辛開芮	辛陳九 己休輔
壬天一 戊死禽	丙　三 丙　柱	己合五 癸生英
庚符六 壬景蓬	丁蛇八 庚杜冲	癸陰四 丁傷任

己丑時

癸陰二 乙驚冲	丁蛇七 辛開任	庚符九 己休蓬
己合一 戊死芮	丙　三 丙　輔	壬天五 癸生心
辛陳六 壬景柱	乙雀八 庚杜英	戊地四 丁傷禽

癸巳時

己合二 乙杜柱	癸陰七 辛景冲	丁蛇九 己死禽
辛陳一 戊傷心	丙　三 丙　任	庚符五 癸驚蓬
乙雀六 壬生芮	戊地八 庚休輔	壬天四 丁開英

庚寅時

乙雀二 乙休輔	辛陳七 辛生英	己合九 己傷芮
戊地一 戊開冲	丙　三 丙　禽	癸陰五 癸杜柱
壬天六 壬驚任	庚符八 庚死蓬	丁蛇四 丁景心

陰三局丙辛日

丁酉時

庚陳二 乙休柱	壬合七 辛生冲	戊陰九 己傷禽
丁雀一 戊開心	丙　三 丙　任	乙蛇五 癸杜蓬
癸地六 壬驚芮	己天八 庚死輔	辛符四 丁景英

甲午時

乙蛇二 乙杜輔	辛符七 辛景英	己天九 己死芮
戊陰一 戊傷冲	丙　三 丙　禽	癸地五 癸驚柱
壬合六 壬生任	庚陳八 庚休蓬	丁雀四 丁開心

戊戌時

己天二 乙傷蓬	癸地七 辛杜心	丁雀九 己景任
辛符一 戊生英	丙　三 丙　芮	庚陳五 癸死輔
乙蛇六 壬休禽	戊陰八 庚開柱	壬合四 丁驚冲

乙未時

辛符二 乙驚英	己天七 辛開禽	癸地九 己休柱
乙蛇一 戊死任	丙　三 丙　蓬	丁雀五 癸生冲
戊陰六 壬景輔	壬合八 庚杜心	庚陳四 丁傷芮

己亥時

戊陰二 乙景芮	乙蛇七 辛死柱	辛符九 己驚英
壬合一 戊杜蓬	丙　三 丙　冲	己天五 癸開禽
庚陳六 壬傷心	丁雀八 庚生任	癸地四 丁休輔

丙申時

戊陰二 乙生任	乙蛇七 辛傷輔	辛符九 己杜心
壬合一 戊休柱	丙　三 丙　英	己天五 癸景芮
庚陳六 壬開冲	丁雀八 庚驚禽	癸地四 丁死蓬

陰三局丁壬日

癸卯時

壬合二 乙杜心	戊陰七 辛景芮	乙蛇九 己死輔
庚陳一 戊傷禽	丙　三 丙　柱	辛符五 癸驚英
丁雀六 壬生蓬	癸地八 庚休冲	己天四 丁開任

甲辰時

乙地二 乙杜輔	辛雀七 辛景英	己陳九 己死芮
戊天一 戊傷冲	丙　三 丙　禽	癸合五 癸驚柱
壬符六 壬生任	庚蛇八 庚休蓬	丁陰四 丁開心

乙巳時

壬符二 乙驚任	戊天七 辛開輔	乙地九 己休心
庚蛇一 戊死柱	丙　三 丙　英	辛雀五 癸生芮
丁陰六 壬景冲	癸合八 庚杜禽	己陳四 丁傷蓬

庚子時

丁雀二 乙死冲	庚陳七 辛驚任	壬合九 己開蓬
癸地一 戊景芮	丙　三 丙　輔	戊陰五 癸休心
己天六 壬杜柱	辛符八 庚傷英	乙蛇四 丁生禽

辛丑時

乙蛇二 乙傷輔	辛符七 辛杜英	己天九 己景芮
戊陰一 戊生冲	丙　三 丙　禽	癸地五 癸死柱
壬合六 壬休任	庚陳八 庚開蓬	丁雀四 丁驚心

壬寅時

癸地二 乙開禽	丁雀七 辛休蓬	庚陳九 己生冲
己天一 戊驚輔	丙　三 丙　心	壬合五 癸傷任
辛符六 壬死英	乙蛇八 庚景芮	戊陰四 丁杜柱

陰三局丁壬日

己酉時

丁陰二 乙傷蓬	庚蛇七 辛杜心	壬符九 己景任
癸合一 戊生英	丙　三 丙　芮	戊天五 癸死輔
己陳六 壬休禽	辛雀八 庚開柱	乙地四 丁驚冲

丙午時

丁陰二 乙死柱	庚蛇七 辛驚冲	壬符九 己開禽
癸合一 戊景心	丙　三 丙　任	戊天五 癸休蓬
己陳六 壬杜芮	辛雀八 庚傷輔	乙地四 丁生英

庚戌時

辛雀二 乙開芮	己陳七 辛休柱	癸合九 己生英
乙地一 戊驚蓬	丙　三 丙　冲	丁陰五 癸傷禽
戊天六 壬死心	壬符八 庚景任	庚蛇四 丁杜輔

丁未時

己陳二 乙開心	癸合七 辛休芮	丁陰九 己生輔
辛雀一 戊驚禽	丙　三 丙　柱	庚蛇五 癸傷英
乙地六 壬死蓬	戊天八 庚景冲	壬符四 丁杜任

辛亥時

庚蛇二 乙景冲	壬符七 辛死任	戊天九 己驚蓬
丁陰一 戊杜芮	丙　三 丙　輔	乙地五 癸開心
癸合六 壬傷柱	己陳八 庚生英	辛雀四 丁休禽

戊申時

戊天二 乙生英	乙地七 辛傷禽	辛雀九 己杜柱
壬符一 戊休任	丙　三 丙　蓬	己陳五 癸景冲
庚蛇六 壬開輔	丁陰八 庚驚心	癸合四 丁死芮

陰三局戊癸日

乙卯時

癸符二 乙傷柱	丁天七 辛杜冲	庚地九 己景禽
己蛇一 戊生心	丙　三 丙　任	壬雀五 癸死蓬
辛陰六 壬休芮	乙合八 庚開輔	戊陳四 丁驚英

壬子時

乙地二 乙休輔	辛雀七 辛生英	己陳九 己傷芮
戊天一 戊開冲	丙　三 丙　禽	癸合五 癸杜柱
壬符六 壬驚任	庚蛇八 庚死蓬	丁陰四 丁景心

丙辰時

辛陰二 乙景心	己蛇七 辛死芮	癸符九 己驚輔
乙合一 戊杜禽	丙　三 丙　柱	丁天五 癸開英
戊陳六 壬傷蓬	壬雀八 庚生冲	庚地四 丁休任

癸丑時

癸合二 乙杜禽	丁陰七 辛景蓬	庚蛇九 己死冲
己陳一 戊傷輔	丙　三 丙　心	壬符五 癸驚任
辛雀六 壬生英	乙地八 庚休芮	戊天四 丁開柱

丁巳時

戊陳二 乙驚禽	乙合七 辛開蓬	辛陰九 己休冲
壬雀一 戊死輔	丙　三 丙　心	己蛇五 癸生任
庚地六 壬景英	丁天八 庚杜芮	癸符四 丁傷柱

甲寅時

乙合二 乙杜輔	辛陰七 辛景英	己蛇九 己死芮
戊陳一 戊傷冲	丙　三 丙　禽	癸符五 癸驚柱
壬雀六 壬生任	庚地八 庚休蓬	丁天四 丁開心

陰三局戊癸日

辛酉時

己蛇二 乙死芮	癸符七 辛驚柱	丁天九 己開英
辛陰一 戊景蓬	丙　三 丙　冲	庚地五 癸休禽
乙合六 壬杜心	戊陳八 庚傷任	壬雀四 丁生輔

壬戌時

庚地二 乙休冲	壬雀七 辛生任	戊陳九 己傷蓬
丁天一 戊開芮	丙　三 丙　輔	乙合五 癸杜心
癸符六 壬驚柱	己蛇八 庚死英	辛陰四 丁景禽

癸亥時

乙合二 乙杜輔	辛陰七 辛景英	己蛇九 己死芮
戊陳一 戊傷冲	丙　三 丙　禽	癸符五 癸驚柱
壬雀六 壬生任	庚地八 庚休蓬	丁天四 丁開心

戊午時

丁天二 乙開任	庚地七 辛休輔	壬雀九 己生心
癸符一 戊驚柱	丙　三 丙　英	戊陳五 癸傷芮
己蛇六 壬死冲	辛陰八 庚景禽	乙合四 丁杜蓬

己未時

辛陰二 乙景英	己蛇七 辛死禽	癸符九 己驚柱
乙合一 戊杜任	丙　三 丙　蓬	丁天五 癸開冲
戊陳六 壬傷輔	壬雀八 庚生心	庚地四 丁休芮

庚申時

壬雀二 乙生蓬	戊陳七 辛傷心	乙合九 己杜任
庚地一 戊休英	丙　三 丙　芮	辛陰五 癸景輔
丁天六 壬開禽	癸符八 庚驚柱	己蛇四 丁死冲

陰二局甲己日

丁卯時

丙陰一 丙開蓬	庚蛇六 庚休心	戊符八 戊生任
乙合九 乙驚英	丁　二 丁　芮	壬天四 壬傷輔
辛陳五 辛死禽	己雀七 己景柱	癸地三 癸杜冲

甲子時

丙陰一 丙杜輔	庚蛇六 庚景英	戊符八 戊死芮
乙合九 乙傷冲	丁　二 丁　禽	壬天四 壬驚柱
辛陳五 辛生任	己雀七 己休蓬	癸地三 癸開心

戊辰時

丙陰一 丙傷輔	庚蛇六 庚杜英	戊符八 戊景芮
乙合九 乙生冲	丁　二 丁　禽	壬天四 壬死柱
辛陳五 辛休任	己雀七 己開蓬	癸地三 癸驚心

乙丑時

壬天一 丙休冲	癸地六 庚生任	己雀八 戊傷蓬
戊符九 乙開芮	丁　二 丁　輔	辛陳四 壬杜心
庚蛇五 辛驚柱	丙陰七 己死英	乙合三 癸景禽

己巳時

己雀一 丙生禽	辛陳六 庚傷蓬	乙合八 戊杜冲
癸地九 乙休輔	丁　二 丁　心	丙陰四 壬景任
壬天五 辛開英	戊符七 己驚芮	庚蛇三 癸死柱

丙寅時

戊符一 丙景芮	壬天六 庚死柱	癸地八 戊驚英
庚蛇九 乙杜蓬	丁　二 丁　冲	己雀四 壬開禽
丙陰五 辛傷心	乙合七 己生任	辛陳三 癸休輔

陰二局甲己日

癸酉時

辛陳一 丙杜英	乙合六 庚景禽	丙陰八 戊死柱
己雀九 乙傷任	丁　二 丁　蓬	庚蛇四 壬驚冲
癸地五 辛生輔	壬天七 己休心	戊符三 癸開芮

庚午時

庚蛇一 丙杜心	戊符六 庚景芮	壬天八 戊死輔
丙陰九 乙傷禽	丁　二 丁　柱	癸地四 壬驚英
乙合五 辛生蓬	辛陳七 己休冲	己雀三 癸開任

甲戌時

丙雀一 丙杜輔	庚陳六 庚景英	戊合八 戊死芮
乙地九 乙傷冲	丁　二 丁　禽	壬陰四 壬驚柱
辛天五 辛生任	己符七 己休蓬	癸蛇三 癸開心

辛未時

癸地一 丙死柱	己雀六 庚驚冲	辛陳八 戊開禽
壬天九 乙景心	丁　二 丁　任	乙合四 壬休蓬
戊符五 辛杜芮	庚蛇七 己傷輔	丙陰三 癸生英

乙亥時

辛天一 丙開芮	乙地六 庚休柱	丙雀八 戊生英
己符九 乙驚蓬	丁　二 丁　冲	庚陳四 壬傷禽
癸蛇五 辛死心	壬陰七 己景任	戊合三 癸杜輔

壬申時

乙合一 丙驚任	丙陰六 庚開輔	庚蛇八 戊休心
辛陳九 乙死柱	丁　二 丁　英	戊符四 壬生芮
己雀五 辛景冲	癸地七 己杜禽	壬天三 癸傷蓬

陰二局

陰二局乙庚日

己卯時

丙雀一 丙驚輔	庚陳六 庚開英	戊合八 戊休芮
乙地九 乙死冲	丁　二 丁　禽	壬陰四 壬生柱
辛天五 辛景任	己符七 己杜蓬	癸蛇三 癸傷心

丙子時

己符一 丙傷蓬	辛天六 庚杜心	乙地八 戊景任
癸蛇九 乙生英	丁　二 丁　芮	丙雀四 壬死輔
壬陰五 辛休禽	戊合七 己開柱	庚陳三 癸驚冲

庚辰時

癸蛇一 丙休禽	己符六 庚生蓬	辛天八 戊傷冲
壬陰九 乙開輔	丁　二 丁　心	乙地四 壬杜任
戊合五 辛驚英	庚陳七 己死芮	丙雀三 癸景柱

丁丑時

壬陰一 丙死英	癸蛇六 庚驚禽	己符八 戊開柱
戊合九 乙景任	丁　二 丁　蓬	辛天四 壬休冲
庚陳五 辛杜輔	丙雀七 己傷心	乙地三 癸生芮

辛巳時

乙地一 丙生心	丙雀六 庚傷芮	庚陳八 戊杜輔
辛天九 乙休禽	丁　二 丁　柱	戊合四 壬景英
己符五 辛開蓬	癸蛇七 己驚冲	壬陰三 癸死任

戊寅時

壬陰一 丙景冲	癸蛇六 庚死任	己符八 戊驚蓬
戊合九 乙杜芮	丁　二 丁　輔	辛天四 壬開心
庚陳五 辛傷柱	丙雀七 己生英	乙地三 癸休禽

陰二局乙庚日

乙酉時

戊天一 丙驚蓬	壬地六 庚開心	癸雀八 戊休任
庚符九 乙死英	丁　二 丁　芮	己陳四 壬生輔
丙蛇五 辛景禽	乙陰七 己杜柱	辛合三 癸傷冲

壬午時

戊合一 丙驚柱	壬陰六 庚開冲	癸蛇八 戊休禽
庚陳九 乙死心	丁　二 丁　任	己符四 壬生蓬
丙雀五 辛景芮	乙地七 己杜輔	辛天三 癸傷英

丙戌時

庚符一 丙生英	戊天六 庚傷禽	壬地八 戊杜柱
丙蛇九 乙休任	丁　二 丁　蓬	癸雀四 壬景冲
乙陰五 辛開輔	辛合七 己驚心	己陳三 癸死芮

癸未時

庚陳一 丙杜任	戊合六 庚景輔	壬陰八 戊死心
丙雀九 乙傷柱	丁　二 丁　英	癸蛇四 壬驚芮
乙地五 辛生冲	辛天七 己休禽	己符三 癸開蓬

丁亥時

乙陰一 丙休任	丙蛇六 庚生輔	庚符八 戊傷心
辛合九 乙開柱	丁　二 丁　英	戊天四 壬杜芮
己陳五 辛驚冲	癸雀七 己死禽	壬地三 癸景蓬

甲申時

丙蛇一 丙杜輔	庚符六 庚景英	戊天八 戊死芮
乙陰九 乙傷冲	丁　二 丁　禽	壬地四 壬驚柱
辛合五 辛生任	己陳七 己休蓬	癸雀三 癸開心

陰二局丙辛日

辛卯時

壬地一 丙傷禽	癸雀六 庚杜蓬	己陳八 戊景冲
戊天九 乙生輔	丁　二 丁　心	辛合四 壬死任
庚符五 辛休英	丙蛇七 己開芮	乙陰三 癸驚柱

戊子時

乙陰一 丙傷芮	丙蛇六 庚杜柱	庚符八 戊景英
辛合九 乙生蓬	丁　二 丁　冲	戊天四 壬死禽
己陳五 辛休心	癸雀七 己開任	壬地三 癸驚輔

壬辰時

辛合一 丙開心	乙陰六 庚休芮	丙蛇八 戊生輔
己陳九 乙驚禽	丁　二 丁　柱	庚符四 壬傷英
癸雀五 辛死蓬	壬地七 己景冲	戊天三 癸杜任

己丑時

癸雀一 丙景冲	己陳六 庚死任	辛合八 戊驚蓬
壬地九 乙杜芮	丁　二 丁　輔	乙陰四 壬開心
戊天五 辛傷柱	庚符七 己生英	丙蛇三 癸休禽

癸巳時

己陳一 丙杜柱	辛合六 庚景冲	乙陰八 戊死禽
癸雀九 乙傷心	丁　二 丁　任	丙蛇四 壬驚蓬
壬地五 辛生芮	戊天七 己休輔	庚符三 癸開英

庚寅時

丙蛇一 丙死輔	庚符六 庚驚英	戊天八 戊開芮
乙陰九 乙景冲	丁　二 丁　禽	壬地四 壬休柱
辛合五 辛杜任	己陳七 己傷蓬	癸雀三 癸生心

陰二局丙辛日

丁酉時

癸陰一 丙開柱	己蛇六 庚休冲	辛符八 戊生禽
壬合九 乙驚心	丁　二 丁　任	乙天四 壬傷蓬
戊陳五 辛死芮	庚雀七 己景輔	丙地三 癸杜英

戊戌時

癸陰一 丙生蓬	己蛇六 庚傷心	辛符八 戊杜任
壬合九 乙休英	丁　二 丁　芮	乙天四 壬景輔
戊陳五 辛開禽	庚雀七 己驚柱	丙地三 癸死冲

己亥時

庚雀一 丙傷芮	戊陳六 庚杜柱	壬合八 戊景英
丙地九 乙生蓬	丁　二 丁　冲	癸陰四 壬死禽
乙天五 辛休心	辛符七 己開任	己蛇三 癸驚輔

甲午時

丙地一 丙杜輔	庚雀六 庚景英	戊陳八 戊死芮
乙天九 乙傷冲	丁　二 丁　禽	壬合四 壬驚柱
辛符五 辛生任	己蛇七 己休蓬	癸陰三 癸開心

乙未時

乙天一 丙驚英	丙地六 庚開禽	庚雀八 戊休柱
辛符九 乙死任	丁　二 丁　蓬	戊陳四 壬生冲
己蛇五 辛景輔	癸陰七 己杜心	壬合三 癸傷芮

丙申時

辛符一 丙死任	乙天六 庚驚輔	丙地八 戊開心
己蛇九 乙景柱	丁　二 丁　英	庚雀四 壬休芮
癸陰五 辛杜冲	壬合七 己傷禽	戊陳三 癸生蓬

陰二局丁壬日

癸卯時

戊陳一 丙杜心	壬合六 庚景芮	癸陰八 戊死輔
庚雀九 乙傷禽	丁　二 丁　柱	己蛇四 壬驚英
丙地五 辛生蓬	乙天七 己休冲	辛符三 癸開任

庚子時

己蛇一 丙開冲	辛符六 庚休任	乙天八 戊生蓬
癸陰九 乙驚芮	丁　二 丁　輔	丙地四 壬傷心
壬合五 辛死柱	戊陳七 己景英	庚雀三 癸杜禽

甲辰時

丙合一 丙杜輔	庚陰六 庚景英	戊蛇八 戊死芮
乙陳九 乙傷冲	丁　二 丁　禽	壬符四 壬驚柱
辛雀五 辛生任	己地七 己休蓬	癸天三 癸開心

辛丑時

丙地一 丙景輔	庚雀六 庚死英	戊陳八 戊驚芮
乙天九 乙杜冲	丁　二 丁　禽	壬合四 壬開柱
辛符五 辛傷任	己蛇七 己生蓬	癸陰三 癸休心

乙巳時

癸天一 丙傷任	己地六 庚杜輔	辛雀八 戊景心
壬符九 乙生柱	丁　二 丁　英	乙陳四 壬死芮
戊蛇五 辛休冲	庚陰七 己開禽	丙合三 癸驚蓬

壬寅時

壬合一 丙休禽	癸陰六 庚生蓬	己蛇八 戊傷冲
戊陳九 乙開輔	丁　二 丁　心	辛符四 壬杜任
庚雀五 辛驚英	丙地七 己死芮	乙天三 癸景柱

陰二局丁壬日

己酉時

辛雀一 丙景蓬	乙陳六 庚死心	丙合八 戊驚任
己地九 乙杜英	丁　二 丁　芮	庚陰四 壬開輔
癸天五 辛傷禽	壬符七 己生柱	戊蛇三 癸休冲

丙午時

壬符一 丙景柱	癸天六 庚死冲	己地八 戊驚禽
戊蛇九 乙杜心	丁　二 丁　任	辛雀四 壬開蓬
庚陰五 辛傷芮	丙合七 己生輔	乙陳三 癸休英

庚戌時

戊蛇一 丙生芮	壬符六 庚傷柱	癸天八 戊杜英
庚陰九 乙休蓬	丁　二 丁　冲	己地四 壬景禽
丙合五 辛開心	乙陳七 己驚任	辛雀三 癸死輔

丁未時

庚陰一 丙驚心	戊蛇六 庚開芮	壬符八 戊休輔
丙合九 乙死禽	丁　二 丁　柱	癸天四 壬生英
乙陳五 辛景蓬	辛雀七 己杜冲	己地三 癸傷任

辛亥時

己地一 丙死冲	辛雀六 庚驚任	乙陳八 戊開蓬
癸天九 乙景芮	丁　二 丁　輔	丙合四 壬休心
壬符五 辛杜柱	戊蛇七 己傷英	庚陰三 癸生禽

戊申時

庚陰一 丙開英	戊蛇六 庚休禽	壬符八 戊生柱
丙合九 乙驚任	丁　二 丁　蓬	癸天四 壬傷冲
乙陳五 辛死輔	辛雀七 己景心	己地三 癸杜芮

陰二局戊癸日

乙卯時

己天一 丙死柱	辛地六 庚驚冲	乙雀八 戊開禽
癸符九 乙景心	丁　二 丁　任	丙陳四 壬休蓬
壬蛇五 辛杜芮	戊陰七 己傷輔	庚合三 癸生英

壬子時

丙合一 丙休輔	庚陰六 庚生英	戊蛇八 戊傷芮
乙陳九 乙開冲	丁　二 丁　禽	壬符四 壬杜柱
辛雀五 辛驚任	己地七 己死蓬	癸天三 癸景心

丙辰時

癸符一 丙開心	己天六 庚休芮	辛地八 戊生輔
壬蛇九 乙驚禽	丁　二 丁　柱	乙雀四 壬傷英
戊陰五 辛死蓬	庚合七 己景冲	丙陳三 癸杜任

癸丑時

乙陳一 丙杜禽	丙合六 庚景蓬	庚陰八 戊死冲
辛雀九 乙傷輔	丁　二 丁　心	戊蛇四 壬驚任
己地五 辛生英	癸天七 己休芮	壬符三 癸開柱

丁巳時

戊陰一 丙休禽	壬蛇六 庚生蓬	癸符八 戊傷冲
庚合九 乙開輔	丁　二 丁　心	己天四 壬杜任
丙陳五 辛驚英	乙雀七 己死芮	辛地三 癸景柱

甲寅時

丙陳一 丙杜輔	庚合六 庚景英	戊陰八 戊死芮
乙雀九 乙傷冲	丁　二 丁　禽	壬蛇四 壬驚柱
辛地五 辛生任	己天七 己休蓬	癸符三 癸開心

陰二局戊癸日

辛酉時

辛地一 丙生芮	乙雀六 庚傷柱	丙陳八 戊杜英
己天九 乙休蓬	丁　二 丁　冲	庚合四 壬景禽
癸符五 辛開心	壬蛇七 己驚任	戊陰三 癸死輔

戊午時

戊陰一 丙死任	壬蛇六 庚驚輔	癸符八 戊開心
庚合九 乙景柱	丁　二 丁　英	己天四 壬休芮
丙陳五 辛杜冲	乙雀七 己傷禽	辛地三 癸生蓬

壬戌時

庚合一 丙景冲	戊陰六 庚死任	壬蛇八 戊驚蓬
丙陳九 乙杜芮	丁　二 丁　輔	癸符四 壬開心
乙雀五 辛傷柱	辛地七 己生英	己天三 癸休禽

己未時

乙雀一 丙傷英	丙陳六 庚杜禽	庚合八 戊景柱
辛地九 乙生任	丁　二 丁　蓬	戊陰四 壬死冲
己天五 辛休輔	癸符七 己開心	壬蛇三 癸驚芮

癸亥時

丙陳一 丙杜輔	庚合六 庚景英	戊陰八 戊死芮
乙雀九 乙傷冲	丁　二 丁　禽	壬蛇四 壬驚柱
辛地五 辛生任	己天七 己休蓬	癸符三 癸開心

庚申時

壬蛇一 丙驚蓬	癸符六 庚開心	己天八 戊休任
戊陰九 乙死英	丁　二 丁　芮	辛地四 壬生輔
庚合五 辛景禽	丙陳七 己杜柱	乙雀三 癸傷冲

陰一局甲己日

丁卯時

戊符九 丁死蓬	庚天五 己驚心	丙地七 乙開任
壬蛇八 丙景英	癸　一 癸　芮	丁雀三 辛休輔
辛陰四 庚杜禽	乙合六 戊傷柱	己陳二 壬生冲

甲子時

丁雀九 丁杜輔	己陳五 己景英	乙合七 乙死芮
丙地八 丙傷冲	癸　一 癸　禽	辛陰三 辛驚柱
庚天四 庚生任	戊符六 戊休蓬	壬蛇二 壬開心

戊辰時

丁雀九 丁景輔	己陳五 己死英	乙合七 乙驚芮
丙地八 丙杜冲	癸　一 癸　禽	辛陰三 辛開柱
庚天四 庚傷任	戊符六 戊生蓬	壬蛇二 壬休心

乙丑時

辛陰九 丁開冲	壬蛇五 己休任	戊符七 乙生蓬
乙合八 丙驚芮	癸　一 癸　輔	庚天三 辛傷心
己陳四 庚死柱	丁雀六 戊景英	丙地二 壬杜禽

己巳時

壬蛇九 丁驚禽	戊符五 己開蓬	庚天七 乙休冲
辛陰八 丙死輔	癸　一 癸　心	丙地三 辛生任
乙合四 庚景英	己陳六 戊杜芮	丁雀二 壬傷柱

丙寅時

庚天九 丁傷芮	丙地五 己杜柱	丁雀七 乙景英
戊符八 丙生蓬	癸　一 癸　冲	己陳三 辛死禽
壬蛇四 庚休心	辛陰六 戊開任	乙合二 壬驚輔

陰一局甲己日

癸酉時

辛陰九 丁杜英	壬蛇五 己景禽	戊符七 乙死柱
乙合八 丙傷任	癸　一 癸　蓬	庚天三 辛驚冲
己陳四 庚生輔	丁雀六 戊休心	丙地二 壬開芮

甲戌時

丁蛇九 丁杜輔	己符五 己景英	乙天七 乙死芮
丙陰八 丙傷冲	癸　一 癸　禽	辛地三 辛驚柱
庚合四 庚生任	戊陳六 戊休蓬	壬雀二 壬開心

乙亥時

丙陰九 丁驚芮	丁蛇五 己開柱	己符七 乙休英
庚合八 丙死蓬	癸　一 癸　冲	乙天三 辛生禽
戊陳四 庚景心	壬雀六 戊杜任	辛地二 壬傷輔

庚午時

丙地九 丁休心	丁雀五 己生芮	己陳七 乙傷輔
庚天八 丙開禽	癸　一 癸　柱	乙合三 辛杜英
戊符四 庚驚蓬	壬蛇六 戊死冲	辛陰二 壬景任

辛未時

乙合九 丁生柱	辛陰五 己傷冲	壬蛇七 乙杜禽
己陳八 丙休心	癸　一 癸　任	戊符三 辛景蓬
丁雀四 庚開芮	丙地六 戊驚輔	庚天二 壬死英

壬申時

己陳九 丁驚任	乙合五 己開輔	辛陰七 乙休心
丁雀八 丙死柱	癸　一 癸　英	壬蛇三 辛生芮
丙地四 庚景冲	庚天六 戊杜禽	戊符二 壬傷蓬

陰一局乙庚日

己卯時

丁蛇九 丁景輔	己符五 己死英	乙天七 乙驚芮
丙陰八 丙杜冲	癸　一 癸　禽	辛地三 辛開柱
庚合四 庚傷任	戊陳六 戊生蓬	壬雀二 壬休心

丙子時

乙天九 丁生蓬	辛地五 己傷心	壬雀七 乙杜任
己符八 丙休英	癸　一 癸　芮	戊陳三 辛景輔
丁蛇四 庚開禽	丙陰六 戊驚柱	庚合二 壬死冲

庚辰時

辛地九 丁死禽	壬雀五 己驚蓬	戊陳七 乙開冲
乙天八 丙景輔	癸　一 癸　心	庚合三 辛休任
己符四 庚杜英	丁蛇六 戊傷芮	丙陰二 壬生柱

丁丑時

己符九 丁休英	乙天五 己生禽	辛地七 乙傷柱
丁蛇八 丙開任	癸　一 癸　蓬	壬雀三 辛杜冲
丙陰四 庚驚輔	庚合六 戊死心	戊陳二 壬景芮

辛巳時

庚合九 丁傷心	丙陰五 己杜芮	丁蛇七 乙景輔
戊陳八 丙生禽	癸　一 癸　柱	己符三 辛死英
壬雀四 庚休蓬	辛地六 戊開冲	乙天二 壬驚任

戊寅時

壬雀九 丁傷冲	戊陳五 己杜任	庚合七 乙景蓬
辛地八 丙生芮	癸　一 癸　輔	丙陰三 辛死心
乙天四 庚休柱	己符六 戊開英	丁蛇二 壬驚禽

陰一局乙庚日

乙酉時

壬陰九 丁驚蓬	戊蛇五 己開心	庚符七 乙休任
辛合八 丙死英	癸　一 癸　芮	丙天三 辛生輔
乙陳四 庚景禽	己雀六 戊杜柱	丁地二 壬傷冲

壬午時

戊陳九 丁開柱	庚合五 己休冲	丙陰七 乙生禽
壬雀八 丙驚心	癸　一 癸　任	丁蛇三 辛傷蓬
辛地四 庚死芮	乙天六 戊景輔	己符二 壬杜英

丙戌時

丙天九 丁死英	丁地五 己驚禽	己雀七 乙開柱
庚符八 丙景任	癸　一 癸　蓬	乙陳三 辛休冲
戊蛇四 庚杜輔	壬陰六 戊傷心	辛合二 壬生芮

癸未時

丙陰九 丁杜任	丁蛇五 己景輔	己符七 乙死心
庚合八 丙傷柱	癸　一 癸　英	乙天三 辛驚芮
戊陳四 庚生冲	壬雀六 戊休禽	辛地二 壬開蓬

丁亥時

庚符九 丁開任	丙天五 己休輔	丁地七 乙生心
戊蛇八 丙驚柱	癸　一 癸　英	己雀三 辛傷芮
壬陰四 庚死冲	辛合六 戊景禽	乙陳二 壬杜蓬

甲申時

丁地九 丁杜輔	己雀五 己景英	乙陳七 乙死芮
丙天八 丙傷冲	癸　一 癸　禽	辛合三 辛驚柱
庚符四 庚生任	戊蛇六 戊休蓬	壬陰二 壬開心

陰一局丙辛日

辛卯時

辛合九 丁景禽	壬陰五 己死蓬	戊蛇七 乙驚冲
乙陳八 丙杜輔	癸　一 癸　心	庚符三 辛開任
己雀四 庚傷英	丁地六 戊生芮	丙天二 壬休柱

壬辰時

乙陳九 丁休心	辛合五 己生芮	壬陰七 乙傷輔
己雀八 丙開禽	癸　一 癸　柱	戊蛇三 辛杜英
丁地四 庚驚蓬	丙天六 戊死冲	庚符二 壬景任

癸巳時

壬陰九 丁杜柱	戊蛇五 己景冲	庚符七 乙死禽
辛合八 丙傷心	癸　一 癸　任	丙天三 辛驚蓬
乙陳四 庚生芮	己雀六 戊休輔	丁地二 壬開英

戊子時

己雀九 丁生芮	乙陳五 己傷柱	辛合七 乙杜英
丁地八 丙休蓬	癸　一 癸　冲	壬陰三 辛景禽
丙天四 庚開心	庚符六 戊驚任	戊蛇二 壬死輔

己丑時

戊蛇九 丁傷冲	庚符五 己杜任	丙天七 乙景蓬
壬陰八 丙生芮	癸　一 癸　輔	丁地三 辛死心
辛合四 庚休柱	乙陳六 戊開英	己雀二 壬驚禽

庚寅時

丁地九 丁開輔	己雀五 己休英	乙陳七 乙生芮
丙天八 丙驚冲	癸　一 癸　禽	辛合三 辛傷柱
庚符四 庚死任	戊蛇六 戊景蓬	壬陰二 壬杜心

陰一局丙辛日

丁酉時

辛符九 丁驚柱	壬天五 己開冲	戊地七 乙休禽
乙蛇八 丙死心	癸　一 癸　任	庚雀三 辛生蓬
己陰四 庚景芮	丁合六 戊杜輔	丙陳二 壬傷英

甲午時

丁合九 丁杜輔	己陰五 己景英	乙蛇七 乙死芮
丙陳八 丙傷冲	癸　一 癸　禽	辛符三 辛驚柱
庚雀四 庚生任	戊地六 戊休蓬	壬天二 壬開心

戊戌時

庚雀九 丁開蓬	丙陳五 己休心	丁合七 乙生任
戊地八 丙驚英	癸　一 癸　芮	己陰三 辛傷輔
壬天四 庚死禽	辛符六 戊景柱	乙蛇二 壬杜冲

乙未時

己陰九 丁傷英	乙蛇五 己杜禽	辛符七 乙景柱
丁合八 丙生任	癸　一 癸　蓬	壬天三 辛死冲
丙陳四 庚休輔	庚雀六 戊開心	戊地二 壬驚芮

己亥時

乙蛇九 丁景芮	辛符五 己死柱	壬天七 乙驚英
己陰八 丙杜蓬	癸　一 癸　冲	戊地三 辛開禽
丁合四 庚傷心	丙陳六 戊生任	庚雀二 壬休輔

丙申時

壬天九 丁景任	戊地五 己死輔	庚雀七 乙驚心
辛符八 丙杜柱	癸　一 癸　英	丙陳三 辛開芮
乙蛇四 庚傷冲	己陰六 戊生禽	丁合二 壬休蓬

陰一局丁壬日

癸卯時

己陰九 丁杜心	乙蛇五 己景芮	辛符七 乙死輔
丁合八 丙傷禽	癸　一 癸　柱	壬天三 辛驚英
丙陳四 庚生蓬	庚雀六 戊休冲	戊地二 壬開任

庚子時

戊地九 丁生冲	庚雀五 己傷任	丙陳七 乙杜蓬
壬天八 丙休芮	癸　一 癸　輔	丁合三 辛景心
辛符四 庚開柱	乙蛇六 戊驚英	己陰二 壬死禽

甲辰時

丁陳九 丁杜輔	己合五 己景英	乙陰七 乙死芮
丙雀八 丙傷冲	癸　一 癸　禽	辛蛇三 辛驚柱
庚地四 庚生任	戊天六 戊休蓬	壬符二 壬開心

辛丑時

丁合九 丁死輔	己陰五 己驚英	乙蛇七 乙開芮
丙陳八 丙景冲	癸　一 癸　禽	辛符三 辛休柱
庚雀四 庚杜任	戊地六 戊傷蓬	壬天二 壬生心

乙巳時

乙陰九 丁死任	辛蛇五 己驚輔	壬符七 乙開心
己合八 丙景柱	癸　一 癸　英	戊天三 辛休芮
丁陳四 庚杜冲	丙雀六 戊傷禽	庚地二 壬生蓬

壬寅時

丙陳九 丁休禽	丁合五 己生蓬	己陰七 乙傷冲
庚雀八 丙開輔	癸　一 癸　心	乙蛇三 辛杜任
戊地四 庚驚英	壬天六 戊死芮	辛符二 壬景柱

陰一局丁壬日

己酉時

辛蛇九 丁傷蓬	壬符五 己杜心	戊天七 乙景任
乙陰八 丙生英	癸　一 癸　芮	庚地三 辛死輔
己合四 庚休禽	丁陳六 戊開柱	丙雀二 壬驚冲

丙午時

戊天九 丁開柱	庚地五 己休冲	丙雀七 乙生禽
壬符八 丙驚心	癸　一 癸　任	丁陳三 辛傷蓬
辛蛇四 庚死芮	乙陰六 戊景輔	己合二 壬杜英

庚戌時

庚地九 丁驚芮	丙雀五 己開柱	丁陳七 乙休英
戊天八 丙死蓬	癸　一 癸　冲	己合三 辛生禽
壬符四 庚景心	辛蛇六 戊杜任	乙陰二 壬傷輔

丁未時

壬符九 丁休心	戊天五 己生芮	庚地七 乙傷輔
辛蛇八 丙開禽	癸　一 癸　柱	丙雀三 辛杜英
乙陰四 庚驚蓬	己合六 戊死冲	丁陳二 壬景任

辛亥時

己合九 丁生冲	乙陰五 己傷任	辛蛇七 乙杜蓬
丁陳八 丙休芮	癸　一 癸　輔	壬符三 辛景心
丙雀四 庚開柱	庚地六 戊驚英	戊天二 壬死禽

戊申時

丙雀九 丁死英	丁陳五 己驚禽	己合七 乙開柱
庚地八 丙景任	癸　一 癸　蓬	乙陰三 辛休冲
戊天四 庚杜輔	壬符六 戊傷心	辛蛇二 壬生芮

陰一局戊癸日

乙卯時

丁陰九 丁死柱	己蛇五 己驚冲	乙符七 乙開禽
丙合八 丙景心	癸　一 癸　任	辛天三 辛休蓬
庚陳四 庚杜芮	戊雀六 戊傷輔	壬地二 壬生英

丙辰時

辛天九 丁驚心	壬地五 己開芮	戊雀七 乙休輔
乙符八 丙死禽	癸　一 癸　柱	庚陳三 辛生英
己蛇四 庚景蓬	丁陰六 戊杜冲	丙合二 壬傷任

丁巳時

乙符九 丁杜禽	辛天五 己景蓬	壬地七 乙死冲
己蛇八 丙傷輔	癸　一 癸　心	戊雀三 辛驚任
丁陰四 庚生英	丙合六 戊休芮	庚陳二 壬開柱

壬子時

丁陳九 丁景輔	己合五 己死英	乙陰七 乙驚芮
丙雀八 丙杜冲	癸　一 癸　禽	辛蛇三 辛開柱
庚地四 庚傷任	戊天六 戊生蓬	壬符二 壬休心

癸丑時

乙陰九 丁杜禽	辛蛇五 己景蓬	壬符七 乙死冲
己合八 丙傷輔	癸　一 癸　心	戊天三 辛驚任
丁陳四 庚生英	丙雀六 戊休芮	庚地二 壬開柱

甲寅時

丁陰九 丁杜輔	己蛇五 己景英	乙符七 乙死芮
丙合八 丙傷冲	癸　一 癸　禽	辛天三 辛驚柱
庚陳四 庚生任	戊雀六 戊休蓬	壬地二 壬開心

陰一局戊癸日

辛酉時

丙合九 丁傷芮	丁陰五 己杜柱	己蛇七 乙景英
庚陳八 丙生蓬	癸　一 癸　冲	乙符三 辛死禽
戊雀四 庚休心	壬地六 戊開任	辛天二 壬驚輔

壬戌時

庚陳九 丁生冲	丙合五 己傷任	丁陰七 乙杜蓬
戊雀八 丙休芮	癸　一 癸　輔	己蛇三 辛景心
壬地四 庚開柱	辛天六 戊驚英	乙符二 壬死禽

癸亥時

丁陰九 丁杜輔	己蛇五 己景英	乙符七 乙死芮
丙合八 丙傷冲	癸　一 癸　禽	辛天三 辛驚柱
庚陳四 庚生任	戊雀六 戊休蓬	壬地二 壬開心

戊午時

戊雀九 丁休任	庚陳五 己生輔	丙合七 乙傷心
壬地八 丙開柱	癸　一 癸　英	丁陰三 辛杜芮
辛天四 庚驚冲	乙符六 戊死禽	己蛇二 壬景蓬

己未時

己蛇九 丁景英	乙符五 己死禽	辛天七 乙驚柱
丁陰八 丙杜任	癸　一 癸　蓬	壬地三 辛開冲
丙合四 庚傷輔	庚陳六 戊生心	戊雀二 壬休芮

庚申時

壬地九 丁開蓬	戊雀五 己休心	庚陳七 乙生任
辛天八 丙驚英	癸　一 癸　芮	丙合三 辛傷輔
乙符四 庚死禽	己蛇六 戊景柱	丁陰二 壬杜冲

参考文献

以下の書籍を参考にさせていただきました。紙面を借りてお礼を申し上げます。

『活盤奇門遁甲精義』　高根黒門 著　東洋書院
『時盤奇門預測学』　秦瑞生 著　于天出版
『道密奇門遁甲揭秘』　王光會 著　育林出版
『奇門遁甲選時占験応用』　李科儒 著　武陵出版
『遁甲護身術』　徐宇蓑 著　宋林出版
『八門遁甲秘伝』　柄澤照覚 著　八幡書店
『東洋占術の本』　学研
『講義台湾自己所有ノート』

東海林 秀樹（しょうじ ひでき）

昭和32年(1957)生まれ。
東京赤坂に於いて料理屋を営む母のもとに生まれる。
家業を手伝いながら、人の運命の不思議さに引かれ、運命学の研究に入る。
阿部泰山先生高弟、故伊藤泰苑に推命学の手ほどきを受け、九星気学を岸本邦裕先生、気学傾斜鑑定法を富久純光先生の指導を受け、九星日盤鑑定法を活用する。さらにその他の占術を研鑽しながら、台湾と日本の間を幾度となく往来し、貴重な資料を渉猟。

著書『紫微斗数占法要義』『吉象万年暦』『孔明神卦（共著）』『九星日盤鑑定 四盤掛け秘法』など多数。現在、占い鑑娗及び個人教授「占星堂」を営む。

現住所　〒156－0044
東京都世田谷区赤堤5－24－9（電話 03－5300－7073　携帯 080－4467－3173）
「三毛猫占術学院」mikeneko-uranai.com

符呪奇門遁甲 占法要義

２０１５年11月19日　初刷発行

定　価――本体3、600円＋税
著　者――東海林 秀樹
発行者――斎藤 勝己
発行所――株式会社東洋書院
〒160－0003 東京都新宿区本塩町21
電　話 03－3353－7579
ＦＡＸ 03－3358－7458
http://www.toyoshoin.com
印刷所――株式会社平河工業社
製本所――株式会社難波製本

ISBN978-4-88594-495-6